## 基金项目

浙江大学“全球创新人才培养”优势特色学科建设项目

浙江传媒学院国家社科基金教育学国家重点项目
“面向 2035 中国教育对外开放战略及推进策略研究”（AGA200015）

教师教学能力发展译丛

主编 盛群力 冯建超

DESIGNING LEARNING
From Module Outline to
Effective Teaching
(2nd Edition)

# 设计学习

## 从课程模块到有效教学

（第2版）

[英] 克里斯托弗·布彻（Christopher Butcher）
克拉拉·戴维斯（Clara Davies）
梅利莎·海顿（Melissa Highton） ◎著
罗晓杰 洪晓翠 洪 琴 ◎译
盛群力 ◎审订

Routledge
Taylor & Francis Group

ZHEJIANG UNIVERSITY PRESS
浙江大学出版社

**图书在版编目（CIP）数据**

设计学习 ：从课程模块到有效教学 / （英）克里斯托弗·布彻，（英）克拉拉·戴维斯，（英）梅利莎·海顿著 ；罗晓杰，洪晓翠，洪琴译. — 杭州 ：浙江大学出版社，2021. 11

书名原文：Designing Learning: From Module Outline to Effective Teaching, 2nd Edition

ISBN 978-7-308-21782-8

Ⅰ. ①设… Ⅱ. ①克… ②克… ③梅… ④罗… ⑤洪… ⑥洪… Ⅲ. ①高等教育－教学法 Ⅳ. ①G642. 41

中国版本图书馆CIP数据核字（2021）第190471号

浙江省版权局著作权合同登记图字：11—2021—224

Designing Learning: From Module Outline to Effective Teaching, 2nd Edition / by Christopher Butcher,Clara Davies,Melissa Highton / ISBN: 9781138614901



**设计学习——从课程模块到有效教学（第2版）**

[英]克里斯托弗·布彻（Christopher Butcher）克拉拉·戴维斯（Clara Davies）梅利莎·海顿（Melissa Highton）著　罗晓杰　洪晓翠　洪琴　译　盛群力 审订

**责任编辑**　秦　瑕
**责任校对**　王元新
**封面设计**　春天书装
**出版发行**　浙江大学出版社
（杭州市天目山路148号　邮政编码　310007）
（网址：http://www.zjupress.com）
**排　　版**　杭州林智广告有限公司
**印　　刷**　杭州高腾印务有限公司
**开　　本**　710mm×1000mm　1/16
**印　　张**　15.5
**字　　数**　261千
**版 印 次**　2021年11月第1版　2021年11月第1次印刷
**书　　号**　ISBN 978-7-308-21782-8
**定　　价**　58.00元



浙江大学出版社市场运营中心联系方式：0571-88925591；http://zjdxcbs.tmall.com

# 设计学习简介

第 2 版《设计学习：从课程模块到有效教学》弥合了高等教育教学理论与实践之间的差距，是刚踏入高校的新教师设计与开发课程的有效指南。在高等教育新情境下，本书以教育研究最新成果支持教师设计与开发课程模块，建设高品质学位课程。

此书为教师提供了从教学设计到教材资源准备的全过程指导，旨在促进学生学习。其主要内容包括：

◇课程设计模式与形态及其对学生学习的影响；

◇高校面对教学外部环境采取的不同应对措施；

◇课程内容与结果的匹配程度；

◇构建师生在学习期望与标准方面进行交流的框架；

◇课程设计需要考虑的多样化学生群体；

◇虚拟学习环境的设置、监控学生参与的交流工具和系统；

◇将所教授的课程、更广泛的相关课程或课后活动的各方面进行关联，以支持学习；

◇高校课程评价与课程品质提升的改进方式，高等教育中教学专业化发展的方法。

总之，《设计学习：从课程模块到有效教学》以提供参考建议、说明性示例和案例研究等呈现方式，形成了一份高质量、综合性高等教育教学设计指南。

对想要开发或更新课程与模块的高校教师而言，这是一本必读的书。

克里斯托弗·布彻（Christopher Butcher）是一名高等教育顾问，与英国和欧洲大陆国家许多机构合作。

克拉拉·戴维斯（Clara Davies）是英国利兹贝克特大学专业人员发展部门的前主管，现为独立高等教育顾问。

梅利莎·海顿（Melissa Highton）是英国爱丁堡大学在线学习助理校长，兼学习、教学和网络服务主任。

# 前　言

本书旨在协助教师完成设计高等教育教学、实施教学过程和管理学生学习这三大艰巨任务。除了提供有效的设计理念与指导外，我们还呈现了一项囊括学习设计各个维度——从模块大纲到有效教学的设计结构及其基本原理，确保理论可靠且实践有效。

尽管本书采用结构化和有序化的方法来陈述整个教学故事，但每一章的内容都是相对独立的，你可以快速获取所需信息。此外我们还设计了交叉引用的章节，以求贯通本书章节并有效链接至《高等教育有效教学的关键指南》系列中的其他书籍①。

作者从最宏观的视角出发，首先对“高等教育情境”进行概述，为随后的详细讨论提供框架。在第一章中，我们着眼于过去几十年高等教育的影响、趋势和驱动因素、当务之急和一些倡议，感知这个充满活力且具有挑战性的世界。我们虽以英国作为个案研究对象，但也会紧密联系全球范围内类似的计划。

在第二章“教学如何融入教育大图景”中，我们开始聚焦课程设计及其需要考虑的众多要素，也为读者提供了几类课程设计模型。本章结尾将讨论的课程设计模型（见图 2.1）的其中一个方面（基本原理），剩余几个方面将在本书的其他章节进行描述。另外，此章将披露本书的两个重要线索：技术的使用和设计过程中的包容性需求。总之，全书体现了一种方法意义上的关联性——一致性建构。

① 查询丛书其他信息可访问网站：https://www.routledge.com。

第三章是对“学生应该学习什么，能够做什么”的提问。本章为教师撰写教学目标与学习结果提供指导。撰写这两者的根本目的在于指导学生学习，而不仅仅是为了践行某些官方的质量保证程序。考虑到这一点，第四章“学习内容与结果相匹配”则要求教师对选择学习内容这一难点有所了解。我们之所以说它是难点，是因为教师决定剔除哪些内容与选用哪些学科知识开展教学一样重要。

第五章关注“选择适切的教学方法”。尽管一些教学方法（受教学设备、资源和传统限制）看似固定，但我们还是希望教师能发挥这些教学方法的最大使用效能。此外，本章还提供了学期教学计划的一套综合性结构模板。

第六章“设计评估与反馈机会”旨在帮助教师判断学生内容习得的情况。我们需要确定评估目的、内容、时间与方式。此外，为学生提供学习反馈使之知晓学习目标达成情况和下一步需要改进之处也是本章关注的重点。

接下来的两个章节，第七章“面向不同学习者的学习材料与资源”和第八章“支持你的学生”，皆与课程设计流程中的“环境”要素有关。在第七章中，学习材料（如讲义，多媒体和网络资源）的选取必须匹配学生的学习需要，并遵守版权法。第八章“支持你的学生”则回顾了教师需要注意并加以利用的学生支持机制及支持范围。这些机制涵盖学术与生活辅导、技能发展以及教师（从生活住宿到职业建议咨询），可以为学生提供支持与参考的代理范围。

若要站在学生立场，为其提供有效信息或是解决棘手问题，第九章“课程管理”就显得格外重要。本章所提的虚拟学习环境和互联网是非常重要的课程管理工具和关键教学资源。

第十章“吸引学生参与并创建学习共同体”是这一版新增的内容，旨在鼓励学生充分利用大学提供的学习机会。在本章中，我们提供了一系列课内外活动、协作课程活动等来支持学生学习和就业能力培养，学生通过参加这些活动，成为学习共同体中的一部分。

最后一章“课程是否有效？评价并证明你的实践”考虑了课程评价与审核的方法。该章按“为什么评价，评价什么，如何评价和何时评价？”问题链式的文本编写，确保覆盖所有问题。此外，我们还提供了高校教师专业化发展的证明方法，其中一项就是获得《英国教师专业标准框架》（UKPSF）的认证，这部分内容将在此章末做详细介绍。

为便于你思考，我们在每章标题下方以“导言”的形式简单介绍了章节内容框架。

此外，我们也在每章结尾处提供了一些参考资料，供你拓展阅读，希望这本书能成为你的得力助手！

# 目录

## 第一章
# 高等教育情境

## 导　言

此书的定位是“一本实用指南”，它旨在帮助忙碌的高校教师设计、开发和实施课程。作为一名青年学者，当下你或许将兴趣和精力都集中在所属学科（教学与科研两类学术活动）、学生和系部，但某种程度上也会关注自己就职的高校，它不仅是你取得博士学位后开始教学和走向更广阔学术生涯必须面对的，也是你自己所期望的。这就是我们想让你从思考高等教育情境出发的原因。本章将回顾外部环境对你工作的影响。在过去 50 年里，高等教育发生了什么样的变化？这些变化对当今的学生（教师）的经验产生了哪些重大影响？自你上大学起发生了什么变化？请思考这些问题。它们看似与你当下最重要的工作关系不大，实际上却对你的学生产生了以下方面的影响：学生的学习方式、对高等教育的期待和信念，以及对你的期望。本章探讨的这些变化将有助于你了解并管理自身工作场所的状况。

诸多话题在发达国家和发展中国家都很普遍。但我们对英国最为熟悉，故选择该国作为案例研究的对象，以讨论并说明这些问题。倘若你不是英国读者，我们建议你查阅本地资源和统计数据等资料，再与英国的情况进行比较。当然，本章结尾也提供了一些参考资料，这些信息应该有助于你将教学置于特定教育情境中考虑，并了解同行们的态度。总而言之，本章的主要议题，虽称不上全面，但我们相信它会鞭策你开始反思以下几点：

◇品牌
·课程国际化
·研究型教学
◇竞争
◇资金
◇激增的学生数量
·准入与参与
·残疾歧视立法
·终身的且具有资格认证的学习者
◇技术
◇质量保证
◇专业性

从列表布局可以看出，我们已经将一些关联内容划分到各自组别中。它们都属于学生体验质量的影响因素范畴，也是本章的主题。

## 品　牌

学术界过去避讳谈论这个词，如今伴随着商业化的侵袭，大学也不得不突出其线上线下的特色。这一点可从一所大学的使命、提供的学术课程和课外活动、毕业生质量中得到证明。例如，一些大学的学位设置建立在其研究优势与传统基础上（所有学生都必须参加一个受监督的、研究型的项目，该项目的学习结果将占最后一年课程绩点的三分之一），而以工商业为特色的学校则专注于就业能力（例如，学生的课程要求中有多门实习课程，课程成绩与实习成果挂钩）。此外，现在的大学还与全球商业合作伙伴协作，为远程和在线学习提供平台和课程管理服务。这些机构的使命及其背后的驱动力可从他们的课程设计、教学活动中反映出来。利兹大学和伦敦大学学院的课程就与品牌一词密切相关——利兹大学的课程将研究型学习整合进来，伦敦大学学院开设了“互联课程”（connected curriculum）。具体参阅本章结尾“拓展资源”处的链接。

在设计课程和学习机会时，教师就要考虑所属大学的使命和本校毕业生的预期目标——学生知道他们应该培养什么技能和品格，以及拥有表现这些技能和品格的外显能力。本章详细分析了两个例子（课程国际化和研究型教学），不过，其他例子（包括就业能力、道德与责任以及数字素养）也同样重要。

**课程国际化**

英国高校的国内与国际学生人数都在持续增长，下文将做详细讨论。如今，过半数的全日制英国高等教育研究生来自国外，这意味着高校呈现多元化，资源也很丰富。然而，我们的许多课程所讨论的主题和使用的案例，仍然以英国为中心。因此，教师需要拓宽学生的视野，让其看到更广阔的前景，并能基于全球视野，更具包容性地看待和思考问题；简而言之，就是要形成课程国际化。为了让更多人意识到这一点，我们明确了课程国际化的概念内涵及获得这一结果的实际途径。查阅文献可以知晓许多有关课程国际化的定义，但一些机构在解决这一问题时的实际操作方式为我们提供了更为宝贵且可借鉴的理念与资源。例如，悉尼新南威尔士大学的商业与经济学院采用了以下方式来推动课程国际化：

◇要求课程包括国际事务和问题；

◇鼓励学生基于国家、国际乃至全球范围进行思考；

◇要求以大学为整体，做出独特的国际贡献。

这些方面可以通过一些相互关联的新方案来实现，借鉴莫纳什大学的成果（很遗憾，网页和文件已不可用，但他们的想法非常好），我们提出有关教学过程不同方面的操作清单。

**对教职工：**

◇将国际视角融入教材、实例和文献；

◇在教学过程中充分利用学生的多样性。

**对学生：**

◇鼓励留学或参加国际交换项目；

◇邀请本国学生参与支持学校或学院国际学生的活动；

◇引进或推广跨文化学生辅导或实施监管计划；

◇鼓励开展偏向相关商业或国际主题的课外活动。

**对课程：**

◇在课程项目与学科中介绍一组国际焦点内容或可进行国际比较的内容；

◇购买或编写具有国际焦点的教材；

◇确保对学生的管理和支持具有文化包容性，有利于终身发展，满足所有学生期望与要求。

**对高校：**

◇反思新生的适应周项目是否呼应多元文化特性和多元民族特征；

◇反思学校或学院的外在形象，做相应调整或重新定位——很简单，就像反思学校的宣传材料那样；

◇建立国际校友联络网。

我们相信，这些想法一定能增进你从当地、国家、国际或全球层面（范围）思考课程与教学，尝试平衡教学的各个方面，例如你使用的案例，你为学生提供的材料，以及你推荐给学生的文献和资源等。

此外，许多高校在其他国家也建立了校区或基地。这就需要教职工（类似以客座教授的方式）外出开课，或为国外校区与国外基地的教师提供课程支持——开展跨国教育，这也会对课程国际化产生影响。倘若要在异地设课，教师需要仔细考虑指导课程与教材开发的不同光圈（本地、国家、国际、全球层面）透镜，详见本系列即将出版的《国际和跨国教师指南》（*Guide for International and Transnational Teachers*）一书。

### 教学与研究的关系

如果问高等教育与先前阶段的教育（中学和进修教育）的区别，答案必然是研究（research）：高等教育专注于创造、发现以及传播知识。高校教育教学（作为一种传播形式）相较之下应具有密切联系创造与发现的附加价值。近年来，教学与研究之间的联系受到了质疑，许多人主要借助格里菲斯（Griffiths，2004）开发的一种类型学方法（研究引领型、研究辅导型、研究导向型和研究基础型），思考二者之间的关系。近年来，研究型学习（research-based learning）这个概念进入了人们的讨论视野，将课程设计结果的重心转移到学生所做之事上（参阅本章“拓展资源”部分中有关“利兹课程”的讨论）。

格里菲斯的分类可以很好地反映一些典型的教学场景，如下所示：

◇教师将当前研究成果以案例研究和实例的方式整合至教学中。课程的各个方面都是基于教师的最新研究展开的，特别是在应届毕业生的课程中，最看重的就是研究结果。

◇教师在课程中讲授并训练学生的“研究技能”——这里的重点是研究的过程而非研究的结果，且这些技能可以源自图书馆，也可以基于实验室。此外，学生可以通过毕业设计和论文，以及与教师或研究人员一起工作等方式参与研究过程。

◇教师采用基于探究的教学方法——学生根据需要解决的问题与学习内容互动；通过特定主题下的探究来学习整个课程。

◇教师参与教学法研究。此类研究可以作为其初始培训或专业发展课程中的一部分，可指导教师的课程设计和教学过程。

研究作用于课程的方式可能取决于不同机构的定位；研究型大学的课程或许更强调将研究作为课程的主要成果，而教学型大学可能会专注于教学研究以支持课程。此刻的你或许正在攻读研究生学位或正在接受入职培训中的同类课程，又或许是在查看高等教育奖学金，同样重要的是，请务必思考如何将学生与你所在的学科领域与研究的过程及结果相关联，如何将研究整合进你的教学和学生的学习经历中。

## 竞　争

英国的人口结构随着时间的推移不断变化，本国 18 岁学生申请大学的人数也在波动。考虑到高等教育有了新资助方法（学生学费和贷款），院校必须找到方法，通过确保“学生体验”的质量（回归品牌），提高对国际学生和国内学生的吸引力。所谓学习经历，从某种程度而言，建立在“授课型课程”（taught curriculum）基础之上。授课型课程与文本课程相对，前者需要进行课程设计并切实开展教学过程。

此外，高等教育机构还必须公布一系列学校相关指标，如“全国大学生满意度调查”（the National Student Survey，NSS）和“教学卓越与学生成果框架”

（Teaching Excellence and Student Outcomes Framework，TEF）等。这意味着在将来，学生（和他们的父母）除了依托大学各类排行榜和机构招股说明书的要求与承诺外，还能根据可靠且可比较的数据（名为“Unistats”的网站）选择高等院校。

## 资　金

资金（money）在此指代的是学生所交费用。请注意，“钱花得值”和学生债务在这里可是关键词。英国于 1998 年 9 月实行学费制度，其高校学费最初定为每年 1000 英镑，随着时间的推移，这一数额稳步增加。现在，学生视高等教育为对自己未来的一种投资，故学校应意识到学生这一期望，在质量保证过程和师生合作设计课程（共同创造）中更多地考虑学生的想法与观点。高等教育不是一种可以购买的商品，教师需要避免“学生即顾客”的观念，而将其视为一场持续的辩论和有计划、有目的的运动，平衡和兼顾“你说，我们做”。作为一个投资机会，高等教育需要所有相关合作伙伴贡献力量。

此外，持续投资以发展和改善基础设施和学生的数字体验也很重要。这些设施包括图书馆或学习中心、虚拟学习环境、移动应用程序、定期录制的讲座和学习场所的连接质量等。它们不仅支持当前的学习路径，而且还提供不同的学习方式和学习机会（如在线和同伴学习）。

让我们看看这些资金背后的情况：英国高等教育机构目前总体年收入约为 360 亿英镑；一个庞大的高等教育机构每年的营业额超过 5 亿英镑；近年来，英国高等教育部门每年为英国的国内生产总值（GDP）贡献了约 220 亿英镑（约占总 GDP 的 1.2%），该部门提供了近 100 万个就业岗位。也可以看看你所在机构的数据，从资金的数额量必然可以推论到高等教育机构的学生人数，我们下一步将考虑这个问题。

## 激增的学生数量

20 世纪 60 年代中期，英国的学生总人数约为 40 万，70 年代初增至近 60 万，而 2017—2018 年的学生总人数约为 230 万，可见，过去 50 年来，学生数

量激增。（数据源自高等教育统计局）

对于20世纪60年代中期至70年代早期的学生群体而言，全日制意味着他们无须边工作边上学。他们不用付大学费用，且能在家庭经济调查后，收到一份合理的学生补助金来支付生活费用。80年代末90年代初的毕业生则可能会描述一段截然不同的经历。1987年至1993年间，高等教育的人数迅速增长，但政府在教育方面的支出没有明显增加，师生比例也明显扩大。这段时期的高等教育通常被视为由精英教育向平民教育转变，但补助金至少还是有的。

必须要说，2000年后上大学的那些人（当然，也包括你在内）比前者更惨。学生人数虽不是剧增，但稳步增加。而对学生的钱款支持却大幅度减少。这使得学生的高等教育支付方式发生了变化：学生（或其家庭）支付更多，而国家支付更少。学费和助学贷款的引入，让更多所谓全日制学生在学习期间开始兼职。有趣的是，关于这一点的叙述发生了变化。早期的研究集中在对学位层次的影响上（HEFCE,2005）。研究表明，兼职时间与较低水平的学位获取相关（学生兼职的时间越长，获得较低学位的可能性越大）。如今，人们已经开始接受“兼职是必要的”这类观点，并将注意力转移到了兼职可以获得的东西上。

只要不占用太多的学习时间，找到一份兼职是一个帮助你丰富简历、赚钱、减少债务并培养新技能的好方法。

（英国大学和学院招生服务中心，www.ucas.com）

20世纪90年代末，英国对高等教育机构的人数增长做出一定限制。当政府对国内学生数量的增长加以限制时，一个最大总学生人数（maximum aggregate student numbers，MASN）的时代出现了。强制执行的规则很简单：若一个机构超过分配给它的学生人数，那些额外的学生将得不到资助；这基本上能把握大局。在那期间，大幅增长的机会就来自前面提到的国际学生市场了。但2000年以来，旨在增加本国学生人数的各项计划又频频出台，以均衡社会各群体的代表性。目前，英国学生事务办公室（Office for Students，OfS）总结了四项首要监管目标：

能力充沛且期望接受高等教育的学生，不论何种背景，都可以：

1. 获得准入支持，成功接受高等教育并取得进步。

2. 获得高质量的学业体验，在学期间哪怕遇到机构与校园关闭或课程结课，学生的利益仍受到保护。

3. 能够就业或继续深造，且他们的资历能一直保值。

4. 感受到钱花得值。

（英国学生事务办公室的“监管目标框架”，2018c）

英国学生事务办公室的监管目标继而衍生了两项重要规定：

◇ 要求高等教育机构发布年度“准入与参与声明”（access and participation statement）。

◇ 形成残疾歧视立法（disability and discrimination legislation）。

最后，在这场人数游戏中，教师一方面还需要考虑复学人员（returners），这些人通常是受专业或职业驱动，为了获得特定资历而重返大学，另一方面还要顾及终身学习者或资格取向的学习者（我们将对后一类人员做更多讨论）。

**准入与参与**

1999 年，当时的英国工党政府承诺，到 2010 年，18 至 30 岁的年轻人中应有 50% 获得高等教育的机会。然而，英国政府 2018 年的最新数据显示，18—30 岁的青少年中，只有 49.8% 接受了高等教育，而 2006—2007 年这一比例为 41.7%。尽管这些主要数字表明，英国可能正在实现扩大高等教育入学的目标，但学生总人数的增加并不能代表所有社会阶层的学生人数增加。高等教育统计局公布的数据显示，自 2010—2011 年度以来，2017—2018 年度公立学校学生进入高等教育的比例首次下降，牛津和剑桥等大学中公立学校学生比例仍为最低，分别为 58% 和 61%，而总体比例为 89.8%。即使经历了十年不断扩大学生参加高等教育的运动，在英国，从“低参与度区域”进入高等教育的学生比例也只占 11.6%，而 2009—2010 年度为 9.6%。

在英国，许多人的人生境遇受到起点的严重影响，这指代的不仅是地理区位上的起点，更多是社会经济地位、家庭收入、种族和残疾等因素。学生事务办公室称上述因素为“社会流动挑战”，并表示高等教育有潜力通过向参与者提供知识、技能和证书来帮助他们实现职业生涯的成功转变，使那些原本处于不利地位的人能够更好地发挥他们的潜力。

基于此，学生事务办公室正致力于推进高校入学和学生参与公平，借助高等教育支持社会流动。这就要求所有高等教育机构阐明自身将如何对以下方面进行改进：弱势群体（underrepresented groups）获得平等的大学准入和学业发展的机会。

英国的所有高等教育机构都必须制定一个“准入与参与计划”，证明弱势群体能够被精准对待，在他们人生不同阶段的准入和参与过程中受到精准照顾。学生事务办公室使用的“弱势群体”一词主要指代：

◇高等教育参与度（普及度）低的地区、家庭收入低或社会经济地位低的学生；

◇特定民族的学生；

◇成年学生；

◇残疾学生。

许多机构为解决“准入与参与”问题，倾向于面向中学所有年龄段的学生开展激励弱势学生活动，提高不同社会群体的申请者人数。当然也有一些支持性举措是在学生进入高校后才实施的：关注重心从学生入学转向提高保育率。这既强化了高校已有的支持系统——特别是加大对学生技能发展的支持力度——也对一些危险学生（at-risk students）提供了具体的、有针对性的支持，例如，引进可监控学生参与的系统等。

**残疾歧视立法**

2010 年 10 月，英国政府颁布了《平等法案》，将几项歧视立法合并为一项法案，为保护个人免受直接或间接歧视、骚扰和伤害，促进机会平等提供法律框架。该法严禁歧视这些具有“受保护特征”的人，这些特征的其中九项如下：

◇年龄；

◇变性；

◇已婚或同性伴侣关系；

◇怀孕或休产假；

◇残疾；

◇种族，包括肤色、国籍、民族或民族血统；

◇宗教或信仰；

◇性行为；

◇性取向。

该法中的公共部门平等义务，取代了以往与种族、残疾和性别平等有关的义务，并要求公共部门或机构在开展日常工作时，如在制定政策、提供服务和与自己的雇员有关时，考虑所有个体。为实现平等义务的三个主要目标，公共部门与机构有责任考虑以下需求：

◇消除歧视；

◇促进机会平等；

◇在开展活动时，培养不同人群之间的良好关系。

作为公共部门的雇佣者和教育提供者，高等教育机构有履行平等义务的法定责任。这意味着高等教育机构要消除或尽量减少对“受保护特征”的人的不利影响。一些具有受保护特征的群体参与高等教育的程度极低，那么高等教育机构就必须采取行动，满足他们的需要，鼓励他们参与大学生活。为了履行平等义务和促进机会平等，大学可能有必要对特定人群给予更多优待。以残疾人为例，平等立法要求各机构（及其工作人员）不仅仅是对残疾人士的需要做出反应，且要做出合理的预期性的调整，确保他们在接受高等教育时对非残疾人士也不会造成实质性的不利影响。2017/2018 年英国高等教育统计局（HESA）的统计数据显示，高校攻读全日制第一学位的学生群体中，有 6.6% 获得了残疾学生津贴。这意味着你所教的大多数学生群体中，很可能存在需要特殊教育的人群，这要通过立法解决。如果一个人的身体或精神受到损害，且对他正常活动的能力会产生重大且长期的不利影响，那么，他就可以被定义为残疾。它还包括某些医疗条件，如癌症、艾滋病毒感染和多发性硬化症。

2015 年，国家用以提供一次性医疗支持、补助雇佣笔记记录者（note-takers）与诵读者（Readers）支出的残疾学生津贴减少，这意味着高等教育机构必须采取更具包容性的做法，让残疾学生的需求纳入主流考虑之中（ECU, 2010）。例如，他们应有权使用广泛适应性技术与工具，如演讲捕捉工具（lecture capture）。这种社交模式（social model）需要人们从残疾人的角度看世界，认为人是因社会设置的障碍而丧失能力，而不是由他们自身的残疾造成的。消除这些物理障碍（如门、厕所设施的障碍）和情感态度的障碍（如关于人们能做什么和不能做什么的假设），都能促进平等和包容，让残疾学生掌握选择权与自主权。

处理这些问题不是你个人的责任，而是整个高校的责任。所有的教职工都必须做出回应，做出合理调整，避免残疾学生遭受苛待。当然，你个人也可以做一些力所能及的事情，比如让你的幻灯片和印刷材料更方便获取，提供各种形式的学习材料，开展具有包容性的课堂实践等。总之，在这件事上，作为团队的一员，你必须意识到你在这件事上所发挥的作用。

## 终身的且具有资格认证的学习者

我们区分了普遍意义上的终身学习（lifelong learning）和终身的且具有资格认证的学习（lifelong，qualifications-based learning）这两个概念。尽管一些教师将会获得所在领域非资格导向的持续专业发展（职业进修），但后者应是你将竭力做到的。虽然高等教育机构的资助制度发生了变化，但重返大学学习以自身延长资格的人数仍然很多。无论是出于需要还是被迫选择，近 50% 是在职学生。在本书撰写期间，英国高校的大一学生中，在职学生约占 10%，在职研究生占 46% 以上。除此之外，很多大学生都是往届生。高等教育的数据统计显示这些人的年龄都在 21 岁及以上。英国高等教育统计局的最新数据显示，英国超过 40% 的本科一年级学生是往届生，超过 90% 的非全日制一年级学生是往届生。这一终身学习群体正在重返教育领域，延长他们的资格期限或提高学历——从学士到硕士；从国家高等文凭（Higher National Diploma，HND）到学士；从生活和工作经验到获得资格——以更新他们的知识、理解和技能。当然，往届生所具备的教育和经验背景与那些直接升学的应届生截然不同。

你可能会问，为什么我们要讨论这些信息？因为我们觉得所有这些问题将影响教学以及为学生提供学习支持的方式方法，而你要对下列问题做出回应：

◇在职学生采用的学习方法与全日制学生有何不同？

◇年龄对学习方式有何影响？

◇应届生的学习目标、动机和技能与那些学历较低但工作或生活经验丰富的成年学生有何不同？

◇考虑课堂上存在年龄、教育背景（在职或全日制）、残疾学生和国际学生的异质组合，你将如何妥善处理？

我们不打算在本章中详细回答这些问题，但相信你将从本书的其余章节和本章末尾提供的拓展资源中获取有用观点。

概述本节内容，我们认为，学生人数的增加让机遇和挑战并存。为了保证学生的体验质量，我们建议你了解所在系部学生的特征，并尽可能多地了解你的学生群体，为他们提供可能需要支持的方式。我们期望，你能结合学习者特征，有目的地调整预期学习结果，这些特征包括：你的学生已经知道什么，能够做什么，期望从高等教育得到什么，以及他们如何看待你在这个过程中的角色等。

## 技　术

过去的20年见证了技术在教育系统中的高频使用。无论是在高等教育教学，还是中小学校或是工作场所的学习中，技术的使用率都有所增加。迅猛发展的网络已经触及我们生活的方方面面，为我们提供获取信息和服务的新方式，让我们能及时与陌生人进行交流。

2016年，苏格兰政府提出了一项确保所有师生都能从数字技术中受益的国家战略。2017年，英国政府科学办公室（UK Government Office for Science）也公布了一份关于继续教育中数字技能需求上升的报告，提醒继续教育部门应对这一挑战。

如今，许多大学已经发布了促进在线或数字化学习的策略要求。这些技术使用策略可以是独立进行的，也可以融入大学教学，成为高校战略中更大范围的一部分。这些策略文件一般都会形成一个大致的大纲计划，以说明各机构如何在教学中利用技术，在学习设计中可以如何有效利用技术，让学生在发展数字技能中获益。他们通常会特别提到在特定机构中使用虚拟学习环境或其他有效技术。你应该努力找出你所在高校在这方面是否有最新策略，以及它可以提供哪些支持来帮助你最大限度地用好技术。我们在本章的“拓展资源”部分也提供了一些链接来阐释这一领域的发展。链接内含有一些关于数字化学习策略的文档示例。

当前，大学还雇用了专业人员作为学习技术专家、学习设计师和数字化学习专家，与学术团队合作，将技术的使用设计成课程或项目。在英国，学习技术协会（the Association for Learning Technology）（www.alt.ac.UK）作为一个会员制机构，为高等教育及继续教育机构的教师提供期刊和年度会议，来展示他们在学习技术方面的成果。《高等教育有效教学的关键指南》系列丛书中另有一本书详细介绍了计算机与信息技术（C&IT）在教学中的应用，显然，以互联网为代表的技术在设计学习中扮演着重要工具与方式的角色。

## 质量保证

你若浏览了丛书中最近出版的几本就会发现，评价和审核是课程设计模型中非常重要的一部分。我们也将在第二章提到这一点。在 1990 年之前的英国还鲜有人提这个问题。当时，评价与审核方面的主体和驱动者更多是个人，而不是特定机构，且以随机或是不定期的方式开展。教育经费也是经过审核不断调整与更新的。但在 20 世纪 90 年代初，质量保证领域发生了巨大变化，审计（audit）与审核（review）时代来临。

以下内容并非要详尽具体细节，而是为了凸显审核的各个方面都得到了下放。不过，英国的四个构成国并非遵循完全相同的流程。此外，谈及课程的质量保证与提升时，我们将重点关注那些更具有价值的问题，例如：质量保证是否足够好？质量提升如何能做得更好？

高等教育质量委员会（Higher Education Quality Council）是首倡者，随后是高等教育质量保证署（Quality Assurance Agency，QAA），该局如今依旧发挥效用，只不过是以不同身份发挥其他作用。随着实践经验的积累和制度方法的成熟，质量保证措施的流程和重心也发生了变化。

最初，为了保障经费投入与管理流程的质量，采用的是在机构与学科两级外部评议的方式，即审计（audit）和科目审核（subject review）。机构层面的问题就出在审计流程和步骤上：

◇机构内如何调整和维护标准？

◇监控和测量个别课程的质量需要哪些流程？

◇如何为全校师生提供（学术与生活上的）支持，如何保证所有学生享有公平的经费待遇？

这些都是支持学生和授予学位时要考虑的重大问题，而在学科层面，授课型课程的细节更为重要。随着时间的推移，所有的科目都要经同行评议。科目评议最后阶段的框架相当简单，如果稍加阐述，就可以转变为一个有用的课程设计工具。这个过程从一个问题开始：你想达到什么目标？——换言之，这门课程的目的与结果是什么？毕业生应该知道什么和能够做什么（毕业生品质）？为回答以上问题，我们探究了以下六个方面：

为达成既定的课程目的与结果，以下方面需要如何做？

1. 课程的设计、内容和组织。
2. 课程采用的教、学、评方法。
3. 对学生的有效支持与指导措施。
4. 可提供的资源。
5. 课程评议与更新的方式——质量保证和质量评价的安排情况。
6. 何种证据可证明他们达成了既定目标？——学生成就和进步的事实与数据。

许多同仁可能认同作为专业教育工作者应当思考这些问题。但许多人对获取答案的过程感到不满，因为这些程序非常官僚化，且需耗费大量时间和纸张。

下一个阶段，我们期望审计与审核尽量平稳设计，不要那么密集，并将重点放在制度流程方面（其中许多流程已从第一轮审计和评议结果中获取），然后再深入到科目级别，检查正在实施的流程。高等教育质量保证署仍然是监管机构，源于整个行业良好实践的一些框架或基准仍在使用。而英国监管机构的调整推动了学生事务办公室的生成，如今，二者在质量保证与提高的各个方面都是领导者。学生事务办公室的角色和职责概括如下：

◇自 2018 年 4 月起，学生事务办公室开始运行，于 2019 年 8 月开始掌权。

◇高等教育机构院校必须在学生事务办公室注册（以获得政府资助和学生支持）。

◇要注册的高等教育机构必须满足学生事务办公室的条件（目前为23条），包括：

·具有年度“准入与参与声明”，

·参与“教学卓越与学生成果框架”，

·在Unistats（一个提供学生做调查和比较大学科目的网站）等网站上公布各类数据。

◇英国高等教育拨款委员会（UK Quality Code for Higher Education, HEFCE）曾主持的教学资助工作现由学生事务办公室负责。

◇目前，高等教育质量保证署是学生事务办公室的指定质量检测机构，并出台了《英国高等教育质量规范》(UK Quality Code for Higher Education)，其中包括两个关键参考点：

·学科基准要求（更多内容见后面章节），

·资格与学分框架中还涉及了一些等级描述语（更多内容见后面章节）。

◇英国高等教育统计局是学生事务办公室的指定数据来源主体。

◇学生事务办公室委托“英国全国大学生满意度调查”（www.thestudentsurvey.com）让应届本科生为自己的母校满意度打分。

◇学生事务办公室有权要求高等教育机构提供或撤回授予学位。总之，非常强大！

《英国高等教育质量规范》包括期望、核心和共同实践等若干要素。由于你所在的大学已经将它们转换并应用至质量流程中，故我们将不再赘述这部分内容。更重要的是，这些质量准则还包括建议、指导和支持资源等内容。建议与指导：共12个主题，包括课程设计与开发、评估、学习与教学、监控与评价。在这些文件中（详见第二章“拓展资源”部分），你可能会发现一些有用的指导原则。

世界上其他地区也采取了类似的措施来衡量和确保高等教育质量，有些国家与地区的方法与之大相径庭，本章末尾的“拓展资源”部分提供了与这些措施相通的链接。

本节最后要指出的一点是，各高校如今都拥有了自己的“质量单位”（quality units），它们的职责就是结合国家准则和要求，建立并维护与本机构背景和定位相符的质量保证流程。下次面对单元大纲表格或学生单元调查时，你就会明白它从哪来，为何如此重要。

## 专业性

大多数高等教育机构都会基于《英国教师专业标准框架》，设计新教师入职培训课程或项目，并为所有参与教学的员工提供职业进修机会。事实上，上述指标还包括了拥有教学资格或《英国教师专业标准框架》认可的教师人数。本书的贡献就在于，越来越多的大学教师将认识到，教学法与学术研究为设计教、学、评都可提供良好的做法和创新基础。你还将看到，本书的每一章节与《英国教师专业标准框架》中的一些要素存有适当联系。

现在，我们要从对高等教育的大图景及高等教育机构的外部影响因素的讨论转移到教学设计上来。首先，我们将在第二章中提供一些设计模型，并在接下来的章节中详细讨论课程设计过程的各个方面。

## 拓展资源

### 质量保证

◇英国大学生满意度调查（NSS）网站：www.thestudentsurvey.com

◇学生事务办公室（OfS）网站：www.officeforstudents.org.uk

◇教学卓越与学生成果框架（TEF）见网站：www.officeforstudents.org.uk/

◇苏格兰高等教育质量保证署网站：www.qaa.ac.uk/scotland/en/home；及其质量强化主题活动网址：www.enhancementthemes.ac.uk/

◇欧洲高等教育质量保障注册制（EQAR）见网站：www.eqar.eu

◇欧洲高等教育质量保障联合会（ENQA）网站：https://enqa.eu

◇澳大利亚高等教育质量与标准署（TEQSA）网站：www.teqsa.gov.au

◇加拿大大学－质量（Universities Canada－Quality）见网站：www.univcan.ca/universities/quality-assurance/

◇新西兰大学学术质量署：www.aqa.ac.nz

◇美国高等教育委员会网站：www.chea.org 或 www2.ed.gov/about/offices/list/ous/international/usnei/us/edliteaccreditation.html

◇国际高等教育质量保障组织（INQAAHE）是一个由近300个活跃于高等教育质量保证理论和实践的组织组成的全球性协会，详见网站：www.inqaahe.org

## 准入与参与

◇学生事务办公室（OfS）网站：www.officeforstudents.org.uk

◇学生事务办公室关于促进公平机会的相关内容详见网站：www.officeforstudents.org.uk/advice-and-guidance/promoting-equalopportunities/ 该网站含有关于准入和参与计划的指导以及有效实践

◇有关准入和扩大参与的统计资料的一个非常有用的来源网站：www.hesa.ac.uk/news/07-02-2019/widening-participation-summary，也可在英国政府网站（2018）找到：www.gov.uk/government/statistics/participation-rates-in-higher-education-2006-to-2017

## 平等立法

◇英国政府《<2010平等法案>操作指南》见网站：www.gov.uk/guidance/equality-act-2010-guidance Equality Challenge Unit，2010

◇英国平权挑战机构（Equality Challenge Unit）2010年对高等教育方面的合理调整详见网站：www.ecu.ac.uk/wp-content/uploads/external/managingreasonable-adjust-ments-in-higher-education.pdf

◇英国平等与人权委员会网站：www.equalityhumanrights.com/en，JISC blog on Accessible Organisations：https://accessibility.jiscinvolve.org/wp/

## 高等教育成员

◇英国高等教育课程的官方对比，详见网站：https://unistats.ac.uk/

◇英国大学联盟（Universities UK）编制了一份英国高等教育年度模式和趋势报告。该报告提供了数据和评论，显示了英国高等教育部门如何在快速变化的外部环境中继续发展和适应，详见网站：www.universitiesuk.ac.uk

◇英国－英国高等教育统计局（HESA）网站：www.hesa.ac.uk USA

◇美国－全球统计数据库（Statista）网站：www.statista.com/topics/2245/higher-education-graduationnin-the-us/ 或 www.statista.com/topics/829/college-and-university/

◇澳大利亚－高等教育统计局：www.education.gov.au/higher-education-statistics 或：www.universitiesaustralia.edu.au/australias-universities/key-facts-and-data

◇加拿大大学联盟网站：www.univcan.ca/universities/facts-and-stats/

◇欧洲相关网站：https//ec.europa.eu/eurostat/statistics-explained/index.php/Educational_attainment_statstics

## 技术

◇学习技术协会（ALT）是一个专业和学术性的协会，旨在将所有对学习技术的使用感兴趣的人聚集在一起，详见网站：www.alt.ac.uk/ALT (2014). ALT survey on the effective use of learning technology in education：www.alt.ac.uk/sites/alt.ac.uk/files/public/ALTsurvey%20for%20 ETAG%202014.Pdf

◇苏格兰政府2016年颁布的“利用数字技术加强教学”的文件详见网站：www.gov.scot/publications/enhancing-learning-teaching-through-use-digital-technology/

◇英国政府科学办公室2017年发布有关“继续教育中数字技能需求上升”的报告详见网站：www.gov.uk/government/publications/skills-and-lifelong-learning-digital-skills-in-further-education

◇联合信息系统委员会（JISC）2016发布的“提高学生数字化体验的策略研究”报告详见网站：www.jisc.ac.uk/guides/enhancing-the-digital-student-experience

## 在线学习的案例

◇格拉斯哥大学2013-2020年电子学习战略详见网站：www.gla.ac.uk/

media/media 297622_en.pdf

◇伦敦玛丽女王大学2016-2020年电子学习战略详见网站：www.elearning.qmul.ac.uk/wp-content/uploads/Queen-Mary-E-learning-strategyfinal.pdf

◇萨里大学数字化学习策略详见网站：www.surrey.ac.uk/sites/default/files/Digi-tal_Learning_Strategy.pdf

◇杜伦大学电子学习策略详见网站：www.dur.ac.uk/learningandteaching.handbook/7/3/

◇邓迪大学电子学习策略详见网站：www.dundee.ac.uk/governance/policies/elearning-strategy/

**课程国际化**

◇"英国推进高等教育"（Advance HE/HEA）网站：www.advance-he.ac.uk

·高等教育国际化的高等教育框架

·课程国际化：启动转型变革的发展性资源

◇牛津布鲁克斯大学课程国际化中心网站：www.brookes.ac.uk/services/cci/

◇ Clifford, V., Henderson, J.& Montgomery, C., 2013. Internationalising the curriculum for all students：The role of staff dialogue. In J. Ryan（Ed）*Cross-cultural teaching and learning for home and international students：Internationalisation of pedagogy and curriculum in higher education*. London：Routledge.

◇ Jones, E. & Killick, D., 2013. Graduate attributes and the internationalized curriculum：Embedding a global outlook in disciplinary learning outcomes. *Journal of Studies in International Education*, 17(2), 165-182.

**教学研究关系**

◇ Healey, M. (2019). Linking research and teaching：A selected bibliography: www.mickhealey.co.uk/resources

## 课程示例

◇“利兹课程”详见网站：https：//ses.leeds.ac.uk/leedscurriculum

◇“互联课程”详见网站：www.ucl.ac.uk/teaching-learning/connected-curriculum-framework-research-based-education

## 第二章

# 教学如何融入教育大图景

## 导　言

当下，你或许还不能承担设计一门课程中大部分内容的重任，但了解教学过程中自己所扮演的角色以及与学生学习各方面的关联尤为重要。为达成此目的，你需要从理解“课程”一词的含义出发，掌握课程设计的基本原理及当下一些设计模型与模式。有意思的是，“课程”一词源自拉丁语“currere”，意思是在赛道或跑道上奔跑，暗指课程不是让学生觉得自己在原地打转。巴黎大学和莱顿大学（在 16 世纪后期）最早将这个词引用至教育领域。随后，格拉斯哥大学（约在 1630 年）使用该词汇来指代该校的课程。如今，人们用“课程”一词指代一系列教育机会，课程的内涵也从狭隘的“学习科目”走向“学生在某一教育机构中，有关某一科目的全部教育经历的总和”。若要对课程进行解构，则有必要理清课程的分支（其中一些还有待商榷）：

◇授课型课程（taught curriculum）：涵盖学位课程、（学科与通用）技能、学科专业知识和预期态度或途径。

◇协作课程（co-curricular）：是学生的学习机会——向（所选课程）外拓宽学习的广度及向（学位课程）内挖掘学习深度，这类课程不一定会记入学分或进行评分，但基本会出现在课程表中。

◇课外活动（extra-curricular）：课程表外的学习内容，如体育、俱乐部和社团等学习活动，虽与所选专业没有显著相关性，但我们不能否认其学习内容的丰富性及对课表规定学习内容的支持与拓展作用。

◇隐性课程（hidden curriculum）：在与教师和同伴的交流中，向学生传递不言自明或隐性的学术、社会和文化价值观信息。

你需要思考的是，授课型课程如何设计、其他学习机会能为学生提供什么以及隐性课程的作用如何发挥。

比格斯（Biggs，1999）一直强调课程一致性（alignment）。相似地，恩特威斯尔（Entwistle，2005）也提倡课程连贯性（coherence）（一致性比连贯性更强调课程的线性走向）。那么，课程术语中的一致性与连贯性意味着什么？它将如何影响那些需要你与学生共同完成的工作？为了回答这个问题，请思考：

◇课程增值（value added）；

◇课程目标的可及性（fitness for purpose）；

◇课程目标的适切性（fitness of purpose）。

这些听起来像是商业用语，但是无论是设计整个课程、单个模块还是某个课时的内容（讲座、辅导、实验等），都得仔细斟酌以上三点。

### 课程增值、目标的可及性与适切性

课程增值：学生的学习结果是什么？他们将知道什么，能做什么？经历此次学习，他们的思维与行为将会发生怎样的改变？显然，这取决于学生原有的知识水平（对于所有课程设计过程来说，这是一个至关重要的问题）和现在的学习目标（参见第三章预期学习结果部分）。附加价值就是完成本次学习过程后学生的收获。

作为一名教师，你无法保证自己设计的学习计划（有意学习）会按预期进行，也无法控制其他学习（无意学习）的发生。你所能做的主要有两点：一是明确学生充分利用学习机会（预期学习结果，参见第三章）后能达成的学习结果；二是为学生提供有效的资源支持和优质教学服务（基于教学目标，参见第三章），并协助他们进行学习反思。我们也称其为学习增益（learning gain）（OfS，2018a）。

目标的可及性：学习计划是否与该学习群体匹配？你需要考虑学生先前学习经历、学生的能力和需求。此外，还要思考是否有合适的资源（图书馆、计算机、与教师的接触时间），能为学生带来什么生活价值（就业或事业技能，参见第六章）。

目标的适切性：教学是否符合学生所学阶段的学习标准与期望要求？这是所有课程设计过程中另一个至关重要的问题。该教学阶段对学生的学习能力层级要求如何（我们将在本章后面讨论）？在教学生涯初始阶段，最常见的问题或顾虑之一就是“如何把课上得恰到好处”。

## 课程设计模型、等级描述语和基准要求

上述所列问题对课程规划具有较大价值，为了更好地思考和回应这些问题，你需要：

◇审视特定的课程设计模型，并参考其他模型；

◇尝试理解并使用等级描述语；

◇了解适用于大多数本科生课程和研究生课程的基准要求。

### 课程设计与审核模型

纽贝尔和坎农以最简洁的地方式概括了进行课程设计任务的成功路径（Newble & Canon，1989）。他们认为，课程设计的关键在于：充分考虑学生特点，并设立预期学习结果、课程内容、教学方法和学生学习评估之间完整的逻辑关联。

请注意，之前我们还强调了对一致性以及学生的关注。为了实现这些目标，你可以采用循环圈、模型及图式作为辅助。本书采用了图 2.1 所示的循环圈（Dennis，1990），以下特征揭示了其有效运行的原理：

◇**循环性**：一个要素的改变会对循环圈其他部分产生影响。因此，在调整时有必要回顾所有要素，而非只是部分要素；

◇**全面性**：如果考虑到所有要素，风险就会降低；

◇**关联性**：循环圈中所有要素都相互关联；

◇**迭代性**：所有箭头都是双向的，且所有要素相互联系，这提醒教师，课程设计过程是一个迭代的过程；

◇可以用作课程**设计**工具，也可以作为课程**审核**过程。

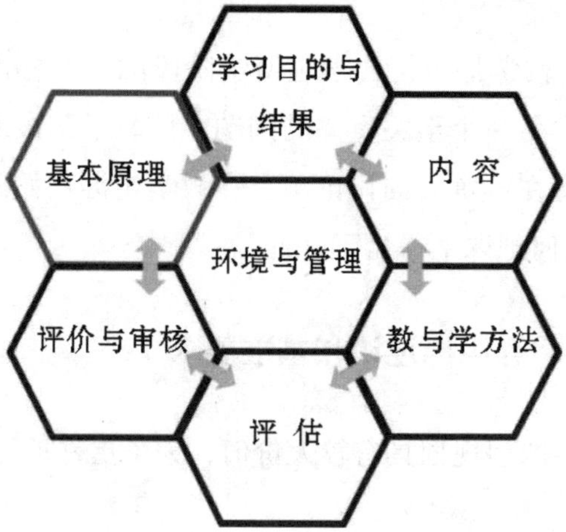


图 2.1　课程设计与审核模型

值得注意的是，该模型将学习目的与结果（参见第三章）放在首位，以显示其重要性。教师必须清楚课程开设的目的，在此基础上，再选择内容（参见第四章），帮助学生达成这些目的。课程的设计应该是从目标到内容，而非倒过来做。（本章后面部分也会提到一个设计模型，它将内容置于中心，向外辐射）根据学习结果和内容，你可以思考教与学的方法。此时，你要将课程主题进行排序，确定不同主题的课时并对学生进行分组，使结果最优化（参见第五章）。当然，学习并非总是线性的。正如前面所述，方式方法受限也会影响内容。你需要通过迭代，将所有教育机会与受限纳入考虑之中以改进课程，最终优化课程。但是，在这个循环圈中，存在着一种必要且直接的关联，那就是成效和评估（参见第六章）。教师需要设计评估过程来检测预期学习结果的实现情况。评估的设计旨在发现学生能做什么，而不是他们不能做什么。

最后一个要素是评价与审核——核查课程所提供的内容是否符合目的（参见第十一章）。这不仅仅是去检查教学情况，还要评价课程资源的适切性与质量水平，以及课程的时效性、相关性和合理性。考虑到一些与课程相关的重要信息是学生无法提供的，你还需要咨询除学生外的一系列评阅者。

环境与管理这一要素位于整个循环圈的中心。环境涵盖了支持学生（学习和生活）、提供资源以及建立学习共同体这一部分内容。学习共同体可为学生提供适当条件，让他们既能迎接挑战，又能得到支持（参见第七、八和十章）。管理则是确保教师对职责和信息提供边界有清晰的认识。它囊括了从最高层次（课程规划与开发）到日常开展（如在合适的时间点将足够的椅子放在适当位置），再到应对突发问题（参见第九章）这一系列全方位管理内容。

最后，让我们快速浏览一遍这个课程基本原理模型，下一节我们将作详细讨论。虽然在这个循环圈中，我们将基本原理（rationale）标为灰色字体，并不意味着它不重要，相反，这是为了提醒你在搭建课程（课程设计）时，注意到这个关键要素；偶尔需要对其重新进行审视或反思；相比之下，循环圈中的其他要素则需要经历不断评议与监测（课程审核）。

如果你更喜欢文字型表述，也可以将循环圈分解为对应的一系列问题，如表 2.1 所示。

表2.1 课程设计与审核问题

| 设计流程 | 设计问题 |
|---|---|
| 基本原理 | 为什么要这么做，究竟是为了谁？ |
| 学习目的与结果 | 学习者最终应该学会什么？ |
| 内 容 | 实现该目标需要哪些内容？ |
| 教与学方法 | 计划如何实现它？ |
| 评 估 | 如何知道学习者已经达成该目标？ |
| 环 境 | 学习者需要哪些资源以及技术支持？ |
| 管 理 | 如何实行？ |
| 评价与审核 | 如何改进？ |
| 基本原理 | 是否仍然有效呢？ |

总而言之，该模型概述了课程设计与审核的内涵，揭示了课程内部要素之间的联系，并强调了课程连贯性的必要性。正如上面所提到的，本书后面章节将独立且细致地探讨各个要素（基本原理除外），当你在阅读后续章节时，请记住这个模型并提醒自己注意各要素之间的联系。为避免赘述，本章主要阐释课程设计的基本原理。

**基本原理**

在开设新课程时，有许多问题，必须加以考虑：

◇新课程将在现有课程基础上新增什么内容？

◇新课程如何适配学校系部的要求？

◇新课程的目标群体是谁？

◇新课程由谁教授并提供支持？

◇新课程有市场吗？谁会注册学习？

◇新课程是如何规划的？

◇新课程的毕业生有就业市场吗？

◇其他地方有类似课程吗？是什么让新课程的提议脱颖而出？

◇新课程资源存在哪些问题，图书馆、信息技术、设备和空间？

如你所见，这些问题大多与课程的“收支”相关，是课程的可持续性问题，而非教育价值问题。但课程设计的底线是课程必须面向学生及其就业，并获得足够的资金支持。

### 其他课程设计与审核模型

这里还有一些设计模型供你参考。例如，布朗（Brown，2001）提出了以内容为设计过程核心的模型（MORALE C 模型），如图 2.2 所示，该设计模型在 MORAL C 路径基础上进行了拓展，加入了评价这一基本要素。

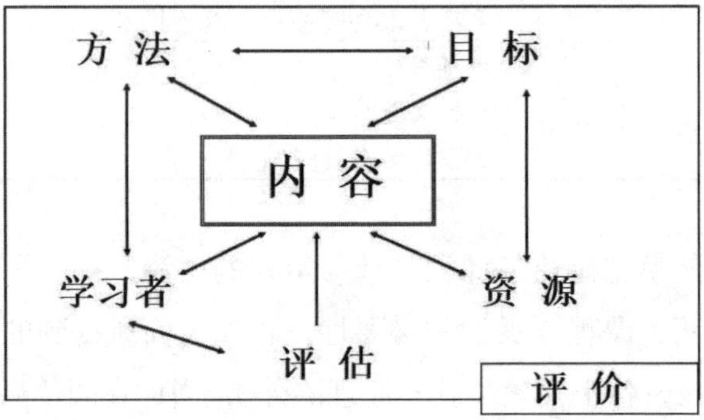


图 2.2　MORALE C 模型

MORALE C 模型以其组成部分——方法（methods）、目标（objectives）、资源（resources）等的首字母命名。考虑到大部分教师都是以学科课程计划起点作为内容，我们在此介绍这一模式，以便教师将其作为核查表，拟定课程章节或在更大的模块范畴内审视课程。

当然，教师也可参考莫恩（Moon, 2002）提出的“模块开发基本地图模型”。这一模型有许多讨喜的点：

◇具有循环性，所有要素相关联，若变化则产生连锁效应；

◇提醒你仔细考虑学生的学习水平；

◇将学习结果、评估方法和标准进行联系并形成有效的三角结构；

◇包含一个迭代阶段。

此外，爱尔兰高等教育研究会（AISHE, www.aishe.org）提供的学习者中心、结果导向的模块设计模型（AISHE，2015）也非常有意思。该模型中许多要素都是丹尼斯模型的映射。但不同之处在于，该模式以学生的多样性、学习方法以及他们的学习情境为出发点，值得一看，何况它还是免费的。

近年来，有关课程设计的写作基本强调一致性建构（constructive alignment）。与其说这是模型，倒不如说它是课程设计的指导原则。这个概念最早由比格斯（Biggs，1999）提出。他强调将课程结果与教学活动及评估任务这二者进行联系。简单地说，如果期望某些人能在道路上安全地骑自行车，那么你可以为他们提供一辆自行车，教他们怎么骑车，然后给他们练习的机会，并测试他们能否在道路上安全地骑行。这样一来，评估与学习结果就能直接契合。

你会注意到，学习结果、教学策略与内容以及评估三者组合，是任何模式的核心要素，只不过在不同模式中，三者的重心可以转换。例如，“逆向设计模型”（the Backwards Design Model）就优先考虑了学习结果与评估之间的联系（Wiggins & McTighe，2005）：

◇明确预期学习结果；

◇确定合适的评估证据；

◇规划学习经历与教学。

在这一模式下，学习结果决定了学习评估方式，也由此决定了教学内容、方式及学习机会，以便学生证明其学习结果。然而，与所有模型一样，逆向设计也具有迭代性，需要反复细化提炼。

除了这些模型外，我们还推荐奇克林和加姆森（Chicken & Gamson，1991）的核查表，该表陈述了本科教育实践设计的七大原则：

1. 鼓励学生和教师之间加强联系，特别是学术方面的联系；

2. 发展学生之间的互惠与合作，指导学生与他人高效开展工作；

3. 鼓励主动学习，学会思考和做事，并且进行反思；

4. 提供及时反馈，帮助学生找出应对措施；

5. 强调任务截止时间，提供许多实用的、有成效的指导性练习；

6. 传达高度期望并鼓励学生对自己抱有高期望；

7. 尊重多样化的才能和学习方式并理解知识的多样性。

你可以基于学科和教学背景，从上述所有模型中选择适切的模型，并列出相关要素。不过我们强烈建议你保留“丹尼斯模型”。它可以提醒你所有必须考虑的要素，力求课程的一致性和连贯性。

### 资格框架与等级描述语

进度保证是所有课程设计过程中的一个重要元素。伴随课程的推进，学生的需求也会日趋增加，复杂性与不确定性也会出现。因此，你需要思考以下问题：

◇第一年的学位课程模块或单元与第二年或最后一年相比有什么不同？

◇本科最后一年的课程模块和研究生课程的起始模块有什么区别？

若要回答这些问题或其他类似问题，英国高等教育质量保障署用于授予不同类型高等教育学位的《英国高等教育资格框架》（Frameworks for Higher Education Qualifications of UK）是关键。该框架列出了高等教育不同资格类型所对应的研究水平，是《英国高等教育质量规范》的两个关键参考点之一；另一个参考点是学科基准要求（见32页）。不同的框架使用不同的编号或命名格式。表2.2呈现了英格兰、威尔士和北爱尔兰的高等教育资格框架（FHEQ）、适用于苏格兰的高等教育机构资格框架（FQHEIS）以及这些框架在欧洲高等教育资格框架（QF-EHEA）中的映射。

表2.2　高等教育资格框架

<table>
<tr><th>资格授予类型</th><th>英格兰高等教育资格框架</th><th>苏格兰高等教育资格框架</th><th>欧洲高等教育资格框架</th></tr>
<tr><td>博士学位</td><td>8</td><td>12</td><td>3级资格</td></tr>
<tr><td>硕士学位</td><td rowspan="5">7</td><td rowspan="5">11</td><td rowspan="3">2级资格</td></tr>
<tr><td>医学、牙科和兽医的初级资格</td></tr>
<tr><td>研究生文凭</td></tr>
<tr><td>研究生学历证书和教育文凭</td><td rowspan="2"></td></tr>
<tr><td>研究生证书</td></tr>
<tr><td>荣誉学士学位</td><td rowspan="4">6</td><td>10</td><td rowspan="2">1级资格</td></tr>
<tr><td>学士学位</td><td rowspan="3">9</td></tr>
<tr><td>硕士文凭</td><td rowspan="2"></td></tr>
<tr><td>研究生证书</td></tr>
<tr><td>基础学位</td><td rowspan="3">5</td><td>/</td><td rowspan="3">短期资格</td></tr>
<tr><td>高等教育文凭</td><td>8</td></tr>
<tr><td>国家高等教育文凭</td><td>/</td></tr>
<tr><td>国家高等教育证书</td><td rowspan="2">4</td><td>/</td><td rowspan="2"></td></tr>
<tr><td>高等教育证书</td><td>7</td></tr>
</table>

注意术语“层级（level）”和“学年”（year）之间的区别。层级是对课程要求的描述，学年则指代学生参加课程的时间顺序。层级5或层级6的课程对于第二学年和第三学年的学生来说是个谜。不过这可能是解决资源问题切实可行的办法——由于师资短缺或学生选课人数较少，课程可以两年开设一次，不过这也可能会引发一些教学问题，例如：

◇二年级学生是否具备适当的背景知识和技能来学习层级3的课程？

◇二年级和三年级的学生是否应按同样的方式和标准进行评价？

我们现在暂时不谈这些。

当然，你的课程应该联系你所在地域的资格框架。在本书中，为了提供讨论示例，我们选取了英格兰、威尔士和北爱尔兰的高等教育资格框架下《资格与学分框架》的五个层级（QCF，www.itedqualifications.org.uk），即入门级、GCSE（层级1和2）、A级（层级3）、本科级（层级4和6）和研究生级（层级

7 和 8），明确层级划分后，请看高等教育质量保证署质量代码提供的相应等级或资格指标。

表 2.3 的分类系统清晰地呈现了特定资格的毕业生应该能够做什么，而非所能达到的复杂程度。为了使课程目标更具实用性，我们可以比较两个不同级别的指标描述的同一维度（见表 2.4）。但请记住，更高级别是建立在低层次级别目标达成的基础之上的。

可以看到，不同阶段的资格期望不同，而课程设定的学习结果至少要在相应的层级水平之上。你所在的高等教育机构可能已经编制了更符合当地教育情境的资格指标，花一个小时左右的时间浏览高等教育质量保证署网站上的等级说明，进而思考这些说明与你所开展的工作的关联性，一定是值得的。正如第一章所述，《英国高等教育质量规范》中的一项要素是支持性资源（supporting resources），它陈述了资格框架内各级资格的特征。

在英国《高等教育资格框架》中，有一个看似不起眼，却尤为重要的点，那就是要获得某一特定资格，学生必须达成该资格规定的学习期望。换言之，就是资格的一致性。过去，没有达到荣誉等级的学生或许也能被授予普通学位。现在情况已经不同了，要获得荣誉学位，必须达到荣誉学位级别所要求的成绩，而要获得普通学位，则必须达到该级别对应的学习成绩。这也意味着课程的学习结果必须以相应资格为基准，而具体的细节则到“课程规范”类的文件中查找。

表2.3 等级描述语——荣誉学士学位

| 英国高等教育资格框架中对层级6的描述：荣誉学士学位 |
|---|
| 1.系统性理解学习领域的核心知识，包括获取连贯的具体知识。这类知识中至少有部分是学科前沿知识或与前沿知识相关的内容； |
| 2.准确使用现有技术，对所学领域进行分析和探索的能力； |
| 3.获得概念性理解： |
| 1）运用概念和技术（部分内容应处于学科前沿）去形成与巩固论点、解决问题； |
| 2）描述并评论当前研究的特定方面或该学科领域的学术成果； |
| 4.认识到知识的不确定性、模糊性和局限性； |
| 5.具备自主管理学习和利用文献综述或原始文献的能力（例如，参考本学科相关的研究论文和原始资料）。 |
| **通常，具备该资格的人能够：** |
| 1.利用学到的方法和技术来复习、巩固、扩展和应用知识，进而启动并实施项目； |
| 2.批判地分析各种论点、假设、抽象概念和数据（可能是不完整的）以做出判断，并提出恰当的疑问，进而形成某个或某一系列问题的解决方案； |
| 3.与专业或非专业人群分享信息、交流想法，就问题进行沟通，进而提出解决方案。 |
| **具备资格的人将具备：** |
| 4.就业所需能力与可迁移技能 |
| ·发挥积极性并承担个人责任； |
| ·在复杂和不可预测的情况下的做出决策； |
| ·发展专业或同等性质工作提升需要的学习能力。 |

来源：高等教育质量保证署（QAA，20l4a）

表2.4 层级描述对比

| 通常，资格持有者将能够： | |
|---|---|
| **英国高等教育资格框架 层级4** | **英国高等教育资格框架 层级 5** |
| 高等教育证书 | 基础学位或高等教育文凭 |
| 评价不同方法在解决相关研究和工作领域特定问题的恰当性 | 使用一系列已建立的技术，对信息进行批判性分析，并对分析中出现的问题提出解决方案 |
| 采用结构化和有条理的论据，准确可靠地交流研究或工作成果 | 能有效地与专业或非专业人士进行信息交流；合理使用所学学科的关键技术 |
| 在一个结构化和管理到位的环境中获得更高层次的训练，形成新技能 | 接受更高层次培训、发展现有技能以及能在组织内担负重要责任 |
| 具备工作所需要的可迁移能力，承担个人责任 | 具备工作中所需要的可迁移能力，能够承担个人责任并自主决策 |

来源：高等教育质量保证署（QAA，20l4a）

### 课程规范

课程规范（programme specification）是一份简明扼要的文件，用以描述学生所注册课程（describes the whole course of study）。一份有效的课程规范应该为学生提供预期学习结果，或是提供内容指导，以及关于课程各要素（模块）的信息。教师可从课程规范中了解学生正在学习的其他内容，他们现有的知识技能水平以及学习状态。此外，此文件还应详细说明课程层面学习结果的评估方式，以及学生发展特定学科技能乃至跨学科、可迁移技能的途径。这些技能的呈现方式可以是技能地图或网格（参见下文和第四章）。总之，课程规范设定了更微观层面，即教学中更小的教学单元或模块层面上的教学情境与教学定位，这些也是你进行课程设计时需要考虑的重要信息。

### 学科基准要求

如前所述，学科基准要求是《英国高等教育质量规范》的两个关键参考点之一。高等教育质量保障署将学科基准要求认定为：描述特定学科领域的学习性质和毕业生期望达到的学术标准，它呈现了毕业生在学习结束时应该知道、能做什么和理解什么三方面的状态。

学科基准要求由各行业的学科专家编写，定期更新。它的存在不是为了定义国家课程或限制课程设计创新，而是作为设计、执行和审议学术课程的荣誉学士学位和硕士学位的必要参考点。一言蔽之，学科基准要求有很大的效力。一般来说，一份要求应包括学位课程的总体目标、学科知识与理解、涵盖专业技能在内的能力与技能，以及有关学科教与学及评估的建议。此外，学科基准要求还描述了学生在各学位层次应该达到的及格分，并概述了其他成就水平的大纲（例如，具有攻读硕士学位的潜力），以便教师思考分类与划分等级。

学科基准要求最核心的作用就是明确所有学科中学生要获得相应学位，不仅要掌握特定学科的专业课程内容，还要学习通用技能、方法与态度等内容。可能有人会评论道，所有学科的学位标准向来包括这些，或者说，这些内容至少也是隐含其中。在此，我们强调，无论是通过单独的开发技能模块或单元，还是集成到所有模块中获取（对于这两种方法都有合理的教学和实践论据），皆在强调必须发展技能。此外，我们还建议明确信息比假定学生认识到其中的隐含要求更好。学生清楚预期学习结果，受到鼓励和支持，可以借此反思与个人发展计划相契合的学习成就（更多内容见第八章）。

### 技能网格

学科基准要求已经明确了应该开发的技能与品种（是什么），那么课程设计的下一个问题便是如何开发和何时开发。这不仅要求你确定是否就上文所提到的内容开展单独或综合的讨论，也意味着明确课程处于哪个阶段或层次，何时引入、实践和评估技能。你应该会发现，“技能网格”（skills grids）能够对此做出清晰描述。它的价值就在于减少不必要的重复。此外，你也可以利用这一工具明确学生在学位课程的不同阶段需要获得及提升何种技能，形成何种学习态度。一个专业的、讲信用的团队项目不应该是学生获得学习小组或团队技能的初始地。相反，这个项目应该是一系列机会的集聚，它贯穿于整个课程，便于学生识别和练习必要的技能。总之，系列技能矩阵或网格可以帮助你建立一个连贯的课程，我们也将在第四章呈现技能网格类群中的一类，以作示例。

### 专业的法定监管机构

作为外部监管机构，专业的法定监管机构（Professional，Statutory and Regulatory Bodies，PSRBS）致力于认定并授权学位课程、制定特别领域标准与准入规则。由此可见，除了上述讨论的质量保障程序外，课程认证还需要其他一些内容技能和特定流程。我们将本书定位为通用书，故不再对此做具体阐述，但我们建议教师找到与自己所开设的学位课程适配的设计与审核资料。在本章最后的“拓展资源”部分，我们也提供了一部分参考资料，或许会对你有所帮助。

接下来，我们将关注点转移到课程设计周期的各个方面。不过在此之前，我们需要思考如何将学分（credits）、课程形态（curriculum shape）、相关术语（terminology）和虚拟学习环境（VLEs）这四个普遍要点进行融合。

## 学分、课程形态、相关术语和虚拟学习环境

### 学　分

学生要付出多少努力才能获得学位？这个问题类似于问一根绳子有多长？（绳子可以拉伸或根据需要决定长短，难以随意确定其长度），但你确实需要明确，通常情况下学生为了达成学习成果的合理性标准所需要的时间量。你可能已经注意到最后一句话中有许多模棱两可的词汇，如“典型”、“通常”、“一般”和“合理”。尽管如此，你还是需要对学生的学习进行量化，以便：

1. 给予学生有关学习期望的指导；
2. 实现公平——跨学科、分离校的公平；
3. 允许学生在学习期间转学转专业，并获得已修学业的合理补偿；
4. 推进学生进出校园便利化，允许学生能中途休息一段时间再返校继续学习。（特别是对非全日制的学生而言，这尤其有用）

为解决上述问题，你需要引入一种标准，即学分系统：

◇划定各学习组块的学分量评；

◇设定特定资格的总学分要求；

◇将学分视为学生可量的测量单位。

学分系统并非全国统一，部分高等教育机构甚至根本不使用这个系统。在本阶段，我们建议你检查所在单位的学分系统。

下面，我们将以一个典型的模型为例，对学分系统进行说明：

◇通常，一门课程有 10 个学分、20 个学分或 40 个学分。

◇获得学士学位需要 360 个学分——每个级别都有相应的课程学分数量要求。

◇这些学分一般平均分配在三个学年中，即每一年级需修满 120 学分。

◇本科阶段的一个学分约等于（学生为了达成目标，普遍要学习）10 个小时。

◇换算可得，120 个学分相当于每年要学习 1200 个小时。普通高校每学年共 30 周，这意味着全日制学生每周约学习 40 小时。

在大学本科阶段，学生若要修完 10 个学分的课程单元或模块，包括预习工

作和测评用时在内一般需要 100 个学时。但这基本还没算上学生花在专题报告、课堂、实验室、个别辅导等方面的时间；我们称课程表规定的时间及学生与教师或其他教职工联系的时段为接触时间（contact hours），令人遗憾的是，学生常常无法在接触时间内获得真正理解或感知真实情境（本章末尾的“拓展资源”部分提供了高等教育质量保障署颁布的接触时间相关内容）。剩下还有一部分学时用于自学（private study）、定向学习（directed study）和学业评估，之所以不厌其烦地讲这些内容，就是为了提醒你除了准备课程表上安排的内容外，还应安排好定向学习或学生自学的时间。在定向学习中，你可以为学生提供任务示例、指定特定阅读内容、指定视频或节目，提供一份带有注释的阅读清单等。请注意，清单的作用在于引导学生阅读，而非限制阅读（我们在第七章中提到阅读清单的价值可不仅仅是几页纸参考书目）。此外，还要预留固定的时间用于课程准备或课程拓展：

◇讲座结束后预留几个小时让学生检查和整理笔记，参阅原始文献或二手文献。

◇在开展一对一辅导或研讨会前为学生留足准备时间，以便在提供信息的同时，让师生在面对面交流、讨论与推敲中拓宽基本思路，这样一来，辅导与研讨的质量也会提升。

你可能还要考虑如何监控定向学习以及如何向学生反馈他们近期的学习结果。

概而言之，学分系统涉及的面非常广，有些方面也很难下定义。但你必须思考如何让学生充分且高效地利用时间，明确学生在准备课程或后续跟进课程时要做些什么。只有搭建起学分和学时的关联才能确保学生学习量合理恰当。

### 课程形态

在学习的早期阶段，建立学习者与课程的显性联系至关重要。你应广泛思考课程各要素间联结方式或课程的建构路径，同时告知学生课程模型，这有助于他们了解“课程全貌”，进行学习规划。

课程模型各式各样，图 2.3 呈现了部分课程模型。一些课程模块采用模块堆积的样态，就像乐高积木一样；一些模块则是完全独立的，好比卫星；另有

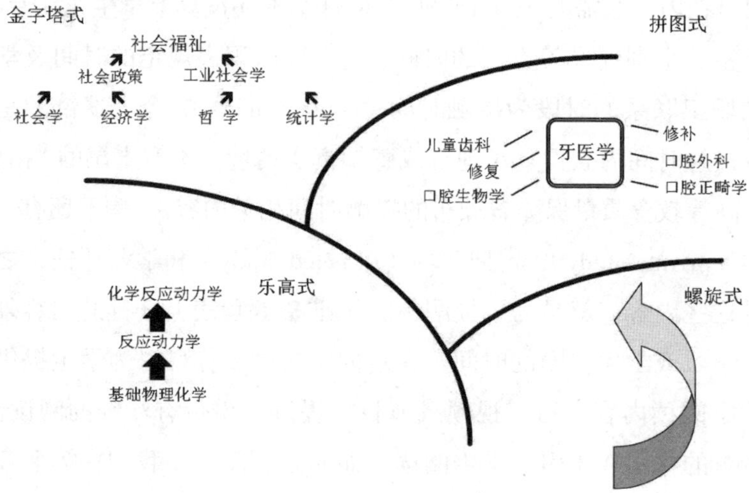


图 2.3 课程形态

一些课程模块类似拼图，在课程结束时进行组装，但这会导致课程开展的过程明显缺乏凝聚力。有时几个课程模块构成了一个更高层模块的基础，形似金字塔；有时教师会在课程后半部分回到某个主题，并定期以更详细、更复杂的方式重议该主题，形成螺旋式课程，其课程内容就像乐高积木的结构一样不断叠加，这就要求学生必须留意到其进阶性。此外，整合课程（不在图 2.3 中）是临床实践或专业实习阶段重要的课程设计形态。这一模式要么采用（传统的）先理论后实践的形式，要么采用实践贯穿整个课程，且课程（整合）后期课时占比逐渐增加的方式。

整个课程不需固定某一结构，图 2.3 中的各类模型可能并存于同一课程中。课程样态的复杂性意味着教育者需将课程置于更广阔的教育图景之中理解，思考所有课程之间如何调和，之后将其告知学生，让他们知晓。

### 相关术语

你可能已经注意到，我们在谈论课程时会用到一些术语：项目（programme）、层级（levels）、学年（years）、模块（modules）、单元（units）、教学组块（chunks of teaching）等等。本书对这些术语都进行了清晰的概念界定，先前也已明确了层级（levels）与学年（years）（表 2.2）的区别。一般而言，“项目”这一术语指代（硕士或学士）某一学科的全部学位课程，与“学习项目”和“项目说明”相关。一个课程项目由诸多模块组成，这些模块通常是涉及学科的某个方面或围绕某个主题展开的独立单元；此外，一个课程项目还包含了明确的学习结果、清晰的评估标准和学分等级评定。项目通常持续一个学期或一学年；不过有些模块出于专业或非全日制教学需要，学时较少。顺便提一句，项目学习结果是指项目内所有模块学习结果的总和，项目与模块之间必须保持一致（下一章将详细介绍）。以本科一学年需要修满 120 个学分为例，一个模块所占学分可以是 5 到 120 个学分不等，很少有 120 学分的，大多数模块是 10、15 或 20 学分，但毕业论文或实践课程有 60 学分比较常见。课程也并非都是模块化的，可能也会用到诸如单元、课程等术语。为了确保清晰与一致，我们通常采用“课程”（作为一个可以涵盖所有教学形态的通用术语，例如讲座课程），“模块”（强调学分价值）和“项目”（强调学位）这三个术语。

### 虚拟学习环境

如果你是一门课程或若干节课的负责人，就有必要了解课程团队成员是如何使用虚拟学习环境的。你所在的高校或系部很可能已经在使用某类虚拟学习环境，你的学生也希望你采用这一方式为他们提供学习材料。一些大学为确保虚拟学习环境的预期成效，已经出台清晰的使用指南；一些学校则是在系部或学科群体中开展了本土实践。在有效指导与培训下，虚拟学习环境能够为学生提供与课程一致的学习体验，为学习多项课程提供支持。

目前，虚拟学习环境已广泛应用于大学、学院和中学，其主要用途是组织、管理和提供内容、组织合作开展学习活动。教师利用虚拟学习环境共享课程资源，了解学生在其他教师的课程中看到或学到了什么，确保课程的一致性和教学团队成员间的透明性，以免重复，进而提升教学质量。此外，虚拟学习环境通常与其他大学系统相互融合，如电子邮件、图书馆目录和时间表系统。教师可通过分析虚拟学习环境的系列数据，追踪学生学习进度，管理在线评估。可见深入思考如何从虚拟学习环境中获取信息并将信息上传至此处对教师而言意义非凡。

特定工具的选择要根据所在单位可提供的技术范围而定，因此，本书对虚拟学习环境的使用或支持教学的其他技术使用只进行了广泛、普遍意义上的讨论。特定目的下的具体使用基本取决于你所在单位。一般而言，提供虚拟学习环境的高校也会为教师提供培训，所以你要明确所在机构或单位提供了哪些支持。

**综合分析**

高等教育机构中的所有课程（项目和模块）在提供给学生之前皆应获得批准。故教师首先要提交书面或电子版课程方案。程序可能有些烦琐，请记住以下两点：

1. 一份典型课程模块提案（见表 2.5）应反映有效的课程设计原则，考虑学习结果、内容、教学方法、评估等方面，类似丹尼斯模型。
2. 一旦得到批准并提供给学生，表格的具体信息就不能更改，它已成为学校与学生之间的契约。

接下来，我们将从利兹大学的质量保障团队提供的这份提案表模版（表 2.5）着手，对以上两点进行具体分析。

需要指出的是，这是一份长达 10 页的文件，附有辅助说明、教学清单和评估方法列表以及一系列其他资源或指导等。我们已将其简化为课程设计要关注的重点。你所在单位应该也会提供一份等效的（在线）文件。

表2.5　课程模块提案表模板

利兹大学

**学生教育服务**

**质量保障**

修订于二〇一九年一月

**课程模块提案模板**

提案获得完全批准后，须将最终版本放入模块目录中。

**第一部分：行政信息**

此信息对课程标语设计和在线注册过程至关重要。

阅读清单

**第二部分：管理人员**

该部分用于描述负责课程模块提交与管理的人员信息。

模块负责人负责各方面教学内容和模块提交、确保评估合理以及维护标准。

**第三部分：模块情况**

该部分用于提供本模块与其所属课程以及与其他模块（包括先修、共修和后修模块，乃至互斥模块）的关键信息及各模块之间的学术关联

**第四部分：模块目标、目的、成果和技能**

该部分用于描述本模块的立意：在本模块结束时，学生将学会什么和能够做什么。

**第五部分：教学方法**

该部分是提案的关键，具体阐释如何组织教与学的过程。

该部分需说明学生将如何学习、教学所需时长，以及模块的预期学习结果。

| 方法 | 数量 | 时长（单类方法） | 学生总学时 | 面授学时 |
| --- | --- | --- | --- | --- |
| 学生完成模块需要的总学时（100学时=10学分） | | | | |
| 个人学习与独立学习——正式课堂之外，对学生期望从模块中获得的内容进行辅导 | | | | |

**第六部分：评估**

评估方式：课程作业

| 类型 | 备注（如：字数要求） | 布置时间 | 上交时间 | 可补考（是/否） | 评估分值占比 | 评估内容 |
| --- | --- | --- | --- | --- | --- | --- |

评估方式：测试

形成性反馈的机会（监控学习进度）

为学生提供获得形成性反馈的具体机会。请说明特定学习过程监督采用的方式、频率与时间

教学方法的基本原理及与学习结果的关系

请概述教与学策略，以及这与学习结果的关系

评估的基本原理以及评估方法与学习结果的关系

请简要说明评估策略，以及该策略如何与学习成果相匹配

自上而下，请你注意以下内容：

◇最终版本将放在模块目录中（参见图 2.4）。我们稍后会讲到。

◇第一部分是相关行政信息；模块必须有含名称、代码号、学分评级等内容。阅读列表中的问题即资源。

◇第二部分仍与资源相关，即由谁教授。此处需明确模块负责人的职责。到目前为止，我们主要停留在丹尼斯模型的环境与管理部分。

◇第三部分是模块在课程项目中的定位——考虑前后顺序及模块所涉内容。

◇第四部分概述了学习结果及教学大纲（内容）的章节。

◇第五部分涉及教学方法。

◇第六部分需要阐述课程作业与考试在内的评估方式、学习过程的监控问题以及形成性反馈的开展方式。

◇随后是两个非常重要的一致性问题：教学方法与学习结果的一致性；评估方法与学习结果的一致性。

可见，即便是以填表的形式设定模式方案，制定者也需遵循有效的课程设计原则。

现在，让我们回到该模块目录（图 2.4）。你所在单位也会有类似的课程项目。我们再次强调，一旦课程模块提案得到批准，就不能更改表格上的任何内容，除非经得选修该课程的所有学生同意，抑或是重新进行审批。

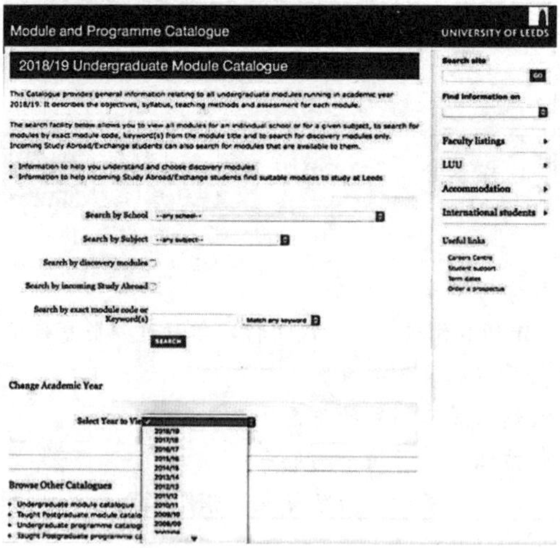


图 2.4　模块目录

这份批准文件相当于是和学生签订的合同，其目录中包含了此模块的所有先前版本以及该版本生效的年份（参见下拉框中的年份）。其中含有一些少量修改和重大调整的规则（如调整阅读清单属于少量修改；而改变评估方式则属于重大调整需重新批准）。不过，不同单位、机构的规则不尽相同，故教师应结合实际情况进行核查，一定要遵守规则！

## 拓展资源

### 质量保证

前面提到，高等教育质量保证署发布的《英国高等教育质量规范》中，有一个板块与“建议与指导”相关。它分为12个主题，包括指导原则、实际建议和拓展资源等。虽然这些内容是针对机构而非个人，但我们认为部分想法和资源还是切实有用的，在此提一下。12个主题（大纲）如下：

1. 招生、人才招聘和拓宽入学渠道——保证高等教育录取质量；
2. 评估——实际建议和有用资源；
3. 关注、投诉和呼吁——应作为这一领域的基础指导原则；
4. 课程设计与开发——有助于课程的有效设计与开发；
5. 达成学业成就——为开发有效的学生支持系统提供建议；
6. 外部专业知识——利用外部专业知识以保证高品质；
7. 学习和教学——为所有学生提供高质量的教育机会；
8. 监控和评价——思考如何增加学生学习机会；
9. 合作关系——思考如何有效地管理和监督各项安排；
10. 研究——获取研究学分（research degrees）的监督程序；
11. 学生参与——保证并提升学生参与质量；
12. 工作本位的学习——关于协议、信息和监控方面的实用建议。

### 接触时间

◇高等教育质量保证署手册——《接触时间的说明（2011）》（Explaining contact hours）

◇高等教育质量保证署在《英国高等教育质量规范》的支持资源中提到了两点有关“接触时间”的内容：其中一点是针对高等教育机构而言的，另一点则是针对学生而言，详见网站：www.qaa.ac.uk/quality-code/supporting-resources。

◇学生事务办公室提供了相关信息，详见网站：www.officeforstudents.org.uk/ media/2db81e6b-e4c7-4867-bc5d-ff67539d13e8/guide_to_providing_info_to_students.pdf

**模块设计**

◇“三位一体课程项目”（the Trinity Inclusive Curriculum Project）拥有一系列优秀的、免费的在线资源支持包容性模块的开发，详见网站：www.tcd.ie/CAPSl/TIC/

**虚拟学习环境**

◇Reed, P. & Watmough, S., 2015. Hygiene factors: Using VLE minimum standards to avoid student dissatisfaction. E-Learning and Digital Media. 12,1,pp.68–89. First Published January 29, 2015.

◇联合信息系统委员会提出有关虚拟学习环境的指南（2016年版）详见网站：www.jisc.ac.uk/guides/technology-and-tools-for-online-learning/virtual-learning-environments

**专业的法定监管机构**

◇高等教育高标准组织（HEBRG）成立于2010年初，受英国大学校长联合会（Universities UK）资助。他们提供的相关资源详见网站：www.universitiesuk. ac.uk/policy-andanalysis/reports/Documents/2011/hebrg-professional-bodies.pdf

◇有关PSRB的常见问题见英国高等教育统计局网站:www.hesa.ac.uk/collection/ c12061/psrb_faq

此外，许多高校在各自的质量保障指南上也提供了监管机构的相关信息。

第三章

# 学生应该学习什么，能够做什么

## 学习之旅 - 教育意向

“嗨，珍妮，想去散散步吗？”

“嗯，但是要走多远？要多长时间？要去哪里？我们在途中会看到什么？需要做什么？我以前去过那里吗？是平地上走走还是去爬坡？我需要准备什么衣服和鞋子？是散步、徒步旅行还是马拉松？为什么我们要去那里？”

“哦，别担心，到那你就知道了。”

倘若不清楚珍妮大部分问题的答案，大多数人不会踏上任何旅程。学习之旅亦是如此：在启程前，你需要以目标和学习结果的形式呈现与学习相关的内容信息。这一举措将会为课程提供者（教师）和使用者（学生等人）提供指导方针，以便两者在预期目标——手头学习任务的本质方面达成共识，换言之，学生将明晰教师的期望以及后者持有的评估标准。

然而，对学习目的与结果的描述可不是一门精确的科学。我们并非要把高等教育的可能结果划分成一个能力量表或是最低公分母（lowest common denominators）列表。大学学习的价值和结果不能、也不应该拘泥于细节。在设计课程（项目 / 模块 / 单一课时）时，你必须设立一套学习期望体系（学生在学习过程中应该能够做什么）和标准体系（达到何种熟练程度和专业知识水平）。通过撰写学习目的与结果（并将它们与评估标准联系起来），学习预期结果和学业标准将更加清晰明确。但教师请注意，不要提出无法验证的期望与要求，比如，学生将获得一系列可迁移技能。这一目的看似不错，但难以落地。总之，学习目的和学习结果最为突出的作用就是明确课程的教授范围，帮助学习者在期望达成的结果上投入精力。

艾伦称为教育意向（educational intents）的词汇还有许多类似表述（Allan，1996），例如学习结果（learning outcomes）、教学目标（teaching objectives）、素养（competencies）、行为目标（behavioural objectives）、目标（goals）和目的（aims）等等。本章侧重对目的（aims）与学习结果（learning outcomes）进行讨论。为清晰起见，我们也会对其他一些术语下定义并展开探讨。

## 学习目的与学习结果

### 区　别

学习目的（aims）是对教育意图广泛且普遍的陈述，也是教师应该告知学生课程、项目、模块或章节的总体目标，通常基于提供者（讲师或导师）而不是接收者（学生）的视角编写。相对而言，学习结果的描写更为集中地说明学生在学习的不同阶段——过程中或学习结束时能做什么。一般来说，学习结果会指明授予学分的最低要求（即门槛要求）以及期望学习者达成的特定主题概念与技能，或是更一般（可迁移或通用）的品质与能力。总之，学习结果应该是基于学生而不是教师的视角编写的，其特点是：

S　pecific　　提供学习期望的各方面细节
具体的

M　eaningful　　以学生和其他人能理解的语言来表述
有意义的

A　ppropriate　　‘目标的可及性与适切性’——适合学习者并满足标准要求
合适的

R　ealistic　　资源充足，在特定时间范围内可以实现等
可实现的

T　estable　　可以衡定学习过程与学习成就
可测量的

SMART 这一缩略词还有其他释义，本书主要采用这一定义。

本质上，学习结果指代一名成功的学生能够利用学习机会获得何种结果，达到何种学习程度，即学习水平。这就导致对学习结果的陈述显得更冗长，其意义所指也容易混乱。更糟糕的是，学生很少阅读和使用这些描述。在这本书中，我们强调了连贯和一致的必要性——课程设计过程的所有方面都应相互关联，特别是学习结果、内容和评估，它们构成了关键三角。某种程度上，评估标准为学生学习结果的达成程度（how well）提供了清晰指导。我们需要将评估标准与学习结果联系起来看。

### “将能够”或“应该能够”……

有时，学习结果还可以表述为学习者“将能够……”的形式。我们不建议这样表述，因为你无法直接控制学生实际学到的东西。事实上，你也不能确定学生将会有什么样的学习经历或可能会获得哪些额外、隐形的知识。因此，最好说“应该能够……”。我们确信大学律师（university lawyer）也会更喜欢后者！

倘若你是为了拓展学生的已知内容和已会技能，建议使用“应该能够更好地……”（should be better able to）这样的表达，它既考虑到当下学习内容，又关注了学习进程，可以更精确地描述学习结果。

### 目的与结果的层级

目的（aims）应该通过层叠向下或集中向上的方式映射在结果中，反之亦然。例如，在围绕布迪卡生活的时代，向学生介绍历史研究法的教学内容中：

历史研究法：以布迪卡为例的个案研究

目的　　向学生介绍历史学家在处理证据来源时所涉及的一些基本问题。

结果　　在模块结束时，学生（基本上）能够：

- 对来源进行关键评估；
- 制定、测试和修改假设；
- 为起义提出各种解释；
- 评估起义的影响和意义。

在上述示例中，你会注意到：

◇焦点从导师（目的）转移到学生（结果）。

◇层级描述只停留在基本要求层次（已经具有意义，但还需要明确）。

◇其中两项结果与内容（布迪卡）完全无关——无法简单利用内容实现可迁移技能。

◇结果具有特殊性，而目的具有一般性，它们之间是明确映射关系。

示例最后，让我们回到基本上这个词。我们采用该词和与之相关的其他词，如复杂的，来形成层级对比。但对于预期学习结果而言，这实际意味着什么呢？想想螺旋式课程，它就是阐释如何从基本要求上升到更复杂解释的完美典型。并不是说不能用这些词——我们曾经说过，这不是一门精确的科学——但我们建议，“目的”和“学习结果”不应该仅仅隐藏在课程或模块的书面材料中，它们应该是教师与学生讨论的一部分。我们应该使用明确的评估标准，并向学生说明“基本的”或“复杂的”这两个词的内涵。

目的和学习结果可以分层撰写：大学、学科、课程、模块、单元和单一课时。从包罗万象的大学教育目的转至详尽的课时期望，逐次变得更加具体。例如，某一大学可能会宣称其所有毕业生都将具备数字素养。这一表述毫无意义，毕竟数字素养涵盖了从能够插入计算机插件到能够编写复杂代码等所有事情。然而，它的确表明了该大学所有课程都将在一定程度上考虑数字技能，这也与第一章中所讨论的“品牌”相联系。某一特定学科领域可能也会要求所有学生都具备较强的沟通能力（口头和书面）和信息技术能力。在学科课程中，这类要求则会更加具体，例如，期望所有学生都能够使用软件和演示工具，提升学科交流能力。

### 其他术语——内涵与外延

本书不打算在其他章节使用其他术语表述教育意图，但考虑到你可能会在阅读其他书目时遇到这些术语，我们将花几个段落来解释清楚。

## 目　标

目的（aims）以教学为中心，而学习结果显然以学习为中心。那么这里的目标（objectives）指代什么呢？该词涵盖了学习和教学两个层面，有时也适用于评估，着实令人费解。表 3.1 对目标（objectives）的类型进行了详述。

表3.1 目标的类型

| 教学目标（教师维度） | 定义教学过程并概述教师教学计划（这可能不是学习者应该达到的目标……） |
| --- | --- |
| 学习目标（学生维度） | 定义学习过程并概述学习者成就目标 |
| 评估目标（两者中的任意维度） | 定义评估方法：为学习期望及标准提供指导 |

此外，目标（objectives）（未来导向）可以解释为“预期的”，而结果（outcomes）（过去导向）则应理解为“已经实现的”。我们更感兴趣的是结果，而非教学目的，故选择采用学习结果（learning outcomes）的表述，而非学习目标（objectives）。当教师谈论教学目标（teaching objectives）（他们计划做什么来促进学生学习）和学生学习结果（student learning outcomes）（对学生完成学习后的期望）时，你若发现两者能保持一致，将会带来巨大效益，这又回到了比格斯所说的“一致性建构”。纸上谈兵容易，但大家普遍讨论的这种预期学习结果似乎与本书的定义相矛盾。在这里，我们采用两种方式来解释“预期”。第一，在课程开始时告诉学生（预期期待）他们在结束时应该能够实现什么（结果与反思）；第二，预期的含义是用来界定学习的范围，即明确学习应涵盖哪些内容，而非关注学习不需要涵盖何种内容（无意识的）。理想状态下学习结果的表述应体现以下几点：

◇学生回顾他们的学习历程，明确已经取得的成就和未完成的学习内容。

◇课程开始时，教师与学生讨论并理清这些问题，明确意义，让学生了解课程预期结果。

◇学习结果与评估标准相连结，以提供更多与预期成就标准相关的细节。

◇学生可以将学习结果作为反馈提示，进行自我反思。

总之，当你进入模块或单元学习时，要以学习结果为参考，视其为学习辅助工具。回到本章开头与珍妮的对话，实际上，学习结果才是学生学习情况的体现。

## 素　养

学习结果具有层次性，且可能以不同的方式实现，所以我们常说：抵达终点的路不止一条。虽然素养（competencies）培育是学习结果的一种表征，但将其直接用于学习结果的表述具有极大的局限性：对素养的判断要么是“达成”要么是“未达成”，要么“通过”要么“失败”，而非进行评分；此外，行为目标是学习结果的另一种受限形式，它必须是对可直接观察到的结果进行描述。然而学习结果不仅指代特定行为，其涉及范围更广，还体现在“评价”等方面。概而言之，直接观察肯定不是学习结果的唯一测量方式。

## 编写教学目标与成果

当前，教育界对学生在一段时期内的学习结果即学生应该能够做什么的描述与分类已有颇多阐释，并贴上了教育分类的标签。这些尝试虽有其优点和一定价值，但似乎无法适用于高等教育领域的所有范畴。安德森（Anderson）与克拉斯沃（Krathwohl）对布卢姆的分类法（Bloom，1956）进行修订，将认知过程维度细化为六类十九种，形成更具包容性的版本。虽说这是精心构建且较为全面的框架，但在我们看来，其阐释过于细化，不能与本书意图相匹配，故我们决定采用另一修改更新后的教育目标分类学版本（更好地代表 21 世纪教育情境和学习期望）。该框架通过考量高等教育情境中学生学习结果，将结果分为三个主要方面（领域）：

◇智力 / 能力——学生知道什么，他们可以用所学做什么；

◇期望的态度、方法和价值观；

◇技能范围——特定科目技能及跨学科或可迁移的技能。

布卢姆等人的描述与之相近，但分类具有局限性，本文将学习结果划分为认知、情感和心理动作三大领域。

为了区分这三个领域，我们都以地球科学（Earth Sciences）这一学习主题为例，进行具体解释（在阅读案例时，请思考你所属学科领域的例子）。

◇智力 / 能力——与理解知识和信息有关；

·确定火成岩的主要类型并解释它们是如何形成的。

◇期望的态度、方法和价值观；

·培养批判性地评估自己和他人工作的批判性能力与责任。

◇技能范围；

·使用岩石显微镜进行简单的光学测试和测量。

英国利兹大学地球科学学院

简·弗朗西斯教授（Professor Jane Francis）

正如人们所期望的那样，这三个领域相互重叠，相互依存。但这并不意味着界定教学目标和学习结果的过程毫无价值。采用目标分类旨在为教师提供指导方针，并就学习期望达成共识，而不是试图规定每一个细微的知识点。

教师可以从任一领域定义学生的需求以及期望的学习进展或层次。态度方法领域的提升可体现在一位历史系学生意识的转变上——从认识到必须找到评估证据来源的关键方法，上升至习惯性地表现出这种态度，也可体现在一位医学系学生意识到医生对病人的良好态度是一件理所应当的事情上。这些都是心态上的变化，而非认知技能的改变。技能领域的提升体现在学生从能够基于一套详细说明，选用某种仪器或设备，转变为在新的问题情境下像“专家”一样选用设备。为避免引起混乱，我们的表述非常谨慎。以解决问题为例，问题解决能力是一种理智能力，是教师希望学习者能够形成的一种重要品质。同样，教师还希望学生学会解决问题的方法，以便他们随时能找到其他方式来做事情和挑战传统，这是一种心态或态度。当预设学习结果时，你需要使用清晰准确的语言来表达意图和期望。

**编写智力领域学习结果**

在课程项目中，教师必须考虑学生特定水平或超水平的智力发展。我们将回忆信息（无论是否有意识）视作智力领域的最低期望，而判断、比较和辨别的能力则是最高期望。表 3.2 呈现了自最低期望起，六个层次的智力需求。它对智力发展的每一层级下定义，并给出了有助于描述学习结果的词汇：考虑到学生应该能够做这些事情，因此它们都是动词。表 3.3 是一张动词列表，你可以用它们来描述学习结果。

表3.2 智力成就等级

<table>
<tr><td>知识<br>回忆先前经验</td><td>能够回忆特定的信息，描述处理信息的已知方式，或阐明先前所学的一般原理或理论</td></tr>
<tr><td colspan="2">定义、描述、标识、列表、匹配、命名、概述、回忆、识别</td></tr>
<tr><td>领会<br>理解——不需要联系知识的其他方面</td><td>通过翻译或重述、解释信息或从给定数据中推断以确定内涵或影响，来证明自己的理解能力</td></tr>
<tr><td colspan="2">分类、转换、区分、解释、扩展、概括，释义、预测、总结、转换、翻译</td></tr>
<tr><td>应用<br>在已知或新情境下使用观念和抽象概念</td><td>将抽象原则应用于特定和具体情况的能力</td></tr>
<tr><td colspan="2">安排、分类、计算、演示、使用、推断、修改、操作、预测、关联、解决、转移、使用</td></tr>
<tr><td>分析<br>分解成有意义的部分</td><td>通过将复杂情况分解为组成部分、确定各部分之间的所有关系、原始情况或某组信息中固有的组织结构，以阐释复杂情况</td></tr>
<tr><td colspan="2">推断、比较、辨识、区分、估计、实验、识别、推论、排序、分隔、细分</td></tr>
<tr><td>综合<br>以分析为基础，全面加工已分解的各要素，并将它们按要求重新组合成整体</td><td>把一些事实或想法结合在一起，创造出一种新模式或新结构，如一种独特的交流、一项推荐的解决方案或一套从原始信息中衍生出来的抽象原则</td></tr>
<tr><td colspan="2">联合、编译、组合、构造、创建、设计、制定，生成、假设、管理、重新安排、关联、修订、总结</td></tr>
<tr><td>评价<br>对事物本质的价值和适切性做出有说服力的判断</td><td>出于某一特定目的，对材料或方法做出价值判断</td></tr>
<tr><td colspan="2">评价、评估、比较、总结、对比、批评、区别、评判、判断、辩护、修改、支持</td></tr>
</table>

表3.3 动词列表

| 提取 | 说服 | 阐明 | 回忆 |
|---|---|---|---|
| 激活 | 计数 | 合并 | 推荐 |
| 获得 | 批评 | 推断 | 认出 |
| 争论 | 决定 | 指导 | 重建 |
| 调整 | 辩论 | 整合 | 记录 |
| 分析 | 辩论 | 解释 | 反映 |
| 应用 | 保卫 | 发明 | 关联 |
| 评价 | 定义 | 判断 | 重组 |
| 安排 | 演示 | 证明 | 重新排序 |
| 表达 | 描述 | 列表 | 替换 |
| 装配 | 确定 | 管理 | 报告 |
| 评估 | 开发 | 测量 | 研究 |

续表

| 关联 | 诊断 | 做模型 | 修订 |
|---|---|---|---|
| 分解 | 区分 | 修改 | 重写 |
| 建造 | 批判 | 命名 | 选择 |
| 计算 | 歧视 | 观察 | 排序 |
| 登记 | 辨别 | 操作 | 素描 |
| 改变 | 绘制 | 命令 | 解决 |
| 选择 | 建立 | 组织 | 指定 |
| 分类 | 估计 | 执行 | 陈述 |
| 联合 | 评估 | 计划 | 总结 |
| 沟通 | 实验 | 预测 | 调查 |
| 比较 | 解释 | 准备 | 制表 |
| 计算 | 探索 | 优先处理 | 测试 |
| 确认 | 表达 | 生产 | 翻译 |
| 对比 | 推断 | 提议 | 使用 |
| 完成 | 制定 | 批准 | 用言语表达 |
| 作曲 | 概括 | 提问 | 核实 |
| 总结 | 生成 | 排列 | 使可视化 |
| 组织 | 假设 | 估价 | 写作 |
| 构造 | 识别 | | |
| 转换 | | | |

当然，有同行认为这种分类并不完整。一些计划学习结果，例如创造力，在该分类中没有突出显示。相比之下，安德森和克拉斯沃尔所编订的《布卢姆认知目标分类法（修订版）》（表 3.6）则补充并延展了技能和方法维度的目标（Anderson & Krathwohl，2001），这一版的目标分类对你而言或许效用更大。

**编写态度与技能领域学习结果**

如果说，表 3.2 提供了有效的智力层次结构，那么与态度和技能结果匹配的框架会是怎样的呢？我们认为，可以采用表 3.4 的方式，呈现有关态度的进阶过程，该表由两种描述形式构成：左半部分是基于素养的描述方式；右半部分是对价值观念和品格的重视与接受程度的描述方式。

表3.4　态度成就等级

| | |
|---|---|
| 无意识无能力 | 不知道需要什么或在期望什么 |
| 有意识无能力 | 意识到需要这样做，但通常不这么做 |
| 有意识有能力 | 通过思考，能够展示或表现出来 |
| 无意识有能力 | 无须思考就能展示，形成一种惯性行为 |
| 接受 | 认可他人：承认他人 |
| 回应 | 尝试：顺从他人 |
| 评估 | 附加价值：论证与推演 |
| 组织和概念化 | 接受与拥有：联系与比较 |
| 形成特色和独特价值 | 成为内在的一部分：始终贯穿 |

此外，教师亦可将学习结果描述为由一种状态（观念）转变为另一种状态（观念），例如：

从（away from）认为教师为我们提供了所有必要的信息和技能。

到（towards）认为我在职业生涯中必须依托各类资源学习新技术。

本章结尾也给出了有关学习结果的许多示例。

类似地，表 3.5 提供了描述特定技能发展过程的有效方法。

表3.5　技能成就等级

| | |
|---|---|
| 不能做 | 无技能-不胜任者 |
| 在指导下能够有效完成 | 新手 |
| 无需指导就能有效完成 | 能手 |
| 能够写出指导手册或提出其他相似或更为有效的途径 | 专家 |
| 模 仿 | 能够复制 |
| 操 作 | 需要支持 |
| 精 确 | 表现不错 |
| 表 达 | 轻而易举 |
| 归 化 | 不断改良 |

教师可使用上述层次结构做出三个重要的课程设计决策：

1. 学生正处于哪一层级？课程中学生已学的技能是什么？
2. 你希望学生在课程的不同阶段达到哪一层级？或许不是每位学生都必须成为拥有综合技能的专家，他们只要到达新手水平，能展示特定技能就足矣。

3. 为了从当前水平进阶至预期水平，你需要循序渐进地提供哪些类型的学习机会？

决策 1 要求教师对即将到来的学生（incoming student）做出推断，这再次强调课程设计的大局意识。在你开始设计授课型课程的模块、单元或系列报告之前，务必预估课程实施前后自己的贡献值。

综上所述，教师一定要与学习者分享学习期望。如果到目前为止本书所讲的学习结果描述都不适合你的学科和教学情境，那么《布卢姆教育目标分类学（修订版）》或许能满足你的需求（Anderson & Krathwohl，2001）。我们并不介意你采用何种模式，只要这种方法有一定依据且符合逻辑，能够帮助学生明确学习结果即可（表 3.6）。

表3.6　另一种分类

| 认知过程维度 | | | | | |
|---|---|---|---|---|---|
| 记忆 | 理解 | 应用 | 分析 | 评价 | 创造 |
| 从长时记忆中提取相关知识 | 能够确定口头的、书面的或图表图形的信息中所表达的意义 | 在特定情境中运用某个程序 | 将材料分解为各组成部分，确定这些组成部分是如何相互关联，以及部分同总体之间的联系 | 依据准则和标准来做出判断 | 将要素整合为一个内在一致、功能统一的整体或形成一个原创的产品 |
| 识别回忆 | 解释、举例、分类、总结、推断、比较、说明 | 执行、实施 | 区分、组织、归属 | 核查、评判 | 生成、计划、贯彻 |

续表

| 认知维度 | | | |
|---|---|---|---|
| 事实性知识 | 概念性知识 | 程序性知识 | 元认知知识 |
| 在掌握某一学科或解决问题时必须知道的基本要素 | 某个整体结构中发挥共同作用的各基本要素之间的关系 | 如何做事；探究的方法；运用技能的准则；算法、技巧和方法的知识 | 有关一般认知和自我认知的知识 |
| · 术语知识<br>· 具体细节和要素的知识 | · 类别知识<br>· 原理与概括知识<br>· 理论、模式与结构的知识 | · 特定学科技能和算法知识<br>· 特定学科技巧和方法知识<br>· 知道何时运用适当程序的标准性知识 | · 策略知识<br>· 关于认知任务的知识，包括适当的情境性和条件性知识<br>· 有关自我的知识 |

来源：《布卢姆教育目标分类学（修订版）》（Anderson & Krathwohl，2001）

## 从学习目标到学习结果

### 限制学习而非解放学习，缺乏对独特性的包容

一些对学习结果进行批评的人士（Adams，2006；Adamson，2010；Hussey & Smith，2002，2003）认为，学习结果意在监督和审计，而非支持学习。他们认为“倾向去做”（intentded）这一概念是有局限性的，教师不应该试图限制教与学的走向；相反，应该接受结果的生成性。本书认为，学习结果是支持学习的框架，而不是束缚学习的牢笼。

随着《布卢姆教育目标分类学》在各级教育中的应用，一些特殊问题也出现了。英国的初中阶段国家课程要求刚进入初中阶段的学生学会应用和分析。类似地，A 级教学大纲也使用这些术语。我们的观点是，高等教育情境默认了某些优先级别和先决条件。如前所述，学习结果应与评估标准联系，两者结合才能使学习事件更加明确和清晰。我们不想喋喋不休地讨论学习结果，以免显得不易操作，无法支持学习，而是想建议教师考虑结果和标准的二元性，以确保学习结果的独特性和明确性。

话虽如此，如何将学习结果进行分级呢？如何做到对学习结果的描述既具

体又不过分受限？这一目标虽难，但我们围绕表现、条件和标准三个方面做了一定努力。如下所示：

表现：关于学习者应该能够做什么的一种陈述，可能涉及智力技能、实践技能或态度。

条件：在什么条件下表现。

标准：可接受的表现水平。

例如：

到了三年级，学生应该能够以小组或个人的形式，利用一手或二手资料发表批判性论点，从他们的所见所闻和阅读中得出相关推论。

类似地，你也可使用动词、宾语和联系上下文的方法。这些例子在本章的末尾也有介绍。

如果你在教学中使用了特定技术，请在学习结果中具体说明学生将在何处以及如何使用技术，它将帮助你（和他们）明确目标和结果。

## 学习结果或教学大纲

有些同行会将学习结果与内容标题（教学大纲）进行比较，认为两者存在出入，并质疑学习结果的价值，毕竟教学大纲才是他们将在讲座和课堂上讨论的内容。我们承认这现象的确存在，但学生不应纠结于二者的差异，教师的关注点应是有必要教授何种教学内容，这才是真正有待解决的问题。为具体阐述，让我们思考以下案例。该案例中，教师讲座的内容是“海森堡不确定性原理”，但学生是否需要：

◇去回忆？

◇去注意？

◇去提取？

◇去应用？

◇去描述海森堡的生平？

◇去讨论不确定性原理怎么不确定？

这些问题的答案就是“海森堡不确定性原理”讲座的预期学习结果。同样地，对于前文所提的布迪卡一例，讲座内容可能是关于那位著名女王的人生与所处的时代，但资源的比较和历史话语的证据是学生要关注的，而不是事实与人物：学习结果应该引导学生关注学习重点，而学习内容（与所采用的教学方法相结合）则应为学生提供获得学习结果的途径。

## 运用学习结果逆向指导学习

我们希望，通过上述解释，你已坚信要为学生呈现学习目标和结果，承认对二者的讨论是有意义的，且对两者撰写方式也有了一定思考。这些特定学年、学期项目或模块的目标和结果模板都可供初学者使用——你只需提供项目或模块的某一周或某课时的具体信息。我们的初心是以学习目标和结果为抓手，而非受限于此；学习结果只是一个框架，而不是一个牢笼。我们早就提到，结果的撰写不是一门精确的科学，换言之，从一次学习机会中获取的经验、效益和发展无法用寥寥数语来全方位描述：总有一些学习机会是为了日后进行更深入的学习。而学习结果可以让所有教学相关人员分享自己在整段旅程和途中地标处的感悟，这又回到本章开始所说的旅程。

在本章结尾，为强调学习结果的价值，我们将再举一些相关示例。不过在此之前，我们将以最近观察到的一场讲座为例，分析学习结果如何与多种目标达成有效适配。本次讲座的主题——“屈步态”（equine gait）本身并不重要，重要之处在于如何将其与其他动物和人类的步态进行比较。讲座涵盖了四项已规定的学习结果及课后定向阅读。讲座伊始，教师便讲解了四项预期学习结果。本次讲座结构性强，内容与结果之间有着明确的对应关系。这有助于：

◇随着课程的进行，学生在教师概述学习结果的要点之后，能够明显意识到课程在推进；

◇教师在课堂上采用简短的测验检查学生对每个预期结果的理解；

◇学生围绕预期学习结果进行简短评议，反思他们理解的、困惑的以及仍存疑问的内容（如果有的话）。这些活动有助于学生专注主题，保持注意力集中；

◇教师对学习情况进行持续评估与诊断，确保学生整节课保持兴趣并有充沛的精力。

有效的学习结果示例应体现为能够指导和支持学生学习，而不是扼杀或限制学习。

## 学习结果示例

如果将语言表述为“我们确定要做……”，那么，你需要做一些修改……

**示例源自：机械工程课程（来源不详）**

课程结束时，学生的观念会有所改变：

◇从——认为这个问题有一个独特的解决方案。

到——认为有一系列可能的解决方案。我必须考虑所有涉及因素，核查一系列选择方案并推荐最合适的一个。

◇从——认为教师已经教授给我所有必要信息和技能。

到——认为在职业生涯中，我应利用大量学习资源钻研新技术。

在课程结束时，学生将能够以口头或书面形式，准确、完整地向“客户”传达他们的核查结果，这些客户具有基本的技术背景，但不是该学科的专家。报告应尽可能简短，与客户获得必要的信息和理解一致，以便他们根据核查结果采取行动，向上级证明其合理性。

**示例源自：普通医学委员会制定的毕业生学习结果要求（2018）**

达到毕业要求的医学生必须认识到医生在促进卫生服务管理和领导方面的作用。

他们必须能够：

1. 描述在一个明确的共同目标下建立团队、维系团队合作与人际关系的原则。
2. 承担团队各类角色，包括在适当情况下展示领导力以及接受并支持他人领导。
3. 确定他们的行为对他人的影响。
4. 描述可应用于实践的领导力与管理的理论模型。

**示例源自：统计学课程**

使用动词（verb）、对象（object）和情境（context）的三标签法，提供非常明确的预期结果。在学生版本中，标签记号已经被删除，但也将学习结果分为知识（K）或技能（S）两类进行注明。

完成本单元后，学生将能够更好地：

◇选择、比较和对比（动词）探索单个变量数据（对象）或两个变量（情境）之间关系的简单方法（K）。

◇对于可以使用一个或两个样本 $t$ 检验（情境）（K）分析的情况，计算（动词）统计能力和所需样本量（对象）。

◇将多个来源（情境）的信息编写成（动词）结构连贯且引用的统计报告（对象）。

◇有效管理（动词）时间（对象）直到最后期限（情境）。

◇计划、设计和执行（动词）关于开放式问题（情境）的简单统计分析（对象）。

◇使用（动词）统计数据包（对象）执行标准测试和计算（情境）。

◇共同工作（动词）并以口头和书面形式（对象）作为一组（情境）的部分结果。

利兹大学 保罗·巴克斯特博士（Paul Baxter）

**嵌入技术**

教师在学习结果中提供技术的具体使用说明，有助于学生明确使用技术的目的：

◇开展个人学习，写出“使用……的六个潜在优势”，将结果上传至网页，并参考三位与主题相关的作者成果。（知识）

◇使用在线工具，收集和分享“与……有关的相关数据、分析和总结……”。（理解）

◇开展小组合作，分析给定的在线期刊文章，找出潜在的问题域或研究方法上的缺陷。个别学生会（在虚拟学习环境中）向研究者提出问题。（分析）

◇单独编制一份清单，并以小组形式在线收集、整理、同意和确定最终清单的优先顺序。(综合)

◇在线讨论并以团队形式记录项目工作过程，随之参考这些在线记录，向导师组汇报研究发现。(应用)

◇学生将利用在线论坛就所收到的“关于……的内容”进行讨论、提问和做出判断。(评价)

## 拓展资源

### 撰写学习结果

◇牛津教职员和学习发展中心提供的资源，详见网站：www.brookes.ac.uk/services/ ocsld/resources/course_design.html

◇“未来教授”邮件列表（Tomorrow’s professor mailing list）每年都可以将与教学相关的上百篇文章、书籍摘要或发展思路等内容发到你的邮箱里。该列表由斯坦福大学教学中心赞助，详见网站：https://mailman.stanford.edu/mailman/listinfo/tomorrows-professor

◇所有已发表文章的档案详见网站：https://tomprof.stanford.edu/

### 机构支持

许多大学都有各自机构的指导与支持材料，帮助教职工撰写结果。我们将以布里斯托尔大学(英国)、阿德莱德大学(澳大利亚)和约翰霍普金斯大学(美国)等为例加以说明。

◇布里斯托尔大学

其中的一些叙述性文本已为本章撰写学习结果提供了补充与支持，但这里还有一些高质量的有用文件与视频的链接，其中，一位学者还谈到了如何将课程学习结果映射到单元（模块）学习结果中，还有我们前面讨论过的嵌套/层次结构，详见网站：www.bristol.ac.uk/academic-quality/approve/approvalguidance/intendedlearningoutcomes/

◇阿德莱德大学

该大学提供了一份有趣的文件，它与澳大利亚质量管理局（TEQSA）所提的学历资格框架和毕业生核心能力（第一章和第二章讨论的主题）以及另一种结果撰写方式紧密相连。这种撰写方式主要包括以下几个方面：引导性陈述（stem）；主动动词（active verb）；重点（focus）/对象（object）；情境（context）/条件（condition）/限定词（qualifier）（可选）。详见网站：www.adelaide.edu.au/learning/teaching/curriculum/outcomes/writing-pro-gram-learning-outcomes.pdf

◇约翰霍普金斯大学

下列网站更喜欢用视频而非文字撰写结果，其中的总结部分不做强制要求。他们更喜欢以学习目标的形式来写。（好吧，你不可能大小通吃！）其在写作中借鉴了《布卢姆教育目标分类法》：https://ep.jhu.edu/faculty/learning-roadmap-for-new-online-instruc-tors/writing-learning-objectives

◇范德堡大学

该网站提供了许多有用资源：https://wp0.vanderbilt.edu/cft/guides-sub-pages/blooms-taxonomy/

◇第二原则（The second principle）

这是一个有趣的个人网页，里面有一些不错的想法，它会先链接到《布卢姆教育目标分类学（修订版）》所在网页，再从这逐渐偏离……：https://thesecondprinciple.com/teaching-essentials/beyond-bloom-cognitive-taxonomy-revised/

## 第四章

# 学习内容与结果相匹配

许多刚入职的新教师可能会遇到被告知应该教什么的状况，哪怕有一定的内容选择自由，也可能面临如下情况：系列讲座主题已明确为X、Y、Z，实验室课程须涵盖特定实验或话题内容，这里有往年的PPT演示文稿。本章内容是以教师可以自由选择内容为出发点的，若你的实际教学情况亦是如此，那么本章内容于你而言，或许意义甚微。

不过也存在另一种情况：教师虽受限于已批准的模块文档及指定的学习结果，但仍有机会选择最合适的教学内容，帮助学生达成有效学习结果。倘若你正在设计一个新模块或是更新现有模块，本章的一些想法将有助于你思考并选择教学内容。

### 我能教给学生什么？

围绕某一主题教学时，大多数教师首先会思考教学内容。“我能告诉他们什么？”“该主题最适配的参考文献有哪些？作者是谁？”“这个主题最前沿的进展是什么？与我研究的哪一部分相关？”诸如此类的问题都会是思考的中心，教师思维也是自然流露出的想法。作为一名学者，知识、信息、事实和数据就是你交易的货币，理解、洞察力、思考、分析、综合和创造力方面是你交易的内容。

本书提议，教学内容须根据学习结果来选择。如果学习结果只是陈述知识，那么选择就会受到限制：因为原理、定律和书目细节都不能改变。教师可以采用举例和应用的方式阐释原理，说明定律的重要性，也可以选取一些生活片段来说明特定人物及其作品的意义。当然，为了使学生能够掌握一个特定的概念、能力或技能，教师有时需选择多项内容。在原理、定律等教学内容确定后，才是考虑如何为个人差异化发展或根据现有教学资源进行内容选择。以化学课程与英语文学课程为例，考虑到高等教育阶段一项普遍要求达成的学习结果层级是学会评价，两类课程在内容选择上相去甚远，但两者的预期学习结果类别是一致的。

哈登（Harden）在1986年提出的四类内容，现在看来虽有些过时，但仍然有助于你思考如何根据学习结果选取内容，拓展学科内容的广度与深度。

哈登对医学课程进行思考，具体定义了四个类别的内容：主体内容（mainstream）、先导内容（precursor）、机遇内容（opportunistic）和支持内容（supportive）。现在，我们对四类内容进行阐发解读，实质适用于所有学科和课程。

主体内容：这类教学内容直接指向一个或多个既定学习结果或课程目标的达成。如上所述，教师可以在主题区域内选择不同的内容示例——若干不同的小说、案例研究、工业应用或地理区域，来匹配并说明某一学习结果。你也可以依据对主题的熟悉程度、领域最新进展，线上线下（图书馆）最新可用资源、特定研究领域、某一主题的国际视角来挑选教学内容。当然，教学内容也可与以下三种类型中的某一类型相关。

先导内容：这部分内容必须涵盖课程后半部分所需的核心知识或技能，换言之，它是学生为了达成X，需要知道、理解或能达成的Y。教师必须将学习结果按特定逻辑分阶段和顺序进行阶段划分，确定结果的达成路径。在此基础上，才能选取这类内容。学生在学习本单元或模块时现有的知识储备如何？在课程结束后又会如何？在第二章中，我们已经谈到了掌握这两点信息的重要性，现在，你需要基于学生已了解、领会或习得的内容，对将要学习的内容进行筛选与拓展，形成“先导内容”这一类别。这既能避免重复，又能协助学生取得进步。先前讨论的课程形态其重要性在此又一次突显。

机遇内容：这部分内容提供了学习的核心与增值机会。例如，教师可以让学生开展一轮具体论证或实验，说明某一具体的、基本的核心思想或事实；邀请他们对某一事件进行数据分析，发展附加的心智技能：分析、计算和提出假设的能力；还可以呈现两位作者的作品，让学生挖掘这些作品的核心、揭示作者生活的时代背景，所做的贡献及写作的意义。若将两者进行比较，可能会帮助学生洞察其他一系列思想和定律，使其有机会操练并发展重要的分析、比较和批判性思维。这样一来，相同的内容就能发展学生不同能力。有些人可能只掌握核心思想，而另一些人则能够走得更远。教师面临的一个挑战是在同一节课上提供差异化学习机会，这一点在下一章讨论教学方法的选择时也会有所涉及。

支持内容：正如其字面意思所传达的，支持内容包含了用以阐释并说明课程其他方面的教学内容，例如，一个工业、商业上或现实生活中的案例。“支持内容”的意义发挥在于确保学生清楚学习不应拘泥于案例研究或案例细节，他们不是要“获得更多事实”，而是去澄清、阐述和丰富其他概念和内容。“支持内容”的本质可能与学习动机和学习相关性有关，例如，学生可以通过应用先前的学术学习内容与专业生活经验，知道并理解该学习主题的必要性、重要性及其应用价值。

综上所述，哈登的四种分类是开启话题、选择内容的有力着手点。现在，你需要首先考虑主题教学时经常会想到的一个问题：需要多少内容？之后再回到教学方法的讨论上。

## 需要多少内容？

一开始我们就考虑了学习内容“是什么”，下一个问题无疑就是“学多少？”让我们在特定情境中思考这个问题的答案。

如第二章所述，英国大多数高校的授课型课程都采用学分制，其中许多大学的第一、三年制本科学位课程包含 360 学分，而授课型研究生硕士学位课程则包含 180 学分。每个学分相当于学生的 10 个名义学时（nominal hours）。由于不同学校可能在一些细节上有所出入，你必须核实所在机构的学分系统。此处，我们将按照这一制度路径对学习内容量进行阐述。

一般来说，三年制本科课程共 360 学分，每年 120 学分。每一模块或单元或占 10 个学分和 20 个学分，通常，学制最后一年的论文或项目模块将占 30 至

60个学分。一名学生一学年（现在大多数院校的一学年平均为两个学期）将学习4至12个模块或单元，一个10学分的单元意味着学生要学习100小时。这涵盖了课程表上教学、自习（self-directed）和个人学习（private study）、评估准备和开展评估的所有时间。在这段时间里，学生应成功达到模块既定学习结果。有些学分制方案甚至比其他计划方案更清晰地描述了一定时限内预期学习结果标准。同样，你还需要核实在你的教学情境中，预期标准是采用通过制、平均分还是其他评分制度。

每个大学有各自的课程学分制度（有些学校甚至不采用学分制），不同学科课表规定的教学时长（有时又称为“接触时间”）也存在差异。10学分的工程模块往往需要30小时甚至更长的接触时间，但在同学分的艺术学科模块中，接触时间可能只有几个小时。重要的是，同等学分模块的任何学科，其总时间——接触时间、自主学习和个人学习工作、准备评估和开展评估的用时——都应该相同。

你可能会觉得这些细节无足轻重，但我们肯定，了解这些（前体内容）确实有必要。回到“多少学习量”这个问题的解决上，你需找出该主题——面对面授课、定向学习以及个人学习与评估占用的总学时，以便规划好面授课的内容，考虑好如何利用学生个人学习时间开展指导性阅读或其他活动。若要求学生课前观看视频或收听播客，你就要考虑是否将其计入概念学时。（有关接触时间的更多信息，请参阅第二章末尾的“拓展资源”部分。）

接触时间、定向学习或个人学习时间以及评估时间三者联合起来是学生为达到预期学习结果平均应花费的总时间。

基于此，你才可以切实思考下列问题：如何平衡接触时间和定向学习时间？为支持学生自学和学习准备，哪些方面的内容最适合在哪里、按什么样的顺序出现？

图4.1所示的一个四分模型提供了一个简单有效的方法，以便教师考虑接触时间（除定向阅读时间外）应覆盖的学习内容。

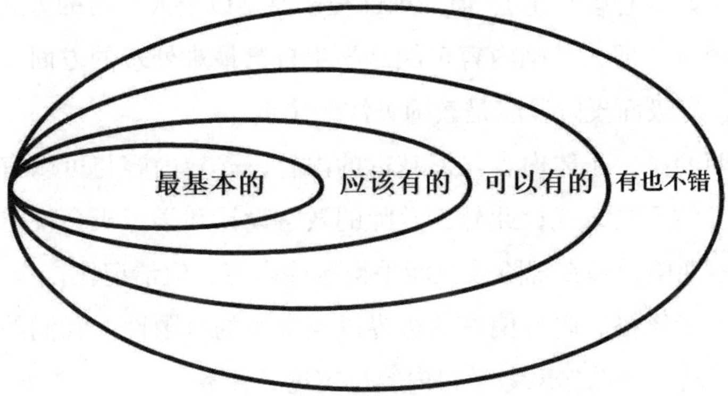


图 4.1　适可而止

**最基本的**（essential）：用以深入研究和发展主题的基本内容（基础知识和理解）。这是教学过程中必须涉及的内容，也是学生应达成的最低学习结果。当然它还需包括该主题下学生必须解决的最难观念或概念，因此很有可能需要你的帮助。该部分内容最适合面授。

**应该有的**（should）："基本内容"的延伸。通过定向阅读相关任务（可能包括你对既得结果的反馈）等，该部分内容有助于学生对主题有更广泛和更深入把握。"基本的"和"应该有的"学习内容相结合的学习任务，或许能帮助一名普通学生在概念学时内达到学习结果要求的合格水平及评估中的特定标准。

**可以有的**（could）：通过深挖细节，举例，应用和领悟，对上述二者进一步深化与拓展的内容。倘若教师提供了除最低门槛外其他额外的、更高要求的观念和概念，则会引起学习者学习机会的差异。总之，这部分既涉及了基本内容，也可能涵盖了一些高级、复杂的术语。我们在第二章中已经讨论了这类术语。

**有也不错**（nice）：所有规定掌握内容范围外的拓展内容。它通常是围绕某个主题讨论个人看法。这些内容可能远远超出了教师所教授的模块或单元的要求，但却提供了该领域的完整图景。

教师思考"最基本的"、"应该有的"、"可以有的"和"有也不错"这四种学习内容类别，不仅能平衡一个模块的工作量，也可优化教与学的方式。"最基本的"学习内容一般需要面对面授课这种形式，确保基本覆盖并具体解释教学内容；"可以有的"内容则可采用直接、拓展性学习的方式，向学生分发带有注释的阅读列表（如第七章所述）。但如果课程主要是以个人学习的方式进行的，师生接触时间很少，那么基础内容可能是学生自己最难处理的方面。为了及时监控学习进度，班级面授阶段应是教师关注的焦点。

必须声明的是，主体内容与最基本的内容、先导内容与可以有的内容等是看待同一任务的不同方式，此外，教师的教学设计和学习机会设定都会因偏好而定，本章不期望教师在现阶段就能平衡这些内容，但请记住，作为一名教师，必须考虑学习者风格、内容偏好的边界以及资源的有限性。我们的目的是为你提供一系列工具，帮助你思考学习内容设定这一任务。

除此之外，还有其他矩阵、地图和网格可帮助教师选择与确定模块所含内容。虽然所有这些都可以用于设计教学，但学生是否能从这些支持学习的工具——尤其是概念图、内容图和时间表中获益？这还有待思考。

## 地图、矩阵和网格

如上所述，学习结果必须推动内容的选择。你可以利用地图、矩阵和网格搭建内容框架以显示框架内部不同要素之间的联结，以免在组织内容时出现重复或矛盾。教师也可以结合下列内容开发地图或网格，挑选学习内容（使用第二章中概述的 MORALE C 的方式进行设计），帮助学生实现学习结果，亦可使用下列工具组织和架构学习内容。无论采用哪种方式，教师皆需考虑其与学习结果的关系。

### 概念图或内容地图

下列图表呈现了该主题领域下各观念、概念和内容之间的关系，以便教师绘制内容地图。这是选择内容的一种有效手段，教师可以用其绘制一场讲座、一个课时、模块或一个完整的课程的内容地图。也有人称这些为“思维导图”（mind maps），但实际上，它们并非是布赞（Buzan，2000）所说的思维导图。

图 4.2 对概念图做了很好的诠释。首先，从位于中心的主题标题开始——本例主题为口头报告（presentation）——围绕该主题列出需要考虑的核心子主题，以确保主题的全面覆盖。这些核心子主题下的各个方面构建了一个完整的主题内容。从一个特定的分支看，如果自信是汇报技巧的一个重要方面，那么肢体

语言、眼神交流和着装都是其需要涉及的子主题。再往后，围绕肢体语言的子主题就是——站姿、手势、开始或结尾等。

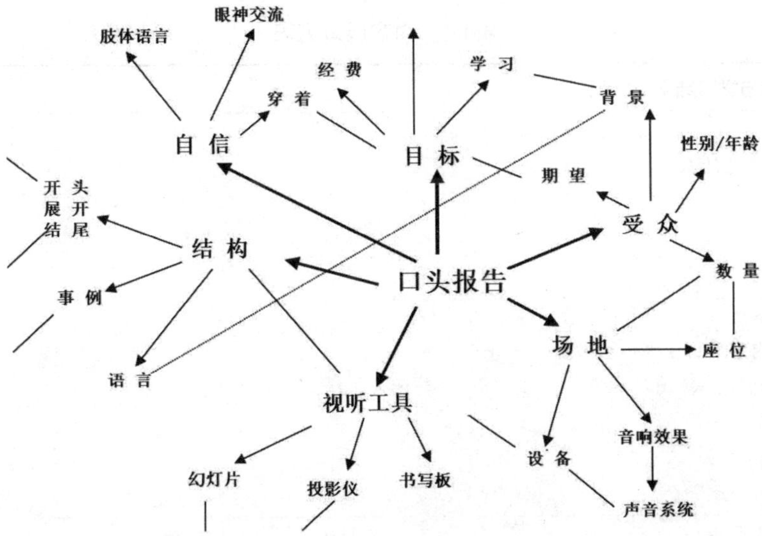


图 4.2　概念图

概念图旨在提供具有代表性的标题，而不是详尽描述内容。请注意，主题、子主题、方面（aspects）和子方面（sub-aspects）通过箭头连接以显示关联，最终呈现一张清晰、良构的地图。不过现实情境中，教师即使不断重新绘制也不一定能完美实现。主题之间的一些联结可能需要通过跨越各自边界或是绘制在地图的周围。（例如，图中“语言或术语”和“背景”这两个概念之间的联结就是跨地域边界的）。总而言之，概念图不是艺术品，而是一类有机的、教学内容领域因需而变的地图。

教师可以利用地图思考选择哪些内容来达成预期学习结果，考虑教学内容中最基本的、应该有的或是主体内容、先导内容等关系。这样的地图也可提供给学生。教师可以向他们展示提供整体视图，适当介绍和讨论模块或单元组成间的联系。除此之外，教师还可用概念图展现授课型课程其他部分的联结；例如，与学生讨论图 4.2 中的示例时，教师可以说：

实际上，视听教具是在媒体模块中处理的。虽然本书叙述时不作考虑，但教师需要将这些想法迁移并应用到本模块的学习中。

如果你不喜欢用地图来使教学内容可视化或呈现信息，也可采用内容层级列表，如表 4.1 所示。

表4.1　内容层级列表

| 将学习内容与学习结果相匹配 |
|---|
| **学习内容**<br>我能教给学生什么？<br>　主体内容<br>　先导内容<br>　机遇内容<br>　支持内容 |
| 需要多少内容？<br>　最基本的<br>　应该有的<br>　可以有的<br>　有也不错 |
| 地图、矩阵和网格<br>　概念图或内容地图<br>　细目表<br>　结果-内容矩阵 |

我们可将第三章的内容作为示例，本章中的所有章节标题和副标题呈现了一个清晰的逻辑结构。但是，如果你希望展示不同内容元素之间的关系，那么这个模型就显得有些低效。

**细目表**

细目表能够以一种易于理解的方式列出所有细节，以便教师检查教学工作量、解决期限冲突、课时安排、教室与教职工人员要求等问题、合理安排教学课时，确保学生（和教师）清楚教学模块安排。如表 4.2 所示，教学内容已与“既定文本( set text )”相关，实现适当的正向读取。除了形成信息的时间线之外，还可以避免各类课程或模块截止日期堆积在一起。该细目表涵盖了一个完整的、一学期（13 周）的课程设计模块内容。以此类推，教师也可将其应用于几周或一个模块中部分课时的教学安排。

表4.2　教学安排表

| 起始周（周号） | 章节标题（章节编号）（布彻等人，即将出版） | 任务 | 讲座（周二和周三10–11） | 一对一指导（周四10–12） |
|---|---|---|---|---|
| 2019–2020 | | | | |
| 10月7日（2） | “高等教育情境”<br>“课程有效吗？评价并证明你的实践”（1和11） | | 周二和周三 | |
| 10月14日（3） | “教学如何融入教育大图景”（2） | | 周二和周三 | |
| 10月21日（4） | “学生应该学习什么，能够做什么”（3） | | | 周四 |
| 10月28日（5） | “将学习内容与学习结果相匹配”（4） | | | 周四 |
| 11月4日（6） | “选择适切的教学方法”（5） | 任务一（4/11/19） | 周二和周三 | |
| 11月11日（7） | “设计评估和反馈机会”（6） | | 周二和周三 | |
| 11月18日（8） | “面向不同学习者的学习材料和资源”（7） | 任务一返回 | | 周四 |
| 11月25日（9） | “支持你的学生”<br>“课程管理”（8和9） | 任务二（25/11/19） | | 周四 |
| 12月2日（10） | “吸引学生参与并创建学习共同体”（10） | | 周二和周三 | |
| 12月9日（11） | 复习周 | 任务二（空闲） | 周二和周三 | 周四（可选） |

续表

| 起始周（周号） | 章节标题（章节编号）（布彻等人，即将出版） | 任务 | 讲座（周二和周三 10–11） | 一对一指导（周四10–12） |
|---|---|---|---|---|
| 1月13日（12） | 考试周 | | | |
| 时间日期 | 内容（可能结合教材设定） | 截止日期：上交和返回 | 教学课时 | |

## 结果–内容矩阵

如果说细目表和概念图是内容组织和排序的有效方法，那么结果—内容矩阵则是确保所选内容与学习结果匹配的有效工具，它能保证内容覆盖范围完整，没有不适当的重复。该矩阵由一个简单的二维网格组成，从两个维度分别列出结果和内容。简洁起见，表 4.3 以字母（a–f）来表示结果，以（G–M）来表示内容。

表4.3　结果–内容矩阵

| | | 科目内容 | | | | | | |
|---|---|---|---|---|---|---|---|---|
| | | G | H | I | J | K | L | M |
| 教育结果 | a | | | | | | | |
| | b | | | | | | | |
| | c | | | | | | | |
| | d | | | | | | | |
| | e | | | | | | | |
| | f | | | | | | | |

如表 4.4 所示，教师只需思考哪些结果是由内容 G 形成的，进行勾选，然后转到内容 H 等。也可从结果维度开始，在对应的内容框内打钩——两种方式皆可。

表4.4　已完成的结果-内容矩阵

| | | 科目内容 | | | | | | |
|---|---|---|---|---|---|---|---|---|
| | | G | H | I | J | K | L | M |
| 教育结果 | a | √ | √ | √ | | | | |
| | b | | √ | | | √ | | |
| | c | | | √ | | √ | | √ |
| | d | √ | | √ | | | | |
| | e | | | | | | | |
| | f | | | | √ | | | √ |

显而易见：

某些内容（例如 L）与结果无任何关系；

结果（e）也不包含在所选内容中；

可能重复——内容 G 和 I 很大程度上重叠；

可能多余——内容 J 只匹配结果 f，但内容 M 也与结果 f 匹配。

倘若内容 G 和内容 I 重复是为了复习或拓展内容，那么建议将其保留。而内容 J 若无效，最好删去，为达成结果 e 腾出空间，再新增内容 N。该矩阵还可用于检查覆盖率是否全面（在钩选时，若某一内容只匹配一种结果，你或许只想给它半个钩，表示不全面），但在本案例中，覆盖率还算可以。

显然，这个工具还是相当粗糙的，并非最终网格，还有待完善。不过，该工具可以确保教师仔细考虑各个环节，解决任何不一致的情况。我们见过一个更详尽的版本，它不只是打一个勾，而是使用三钩法（三个钩号表示“过多”；两个钩号表示“适切”；一个钩号表示“不足”），或者使用粗体、普通和灰色来达到相同目的。这种方法提供了更好的表达方式，也使网格更加清晰。本书第六章将采用类似方法将学习结果与评估方法（规范网格）对应起来，以便检查一致性。

谈及网格，你还可以考虑另外两个矩阵：“技能发展矩阵”（skills development matrix）和“实践技能进阶矩阵”（progression of practical skills matrix）。这两个矩阵皆用于商讨课程回顾和方案细节时，检查各个模块对“课程全局”（big picture）的贡献，确保连贯性，避免不必要的重复。这需要所有相关人员合作。考虑了这一点会让你对自己的教学做到心中有数，找到其在整体计划中的位置。这两个矩阵也会告知你现实学情（学生应该带什么来上课）

以及自身需要提供的内容（学生应该带什么离开）。

### 技能发展矩阵

“技能发展矩阵”适用于分析如下情况：何时将技能（关键、通用和特定主题）介绍（I）给学生，然后要求学生练习（P），并再次（如果合适的话）评估技能（A）。这种分析的价值不言而喻：

◇技能提升——教师可以设定（或不设定）能力等级；

◇全面覆盖——所有必要技能都纳入课程；

◇减少不必要的重复。

在现有方案基础上开发该矩阵：第一步是由教学团队借助《学科基准要求》，核查需要涵盖哪些技能；在此之后，教师需要对学生已学技能开展审计；接着，教师团队需要审核这些通过审计的学习结果，适当变更，最终商定形成技能发展的一项连贯战略。表 4.5 反映的是人类生物学学科一级水平课程的部分网格内容。左栏显示了确定发展的技能列表（分别为通用和特定学科技能），最上行表示一个学期开展的四个必修模块。历经形成网格与审核环节后，该矩阵呈现了技能学习发展情况：在审计过程中你将注意到一些反常情况。在一级技能发展网格的基础上，教师团体可以设计衔接二级和三级技能的连贯性网格。

表4.5　技能发展矩阵

| 人类生物学一级技能 | HUMB①1020 | HUMB1030 | HUMB1050 | HUMB1060 |
|---|---|---|---|---|
| 特定学科技能 | | | | |
| 显微镜检查 | | IPA | | |
| 组织培养 | | | | |
| 显微照相术 | | | | |
| 解剖 | | | | |
| 医学图像解读 | IPA | | | |
| 专用设备使用 | | | | |
| 正确的解剖学术语 | IPA | IPA | | |
| 可迁移技能 | | | | |
| 时间管理 | P | P | P | P |
| 独立学习 | P | P | P | P |
| 合作学习 | I | | P | P |

① HUMB 即人类生物学。

续表

| 人类生物学一级技能 | HUMB1020 | HUMB1030 | HUMB1050 | HUMB1060 |
|---|---|---|---|---|
| 图书馆技能 | P | | | |
| 书面交流 | | IPA | PA | P |
| 口头交流 | | | P | P |
| 信息技术 | | P | | |
| 数据分析与解释 | | | | |
| 团队工作 | | | | |
| 文献批判性评价 | | | | |
| 项目设计与完成 | | | | |
| 自我评价 | | | | |
| | 已讲解（introduced） | 已练习（practised） | 已评估（assessed） | |

利兹大学“（原）人类生物学中心”同意复制。

一些机构将技能发展矩阵作为课程项目规范的一个组成部分，因此这些信息可能已经存在。

**实践技能进阶矩阵**

为审核实践技能的发展情况和课程项目是否围绕学习者为中心开展，我们在此详述本章最后一个矩阵类型（见表4.6）。下表中的一些想法也可协助教师思考如何提出学习期望——技能、态度和品格，但这些想法仅限于实践能力或实验室工作能力的发展。

表4.6　实践技能矩阵

| 方面→<br>阶段↓ | 实践目标 | 材料选择 | 方法选取 | 答案的开放性程度 |
|---|---|---|---|---|
| 演示 | 给定 | 给定 | 给定 | 给定 |
| 练习 | 给定 | 给定 | 给定 | 给定 |
| 结构性探究 | 给定 | 给定部分或全部 | 开放或部分给定 | 开放 |
| 开放性探究 | 给定 | 开放 | 开放 | 开放 |
| 项目 | 开放 | 开放 | 开放 | 开放 |

第一列中的各“阶段”并不重要。关键在教师决定以下方面——“实践目标”、“材料选择”、“方法选取”和“答案的开放性程度”时，学生的“自由度”。理想情况下，学生将遵循这样一种方式：在小心翼翼的结构性、指导性学习（练

习和结构化探究）中获得信心和能力后，转向更自由的、非指导性的学习（开放性探究和项目）中。倘若学生从练习直接跳到开放性探究可能会刺激其表现出对自身的不确定以及准备不足的情况，甚至导致失败或降低学习有效性。

教师一来就制定网格是效果最明显的。教师可以将第一列中的各阶段类型与所在系部要求匹配，更改或调整各个方面的“开放”或“给定”情况，可能还要再添加或删除行，确保它能完全代表你所在系部的真实情况。如果确定了需要添加、改变或删除的表格内容，下一步就是检查现有情况能否为学生提供连贯和渐进的学习路径。

同样地，网格也可用于发展论文技能——从让学生写一篇结构化的论文开始，然后到允许其协商标题，进入自由选择论文标题，再到形成小项目或小论文，最后形成一篇完整的毕业论文。

通过以上两个示例，教师可以明确内容选择的关键在于知道学生是从哪里开始的—你能够建立在什么基础上进行教学—做简单讨论。

## 他们已知的是什么：我能假定的是什么？

技能网格可以快速呈现学生已知技能。此外，了解先前和共进模块的学习结果也能为你提供指导。类似地，层级描述也为你提供学生可发展的技能与能力类型。除此之外，你还可与同事交谈或询问学生，以勾勒出更完整的教学途径。当然，针对概念难点进行重复、复习和强化也颇具价值。然而，过度重复会降低学生的积极性：课程需要设计进阶与挑战。相应地，教师应该思考课程形态：螺旋式课程不仅仅是重复，更意味着增加学习的复杂性，促使学生重新审视概念和话题。

先前我们已经探讨了与学生分享适量信息的可能性。于学生而言，概念图或内容地图的使用意义或许比三钩法（three tick approach）的结果—内容矩阵更大一些。即便如此，本章还是笃定教师应与学生讨论课程进程，并说明做法缘由，让学生理解他们正在接触的是螺旋式课程，其中的复习过程并非简单重复内容。这一行为有益无害。我们坚信，越是清晰地告知学生教学意图，你们听到诸如“我们为什么要这样做？”的问题就会越少。

综上所述，教师不要忘记第一章关于课程国际化和研究性学习的论述——让我们的学生做好成为全球公民的准备。教师的教学内容（例如案例等）必须真正体现国际化，而不仅仅以本地或以英国为中心。同样，如果这是该大学品牌的一部分，学生研究的主线脉络也是需要考虑的一部分。你所在的单位层面也会提供其他一些具有包容性的指导（见第七章），你要将其纳入内容选择的考量范畴中，选出最能帮助学习者成功实现预期学习目标的内容。

## 拓展资源

### 为学科提供支持

◇高等教育学院（HEA）是高等教育（以及平等挑战组和领导基金会）新进展的一部分，为四个学科群提供支持：

艺术与人文；

医疗和社会保健；

社会科学；

STEM 教育。

他们的网站提供了普遍适用的优质做法及特定学科背景下的教学指导：www.heacademy. ac.uk/individuals/disciplines

◇另请参阅“高等教育学院知识中心”（the HEA Knowledge Hub）的这个网站，它提供了一系列旨在改进教学和提高学习的资源：www.heacademy. ac.uk/hub

◇ Staying with ideas for teaching in the disciplines: Fry, H., Ketteridge, S. and Marshall, S.,（eds.）2015. *A handbook for teaching and learning in higher education: Enhancing academic practice*. Routledge. 这是第四版，早期版本发行于 1999 年、2003 年和 2009 年，每一版都有一个关于学科教学的大章节。值得一看！

## 第五章
# 选择适切的教学方法

## 导 言

本章的主题仍是一致性：只有将课程的方方面面整合起来，才能形成一个连贯一致的整体。有人提议，课程应是无缝衔接的，不要让学生看到课程的间隙。但现实中，学生正在经历的授课型课程却是零碎散乱的：听讲座、上实验课、参加研讨会、开组会、使用虚拟学习环境等。由此可见，教师最重要的是告知学生课程各部分整合的路径以及他们需要做什么才能将课程各个部分交合在一起。此外，教师还要为学生提供课程地图，帮助他们在攻读学位的过程中找到自己的定位。

我们认为这对大一新生尤其重要。但也有人驳斥这一观点，认为这是一种填鸭式教育（spoon-fed），学生应该学会自主学习，才能成为独立的学习者。我们认同这一观点，但在这里，我们强调学会。就像不带漂浮物或水翼跳进四米宽的游泳池是学习游泳的一种方法，但我们相信，还有其他更高效的方法。

几年前，我们遇到的一些低效学习结果的现象表明，教师有必要传达学习期望。当时，一群一年级学生认为，能收到详细而全面的课堂讲稿内容就已足够。的确，讲稿内容提供了丰富的学习内容，并附有详尽的解释和许多参考资料。对教师而言，讲义是骨架，教参（以及模块手册中的阅读清单）提供了骨头上长肉的方法。但是这些材料来的非常晚——快考试了才发放到学生手上。即便如今可以利用设备进行课堂实录，类似的情况也会出现。学生或许会认为观看录像与现场学习效果相同，然而现实并非如此。

本章重点强调一致性（再次提醒比格斯所提的一致性建构的概念）、学习自主性（三年级即六级水平的学生应该是独立的学习者）和进阶性（随着时间的推移，设计更具复杂性和不确定性的课程）。为实现这些目标，教师需要仔细考虑可选用内容、资源和时间，在此基础上选择适当的教学方法，将学习期望传达给学生。

## 你能做什么，需要考虑什么？

有时，你要负责一对一辅导、一系列计算机课程或实验课程，无法自主选择教学方法。但在个人课堂（individual classes）上，你有决定权和规划权。阅读本章节时，你首先得花点时间思考可以使用的教学方法，如何发挥其最大效能，此章节后半部分将会讨论课堂具体教学方法与活动。但在这二者之前，还有一个至关重要的阶段，就是研究学习者如何学习：促进与阻碍学习的因素都需要考虑。

### 助力学生学习

你可能也有所察觉，在过去几十年里，特定学习模式的有效性和重要性，以及一些与学习风格和学习偏好相关的概念颇受争议，尽管存在这种不确定性，学习的许多方面还是可以明确的。首先，教师无法做出任何保证：不能保证某一特定的学习机会——无论是讲座、研讨会、在线学习或任何其他方法——会产生同一程度的学习结果，哪怕这些学生有着相同的学习经历，教师也不能肯定何种方法具有普适性且能产生最大效益，毕竟学生群体存有个人偏好、风格和动机的差异。但有些事物的确可以助力学生学习（不过，即使这些要素不存在，学习也会发生）：

1. 基础要素搭建——将新概念、新知识与现有框架结构相联系（建构主义的观点）。
2. 学习内容的指导与廓清——将清晰的学习结果与详细的评估标准和等级描述语相匹配（比格斯一致性建构的理念）。
3. 加工类活动——提供讨论与操练概念和观念的机会（学习者需要时间仔细考虑问题澄清内涵，在讨论中表达想法——可能会犯错——从错中学）。

4. 应用类活动——提供挑战机会，让学生运用概念、扩展和增进理解（你将发现的所有学习模式里都包含了练习这个环节——练习在这里是个动词而非名词，它包括学习者在一系列学习内容中需要去做的事情）。
5. 相关性——知道他们为什么这样做或为什么要学（学生常提问："这与什么相关""我们为什么要知道这个？"作为教师，你一定知道这些内容，若能告诉他们，就能帮助他们将零散的学习点结合，发现课程的内部联系）。
6. 结构——围绕概念形成有组织、有顺序的教学路径（有逻辑的结合，而不是随意的、不连贯的；作为学科专家，你应该能以最适当的方式对概念、观念和内容进行排序，支持学生学习。）。
7. 学习反馈——及时提供关于学习成功与否的信息，包括知道已经达到了什么标准（反馈）以及如何改进（有些人称之为前馈）。
8. 任务完成所需资源——纸质与电子资源，适度的教师访问（除了阅读清单，你还需要考虑媒体列表，如视频、播客、应用程序和电子文档等。如果课程开设于大学早期阶段，你要对这些清单和列表内容加以注释，以便学生熟悉学科。此外，教师还要确保与学生保持联系：以显示办公时间告知学生可见面的时间；如果你是以邮件的方式与学生联系，则告知他们电子邮件的回复时间；创建在线讨论组，让学生可以回答彼此问题，分担忧愁，这既能节省等待时间，又能促进同伴学习）。
9. 时间——正如奇克林和加姆森（Chickering and Gamson，1991）所提议的，你要重视任务时间管理（为特定主题提供一个时间基准，凸显任务重要性）。同样，你还可以调配好课时，以便为学生提供不同课程学习的合适时间。
10. 支持结构——有助于处理出现的学术和人文关怀问题（个人和情感问题未得到解决时，学习可能也会受限）。
11. 动机——学生想要或需要学习——内在和外在的动机——是一个至关重要的因素（课程的相关性有助于激发内在动机，而你对学科的热情和作为榜样的行为会激发外在动机）。
12. 差异化——在团队里能够在能力范围内提供服务（确保为那些努力学

习、快速掌握概念且具有更大潜能、敢于挑战现有学习材料的学生提供额外支撑材料)。

设计教学时，你需要心中牢记这 12 个要素。接下来，让我们思考可以实现预期结果的各类教学方法。“我们一直都是这样做的”(这意味着你认为它最有效、最好的)和成本(时间和资源)往往会阻碍反思教学方法。的确，方法的选择必须考虑到资源——人员、空间和设备。但有时候你应该反思，你习以为常的教学传统是否仍然是理想方案，当然，这并不是说创新就是最好的选择。

## 不同类型的教学方法最终能达成什么效果?

影响教学方法选择的要素包括：

◇学生组团(大或小团体、个人、远程或面对面);

◇教师角色(教师领导、教师指导或教师较少干预；指导、促进或监督);

◇教育技术(由……支持或中介);

◇动脑思考(基于理论)或动手参与(基于实践);

◇项目阶段(确保进阶性)。

教学方法的使用需要如实反映学生的需求，教学内容类型的选取需要匹配特定学习结果和可利用的资源。只有清楚正在努力实现的目标，了解各种方法的功能，你才能挑选出合适的教学方法。近年来，大家使用的基本方法几乎没有什么变化，你会注意到，下列提及的一些原始资源文献已相当陈旧。但技术对方法的影响成为我们最近思考的重点。本章将腾出部分空间来介绍技术使用的一些标准路径并说明技术是如何对教学方法产生影响的。

### 方法与结果适配

有效的教学方法能为学生提供发展特定能力的丰富机会。表 5.1(各种方法示例)展现了一些常见教学方法的特定优势(罗列了一些术语的使用提示)，为达成特定学习结果而选择特定方法提供参考。请注意，勾选是否精确并非该表的关注焦点(是否打钩取决于这些术语的定义、教学情境和具体实践情况)。你可以从这张表格的标题学习的重心看起，通过罗列教学方法并进行勾选，思考不同种类方法的教学意义。此外，结合特定学科，你也可以适量添加其他列，抑或是以该表为审定依据，判断某一教学方法适合与否，说明在教学模块中选用这一方法的依据。除去上述功效外，该表还能促进教师思考如何采用多样化技术，拓宽学生能力与兴趣的阈值，达成更多可实现的预期学习结果。

表5.1　方法与结果适配

| 方法 | 学习重点 | | | | | | | |
|---|---|---|---|---|---|---|---|---|
| | 智力/能力 | | 态度、方法和价值观 | | 技能 | | 小组技能 | 交际能力 |
| | KCA | ASE | 意识到 | 形成习惯 | 指导 | 专家 | 发展 | 发展 |
| 演讲 | √ | | √ | | | | | |
| 辅导 | | √ | √ | √ | √ | √ | √ | √ |
| 研讨班 | √ | √ | √ | √ | | | | √ |
| 实验室 | | √ | √ | √ | √ | √ | √ | |
| 工作坊 | | √ | √ | √ | √ | √ | √ | √ |
| 角色扮演 | | √ | √ | √ | | | √ | √ |
| 模仿 | | √ | | √ | | √ | √ | |
| 问题导向学习 | √ | √ | √ | | √ | | √ | √ |
| 团队学习 | √ | √ | √ | | √ | | √√ | √ |
| 项目 | | √ | | √ | | √ | | √ |
| 在线小测试 | √ | | | | | | | √ |
| 研讨会 | | √ | √ | √ | √ | √ | √ | √ |
| 学习日志 | | √ | √ | √ | √ | √ | | √ |
| 个案研究 | √ | √ | √ | √ | | | √ | √ |

KCA——知识（knowledge），理解（comprehension）和应用（application）（低阶技能）

ASE——分析（analysis），综合（synthesis）和评价（evaluation）（高阶技能）

### 方法与学习者因素适配

再次强调，我们不想就钩、叉和问号的位置是否适切做过多讨论，而是希望能促进你思考如何基于（理想化）的学生视角选用教学方法。表5.2的想法源于库埃斯（Kuethe，1968）。像以往一样，你可以按自己的想法，必要时咨询学生想法，进而勾选表格中的空白部分。但不管采取何种路径，重要是结合学生预期学习结果来判别不同方法的特定优势。

表5.2　方法与学习者因素适配

| 属性→<br>方法↓ | 引起注意 | 增强动机 | 维持兴趣 | 提供及时反馈 | 允许学生以自己的速度进步 |
| --- | --- | --- | --- | --- | --- |
| 演 讲 | √ | √/? | √/? | × | × |
| 辅 导 | √ | √ | √ | √ | √ |
| 研讨班 | √ | √/? | ? | √ | √/? |
| 实验室 | √ | √/? | √ | √ | √ |
| 工作坊 | √ | √ | √ | √ | √ |
| 角色扮演 | √ | √ | √ | √ | √ |
| 模 仿 | √ | √ | √ | √ | √ |
| 基于问题的学习 | √ | √ | √ | √ | √ |
| 团队学习 | √ | √ | √ | √ | √ |
| 项 目 | √ | √ | √ | √ | √ |
| 网上小测试 | √ | √ | √ | √ | √ |
| 研讨会 | ? | √ | √ | ? | √ |
| 学习日志 | √ | ? | √ |  | √ |

## 结果与方法匹配

另一种路径是从结果出发进行逆向关联。表5.3的想法源于“牛津中心”（Oxford Brookes）。该表运用布卢姆认知目标分类法，提供学习结果的层次结构，针对每个特定的需求，提出了一系列适切、实用和资源充分利用的方法。换言之，教师应基于预期学习结果选取适合学情与学习环境的方法。

表5.3　结果与方法适配

| 结果 | 教学方法或学生活动 |
| --- | --- |
| 智力/能力——学生所知道的和他们能用他们所知道的做什么<br>学生应该能够更好地： | |
| 回忆先前经验 | 讲座、阅读、实践工作、词汇表、在线材料 |
| 在已知或者新情境中使用观念抽象与概念 | 工作实例、案例研究、实践工作、实习、工商考察、项目、论文 |
| 做出价值判断与适用性判断 | 文本比较、写书评，案例研究，角色扮演 |
| 技能层级——特定学科和一般或可迁移技能 | |
| 与观众沟通 | 文章，论文，报告，论文，发表在VLE上、演讲、辅导和研讨会工作 |

续表

| 结果 | 教学方法或学生活动 |
| --- | --- |
| 研究、选择和组织信息 | 利用图书馆的网络搜索、论文计划、案例研究 |
| 团队合作 | 小组工作、小组项目、在线辩论 |
| 期望的态度、方法和价值观<br>学生应越来越多地表现出： | |
| 自主学习 | 在学习期刊、进步论坛、虚拟现实研讨会中围绕主题阅读、回顾和反思的能力 |
| 关注准确性 | 自我评估任务、同伴评分、回应反馈 |
| 伦理方法 | 案例研究、角色扮演、实习工作 |

### 不要将思维局限于一般方法中……

布尔纳与弗劳尔斯（Bourner & Flowers，1998）在他们的论文中提出了富有趣味性的高等教育六大目标，并做了详细阐述：

◇传播知识；

◇发展使用概念和信息的能力；

◇培养测试概念和证据的能力；

◇培养产生概念和证据的能力；

◇促进个人发展；

◇培养规划和管理学习的能力。

此外，他们还提出了一系列具有普适性的教学方法，以支持并挑战常规，例如将评估工具作为教学方法——一个具有现实意义但不寻常的分析视角。

## 技术提供的一些机会

在线交流工具也应被纳入教学方法选择的范围之中，如在线论坛和博客等，它们可以为团队合作提供新空间。以往所有学生只能在教室里进行辩论或角色扮演，如今，学生可以在网上进行类似活动。

### 运用技术延长任务时限

在第二章，我们罗列了“本科教育良好实践的七项原则”（Chickering & Gamson，1991）。这些原则不断更新，如今还包括了“技术使用”这一项

（Chickering & Ehrmann，1996），1996年新版本还描述了如何运用技术密切师生间联系，延长“任务”时限以及给予任务反馈。

在线讨论组要想获得成功，需要教师进行前瞻性地计划；仔细考虑你要达成何种目的，如何将在线讨论的结果与课程预期学习结果相联系。请考虑：

◇允许学生在课堂外递交课程材料，将宝贵的课堂时间用于讨论、活动和合作。

◇遇到无法面谈的情况，通过存档讨论、整理材料或记录设计说明来支持学生小组项目。

◇鼓励学术争论和书面辩论或打破讨论的课时限制。

◇组织围绕特定问答任务的讨论或是在线辩论。

◇分享学生经验和同伴支持。

教师应提高工作灵活性，促进在线任务与面对面教学的灵动结合。课堂准备活动可以在线开展，拓展活动则在课堂上实行，反之亦可。总之，在设计学习时，必须明确在线讨论的目的，根据学习任务的性质，教师可以设计历时几个星期或几个月的大型团组活动，也可设计更为集中的小组或个人任务。

对于在线任务，你应该考虑：

◇为什么这对我的学生的学习有用？

◇我希望我的学生在这项任务中做什么？

◇他们什么时候开展这项任务？

◇这项任务应该放在哪个阶段？

◇这项任务的设定对象是谁？

◇为达成任务目的，需要多少课时？

◇任务结束可达成什么样的学习结果？

◇监控、阅读或回复信息时，我将扮演什么角色？

## 规划课时教学设计

当前，我们已从更宽广的视角审视了各种教学方法可以达成的结果——我们希望对现行方法及其有效性（或无效性）进行反思——我们将介绍加涅

（Gagné）与布里格斯（Briggs）提出的教学活动理论（1979）。该理论所阐释的教学要素既适用于一般教学，也适用于需要严格规划的特定课堂。我们将其列出（最初有 9 个，但我们已将其减少至 8 个），并思考如何将其应用于教学设计中：

1. 引起注意；
2. 分享学习结果；
3. 引出已有知识或经验；
4. 呈现新“材料”……作为一段高品质学习经历；
5. 要求学习者参与相关任务；
6. 对学生表现做出反馈；
7. 评估课堂附加价值；
8. 促进“深度学习”。

**引起注意**

来上你的课之前，学生或许已经经历了一系列其他活动、课程或工作。如果你的课碰巧在午餐前或午餐后，他们可能还在思考事物、正在为别的模块准备文章、想着他们的男朋友或女朋友、准备去图书馆、想象今晚的聚会、思考在社交媒体上的最新帖子等，如何将他们的注意力集中在你的课堂学习主题上？“我们开始吧……”这句话只能表明你准备好开始了，他们却不一定。这句话或许能够让大家安静下来，不再交谈，但还需要付出更多努力来吸引他们的注意力。你可以尝试从以下内容开始：

◇一个问题（可以在会议期间回答）或一个挑战；
◇一张图片，将一些内容进行可视化的表达；
◇一句话，让人惊讶或是挑战传统思维——读出来或投射至某处；
◇一个理论输入的应用或案例研究，即把计划内容放到现实世界中去；
◇一个短视频剪辑；
◇一个音乐片段；
◇一份报纸的最新标题。

这些内容旨在吸引学生思考并开始集中注意力。补充一点，你还可以告诉学生预期学习结果，这就取决于你本人的天赋和兴趣了。

### 分享学习结果

一些教师课前会以讲义或幻灯片的形式列出预期学习结果，这种做法相当枯燥，很少能激发学生兴趣。更好的做法应该是与学生谈论与结果相关的课堂内容安排，体现过程与结果的一致性，伴随着教学的推进，最终回归学习结果。特别是在有着复杂概念的课堂中，许多活动和示例可能会模糊目的。这时，教师要把注意力集中在学习上，而非囿于例子和插图等细枝末节之中。如今许多教师利用课堂培养学生的特定技能与理解能力，这种情况下，每节课都以罗列学习结果来导入就不合时宜了。教师在处理课与课之间的联系时应更具创造性，并提醒学生牢记：学习结果的总体意义是为学生学习提供一个框架或支架。当然，不要忘记在课程结束时回顾并反思你最初说的教学内容安排。

### 引发已有知识或经验

“当我说反应动力学、有丝分裂、简爱、肯尼迪遇刺这些词时，请写下你所想到的所有单词和想法”教师的这一行为可以快速了解学生对某个话题的已知情况。快速转动的笔头、茫然的眼神、空白的纸张反映了一切。此时，你可以依据学生的反应和学习小组的规模，选择讨论他们所写的内容，或要求集体头脑风暴列出清单，又或是将其放在一边，作为学生思考的起点。后者可能会节省时间，但无法揭露学生中混乱或错误的思维——这不是理想的学习建构基础。另一选择是，教师呈现一张单词表，让学生指出他们是否听说过这些概念或单词，知道其意思，或是提供一个包含几个选择题的小测验。如果班级规模过大，无法进行讨论，那么你就采用一个有效个人应答系统版本（参考下文示例）。此外，教师还可以用一张覆盖已学和将学主题的内容地图或概念图（见第四章）来提醒自己学习进度安排，甚至是一张有关前一两节课内容的提醒单也就足够了。这种方式的缺憾在于它只激发起你的已有记忆，而不是学生的记忆。

专用工具包或通过学生手机进行的电子课堂投票系统可与幻灯片相结合，创建并显示学生反应的即时条形图。在讲座或研讨会开始时，教师可以运用这些工具让全班同学参与讨论，提出特定主题下不同观点及其论据。

### 呈现新“材料”……作为一段高品质的学习经历

教师应提供结构化的、有序的新材料，提升学习意义。此时，你需要考虑学生的学习需求量。如何充分利用好他们与你一起共度的美好时光？你是打算告诉他们一些能从书本或讲义中轻松阅读和理解的东西，还是通过解释与合作，解决学生认为棘手的问题？显然是后者。我们之前讨论过接触时间，你必须考虑让这一宝贵事物发挥最大效能，为学生提供一个清晰的、可理解的关键内容框架，而学生的任务则是基于文献、视频、阅读资料等来拓展知识量并加深理解。期间，你可以引导他们去做，同时也要告知他们为什么这样做。

一次高质量的学习经历是各方面组合的结果，你最先考虑的三个方面是：

◇适当的水平

·有一定要求和挑战；

·差异化——为最优秀人才提供上升机会，为苦苦挣扎的后进生提供支持。

◇合理的比率

·你能在十分钟内处理的事情，即使让最优秀的学生去做，也要给予充沛的时间；

·完成个人或小组活动过程所需的时间。

◇必要的学习资源

·可随时获得且质量较高。

随着电子书和电子期刊日趋增多，网络搜索正成为学生研究和拓展某一主题知识的流行趋势。我们都知道，基础网络搜索到的材料质量参差不齐，因此，教师要为学生提供搜索方向的指导，让他们获得高品质的学习材料。我们建议你选择特定的网站，在推荐给他们的时候附带网站链接、参考资料列表和阅读清单。你推荐的网站意味着你给了它认可印章，所以要好好审定。

### 让学生参与相关任务

之前，我们提到了信息处理类活动和应用类活动。前者让学生有机会去思考——接受概念，检查意义，解决问题，并通过个人和小组工作开始掌握概念和观念。应用类活动则是提供学生一个去做的机会：应用这些概念和实践技能。在同一节课上虽基本不可能同时达到这两个目标，但你仍需要向学生解释课堂内外期望的学习结果及其重要性。

随着对学生如何学习的研究日渐深入，人们提出了掌握学习自主权的概念。尽管后来的研究已经重述并强化了这些想法，但马顿（Marton）、达尔阿尔巴（Dall’Alba）和比蒂（Beaty）（1993）与英国本科组织（UK Undergraduates）的前期工作为教师提供了一套有趣的学习进阶观。他们认为概念具有他者性质，随着理解的发生，学生看待事物的方式以及谁拥有这些概念和知识发生了变化。这一转变的发生需要经历如下六个阶段：

◇增长知识；

◇记忆与再现；

◇应用；

◇理解；

◇以不同的方式看待事物；

◇个人做出改变。

你将如何鼓励学生参与学习，掌握这些概念呢?

如果你希望学生能在课后继续练习技能，那你可能需要研究特定主题的软件或模拟软件包，让他们有机会在模拟现实世界情境下应用所学的知识。倘若你发现课堂上小组讨论的数量有限，就应考虑利用在线讨论来延长交流意见的时间。

总之，在撰写教学设计时，教师应考虑信息处理类和应用类活动，以及如何将它们与学习结果、学习内容和学习活动的前、中、后阶段三者紧密联系起来。

### 对学生表现做出反馈

正式且详细的个人反馈可能要等到学生完成并提交课程作业（可能有或可能没有附带学分）之后才能提供。不过课堂互动时，教师也应向他们提供一系列持续的、非正式的、形成性的信息。做法可以很简单：鼓励他们继续讨论某一概念或问题；回应他们在课堂提问或活动中持续发展性的理解；追问以评估他们的理解，并对他们的答案给予（建设性的）评论；要求高水平学习者进行更高要求的课外阅读，为那些苦苦挣扎的低水平学习者提供一个简单解释概念的视频，以区分二者的学习机会。教师应把握住课堂上所有非正式聊天，视其为可能的反馈机会。我们这里要论述的重点是以评促学——让学习者参与学习主题同时显示他们的学习进展，而不是有关学习的评估。前者不一定要计分或开展正式评估，后者将在第六章做详细讨论。

我们认为，将在线自评测试和学生对课程资源的反馈问答联系起来大有裨益。例如，设计多项选择题，其中的“干扰项”往往能揪出学生常见的错误或误解，与此同时，你就可以向这些在教学核心内容与材料上理解错误的学生进行反馈。

### 评估课程增值

于你而言，这一点可能很难在课堂上可实现，但学生自身比较容易做到。这也是设定课程预期学习结果至关重要的原因——鼓励学生开展自我评估。当然，这类评估的难点在于未进行结果的内在水平划分，以至于学生只能开展有限的自我评估。不过，学生也应该明确自己还需要额外做出什么努力，譬如补习活动和阅读等。于大一新生而言，刚接触大学课程就开始训练自我评估以及做一些额外努力对其培育思维有较大作用：在教师的帮助下，他们能发展成为能自我评估与反思的独立学习者。不过即便如此，你也只能起鼓励和促进的作用，毕竟河边牵马易，逼它饮水难，尽管你尽了一切努力，马可能还是无动于衷。

### 促进“深度学习”

深度学习并非专注于孤立的学习要素，死记硬背，而是进行深度意义联结的学习。深度学习确实涉及记忆，但记忆的目的是长期理解，获得概念和观念的重要性和意义。这种学习通常又叫作可建构、可发展的成功学习，相反，浅层学习则是短期学习，无法指向学习进阶与关联。但深度学习的挑战是如何创造适宜的课堂条件——考虑学生加工概念的机会，在挑战和支持之间取得适当的平衡——以及如何将这些机会适用于所有学生。虽本章不会对深度学习做过多讨论，但还是回顾了能促进深度学习的一些条件：

◇期望的明确性：了解你需要做什么以及如何证实成功至关重要——需要与学生讨论学习结果、评估方法和评估标准。

◇相关性：学生需要知道研究这个问题的意义及它在更大的教育图景中所处的位置——重回课程形态与结构。

◇合理学习量：请记住我们之前有关学分、名义学时和任务时限的讨论——在计划教学活动时，你需要考虑所有这些方面。

加涅的清单之所以如此有用，是因为它提醒教师教学活动的基本组成部分，并指出了实现结果所需的一系列方法。我们说过，“创新”并非“最佳”的同义词，也许“多样化”才是。教师在牢记八项活动要素的同时，还要思考如何以一种简单的方式——一份教案，将一个课时的所有计划结合起来。

## 课堂教学设计

课堂教学设计是教师思考、计划和准备一个课时内容的概述。寥寥几页就设定了这节课的架构，记录了下一阶段需要加强和调整之处，并提供了为下一课时交接需要准备的备忘录。

制定教学计划有多种方法。我们主要考虑了两种：核对清单（checklist）和学习拟表（proforma），并举例论述。你在阅读的时候，应该考虑适合你本人及你工作环境的教学计划模式。

一份全面但不固定的核对清单首先需要考虑：

1. 前十分钟——如何开始教学（请想一想“心未收拢”的情形）以及进行课堂“热身”，或是让每个人都集中注意力？
2. 如何分享本课目标和预期学习结果？
3. 如何将本课与上下节课以及课外学习联系起来，例如预读？
4. 如何安排时间，调节活动和节奏？
5. 实际能覆盖多少材料？（另一个问题是，学生实际能吸收多少？）
6. 如果时间或材料用完怎么办——应急计划？
7. 学生要做什么活动？
8. 如何让所有的学生都积极参与并对学习负起责任？
9. 如何使用提问？
10. 何时以及如何使用资源和设备？

11. 如何使用肢体、声音、空间进行交流？

12. 如何满足不同人或残疾学生需求？

13. 如何识别理解并解决存在的误解与困难？

14. 如何确定学生从本课中学到了什么，并让他们自己也知道？

15. 课后你想让他们做什么？

16. 最后五分钟包括什么内容，将如何结束教学？

艾莉森·库珀（Alison Cooper）

（兰卡斯特大学前优质教育中心）

简单回答这些问题，你就会形成一个关于内容、方法和过程的计划。如果你是第一次教这门课，那么问题 5 和 6 很值得再多花时间思考。

另一种方式是拟写计划表：课时计划的示例（表 5.4）通常会超过两页，简洁起见，我们已经删除了空白部分。第一页以学生为中心，询问有关小组和预期结果的信息。它提醒你要考虑包容性、多样性以及差异性。第二页主要是以教师为重心，采用横向布局以保证足够空间，明确教学时长。有些同行认为明确教学时长这一做法存在问题，但是如果这是你第一次教这门课，特别是当你视其为引导工具而非阻碍的时候，我们认为，它还是非常有用的。

表5.4　一份课时计划

| 对于学生，你了解多少？ |
| --- |
| 课时目标 |
| 预期学习结果 |
| 本课结束时，学生将能更好地…… |
| 包容性/多样性：你需要考虑/计划什么？ |
| 差异化：如何支持那些挣扎的人/敢于挑战的人？ |
| 教学空间的最佳利用：物理和虚拟空间 |

续表

| 教学时长 | 覆盖的内容 | 学生分组 | 教学方法 | 所需资源 | 评估路径 |
| --- | --- | --- | --- | --- | --- |
| | | | | | |
| | | | | | |

这种类型的教案可提示教师在规定时间内覆盖所有主题与资源。拟表不仅能用于教学反思，也可用于拟定和调整下节课的教学计划。此外，若你的教学计划还增加了虚拟教学环境的支持，也应该在教学计划和学习结果中注明，以便学生了解在何时何处使用计算机或在线资源。

如果上述两种教案的设计方式皆与你的教学实际不符，你也可以搜集同行们提供的有效模板。这些模板既有为特定的教学方法设计的，也有通用型的。

## 教学空间

在过去的几年里，关于教学空间的讨论并不少见，它包括物理空间和虚拟空间。物理空间一般是指从藏书的图书馆到有一定教学氛围营造（包括咖啡厅）的学习中心，以及教师和学生可以预约使用的技术。教师已经从分层的阶梯教室转到了宽敞平坦的教室，并安置了指向各类教学目标的设备。虚拟空间也从提供完全在线课程（MOOC）走向在线学习环境（VLEs）以支持学校学习，扩展学习空间。我国幅员辽阔，各地区的发展具有多样性，因此难以对各地区进行统一概括与描述，重要的是教师应分辨两类教学空间的实用性，思考如何利用这些信息支持学习，达成最大效益。

## 本章小结

本章主要提供了多样的教学方法，并设法将教学方法、学习结果以及学生需求三者进行有机匹配。课程设计周期的下一环节是发现预期学习结果(评估)，告知学生已达标准（反馈）和如何改进（前馈）。下一章我们将会重点梳理这些方面。

## 拓展资源

◇利物浦大学的学术发展网（The University of Liverpool,Academic Development pages）罗列了各学科领域学习方法的一些报告与评论：www.liverpool.ac.uk/eddev/iteach/learning-approaches-and-teaching-methods/

◇本书是由劳特利奇出版社（Routledge）出版的《高等教育有效教学主要指南》（*Key Guides for Effective Teaching in Higher Education*）（系列编辑：凯特·埃克斯利）系列丛书之一，本系列还有下列其他一些书，它们专注特定教学方法，能为上述内容赋值并增添细节：

·《小组教学：辅导和研讨会》（*Small Group Teaching: Tutorials, Seminars and Workshops*）：凯特·埃克斯利（Kate Exley）、雷格·丹尼克（Reg Dennick）和安德鲁·费舍尔（Andrew Fisher）；

·《授课：从演讲到教学》（*Giving a Lecture: From Presenting to Teaching*）：凯特·埃克斯利（Kate Exley）和雷格·丹尼克（Reg Dennick）；

·《与学生一对一的合作：监督、指导和个人辅导》（*Working One-to-One with Students: Supervising, Coaching, Mentoring, and Personal Tutoring*）：吉娜·威斯克（Gina Wisker）、凯特·埃克斯利（Kate Exley）、玛丽亚·安东尼奥（Maria Antoniou）和波琳·雷德利（Pauline Ridley）。

见网站：www.routledge.com/Key-Guides-for-Effective-Teaching-in-Higher-Edu-cation/book-series/SE0746

# 第六章 设计评估与反馈机会

## 导 言

评估和反馈在课程中起着至关重要的作用，两者服务于诸多目的——学生个体、教师和整个学校机构。参与评估是高校教师工作中最重要且要求最苛刻的方面之一。作为一名评估人员，你不仅要维护学校的学术标准和信誉，也要让所有学生都得到公平对待，有公平的机会展示他们学习结果。你需要考虑自身在评估学生学习时扮演的角色，检查评估设计的基本原则和意图，以充分的信心和专业的精神履行评估职责。本章主要探讨如何设计促进并支持学习的评估方式，包括建立防范（和发现）学术不端的机制和提供反馈机会等方面。需要明确的是，我们着眼于在课程中发展评估与反馈策略，特别关注利用评估测量学习结果和促进学习的双重功能及其得以实现的反馈策略，而不是去设计某种具体的评估和反馈方式。此外，本章还展开了有关如何发现和制止抄袭行为的讨论。

## 评估与课程设计

正如第二章所提到的，评估在课程设计情境中是维持一致性建构的一个关键内因，也是体现学习中心的一类活动。教师不能总是在课程结束后，才用其测量已经发生了的学习，而应在课程设计伊始就将评估纳入计划范畴，来测量学生预期学习结果的实现程度。事实上，正如第二章中提到的结果导向性规划或逆向设计模型那样，学习结果及其评估任务应是课程设计的起点。同样，我们在第三章撰写学习结果中，也曾建议采用SMART模型——T代表“可测量的”——在写学习结果时，随之而来的这个问题：“我如何知道或发现这是否实现？”就需要你开始制定评估策略或改写学习结果。

评估为学生学习提供了重心和动力，且有效地定义了课程——影响课程内容及其组织方式。随着学习压力的增加，学生的学习策略性越来越强，评估在学生学习什么以及如何学习方面起决定作用。你需要确保评估设计能够让学生聚焦学习的本质，提升学习水平，达成之前明确表述的预期结果。

取得预期学习结果、评估方法和评估标准（即学习任务的计分方式）之间的联系是评估有效设计的基础。

教师与学生通过交流，明确评估维度、创造机会让学生参与学习结果与评估标准的制定以及培养学生对评估期望的理解都是设计评估过程的关键要素。

此外，评估还能密切你与学生的合作。作为一种反馈途径，它有助于教师了解自身教学的有效性，随之优化教学方法。由此看出，评估也是双向学习过程的一部分，你需要在学生学习过程中实施评估。

## 评估的发展

自2006年本书第一版面世以来，评估方面最显著的进展之一是将评估重心转移到反馈质量和评估及时性上来。这很大程度上是受英国“全国大学生满意度调查”中这方面低满意度的驱动。

与此同时，它还形成了一种教学驱动力：评估实践更具开放性，评估标准制定更为清晰、更具有普适性，学生参与评估过程的机会日益增多，例如：

◇围绕评估展开师生对话，培养学生的“评估素养”。

◇通过广泛使用学术不端“检测”软件，帮助学生理解“学术诚信”。

◇邀请学生参与自我、同伴和小组评估活动。

◇提供学生选择或规定评估要素的机会。

◇创造更积极、更真实的评估机会，让学生参与现实生活中的问题解决和项目工作。

在确保学生有平等机会展示学习结果（见第一章中关于信息获取与参与以

及法律公正这一部分）这一点上，公众的公平意识越来越强，立法也越来越完善。基于此，评估设计也更加充分地考虑具有特定学习需求或偏好的学生，教师在整个课程中使用更加多样化的评估套餐，避免特定群体学生因同一类型评估的过度使用而经常处于不利地位的情况。

高等教育教学的模块化有走向原子化的趋势：每个单元都有自己的评估任务。这可能会助长过度评估的气焰。随着学生人数的增加，于师生而言，评估变得更难管理，这推动着：

◇开发更大的学习单元，减少评估总量。

◇运用技术（提交电子版和在线批改）更有效地开展评估。

◇集聚一系列小型评估任务以形成一个核心评估任务（例如评估拼接文本（patchwork text）或档案袋（portfolio））。

◇整合课程中更广泛的评估要素，设计包含"项目层面"评估在内的"综合性"评估。

当下，评估的多样化发展趋势提示我们不应孤立地考虑评估任务选择，而要站在项目层级，全面考虑各类观点。本章考虑了评估的诸多方面。目前，你或许还无法概述整个项目评估内容，所以我们提议，在设计或更改评估前最好与同事协商，讨论并知晓评估对学生整体学习经历的影响。现实中，修改评估任务可能会产生重大变动，且需要事先批准。你应遵循质量保证流程，无论做何种调整都应与课程负责人讨论。

随着改革评估的呼声越来越高，澳大利亚的邦德提出了《2020 年评估宣言》（Boud，2010），与此同时，英国全国学生联合会也制定了《反馈与评估章程》，后来又更新了其准则并构建了一个基准工具，以推进评估升级（表 6.1）。显然，围绕评估的思考和实践仍在不断发展。

表6.1　英国全国学生联合会提出的评估与反馈基准工具

| 示例："全国学生联合会有效反馈与评估的十项原则" |
|---|
| **1.评估形式应时而异**<br>评估应该有一系列的评估机制，且与毕业需要的学习结果和测试能力相关。学生应参与设计或选择这些评估机制。 |

续表

| 2.评估标准 |
| --- |
| 评估标准与学习结果相关，清晰透明、可理解性强。学生应该理解学术不端行为所涉内容。 |
| **3.提交流程** |
| 流程简便且尽可能采取电子提交的方式，保证与评估匹配，且适用于所有学生。 |
| **4.任务量分配** |
| 教师合理、公平地分配学生一年的工作量，不要将最后期限堆积在一起。 |
| **5.保密性与和外部性** |
| 师生共同决定如何保密，一般情况下，所有的总结性评估都应该是匿名的（尽可能）。在评估期间寻求适当的外部输入，以确保公平性和可比性。 |
| **6.评分一致性和分布** |
| 各项目的评分规则应保持一致，且整个学校机构应使用统一评分系统。 |
| **7.反馈及时性** |
| 应及时给予反馈，以便学生在下一步工作中采取行动。 |
| **8.反馈质量** |
| 反馈应该是具有建设性的、有帮助的且详细的，使学生理解得分缘由，明确下一次应该怎么做以提高学业水平。 |
| **9.形成性评估与反馈** |
| 为了推进学生学习，应该还有一类不影响整体学分的反馈。 |
| **10.自我反思与同伴学习** |
| 课程应提供同伴学习和自我反思式练习的机会<br>英国全国学生联合会“反馈基准工具”详见网站：<br>www.nusconnect.org.uk/resources/assessment-and-feedback-benchmarking-tool |

## 制定一项评估策略

为了制定一项课程评估策略，你首先需要慎重考虑为什么由你来评估，明确你要评估什么，随后才是思考应该什么时候进行评估，最后斟酌适切的评估策略与方法——如何进行评估。我们将从评估的目的谈起，通过引入评估细目表的概念，探索评估与学习结果之间的关系，再确定评估内容，此时，你需要回顾第三章介绍的布卢姆版认知目标分类法，决定何时评估以及如何提供反馈，最后才是考虑可能使用的策略与方法。

总而言之，在本章中，我们将探讨评估的六要素：评估目的、评估内容、评估时机、评估主客体以及评估方式。

## 为什么评估?

在设计评估和反馈策略之前，你需要明确评估目的。如前所述，对学生、教师和整个高等教育机构三类评估对象而言，评估目的各不相同。表 6.2 进行了总结。

表6.2　评估目的

| 为谁而评?<br>（评估对象） | 评估目的 | 评估功能 |
|---|---|---|
| 为学生 | ·让学生展示学习情况 | 支持学习 |
| | ·让学生回顾学习进度 | 支持学习 |
| | ·提供有助于提高学习和研究技能的反馈，使学生在未来工作中受益 | 支持学习 |
| | ·充当鞭策者的作用，时间安排表和截止日期的设定为学习活动提供侧重点 | 支持学习 |
| | ·提供智力挑战，激发学生对该主题的兴趣 | 支持学习 |
| | ·为学生提供合作达成共同目标的机会 | 支持学习 |
| | ·判定学生能力及授予的最终学位等级 | 判定结果 |
| 对教师 | ·提供建设性和激励性反馈的机会，促进学生学习 | 支持学习 |
| | ·监控自身教学的有效性 | 支持学习 |
| | ·判定学生是否能取得学术文凭 | 判定结果 |
| | ·判定授予学生的学位类别 | 判定结果 |
| 对机构 | ·维护机构的标准 | 质量保证 |
| | ·推动机构公开教育结果 | 外界评估 |

上表最后一个“评估功能”栏旨在对两类主要评估目的进行区分——支持学习和判定结果。这一区分表明，对“为什么评估”这一问题的回答也会影响“何时”、“如何评估”、“评估什么”、“谁来评估”和“怎么评估”的答案。

### 总结性评估

做出判断的评估是总结性评估，即关于学习的评估，旨在衡量学习的总和，一般用于对学生学习结果进行分类，判断学生是否进步，这是授予学位资格的基础。总结性评估的结果可以作为学校机构的业绩指标，以编制排行榜的方式向外界传递该校教育质量及其学位证书“价值”的信号，毕竟对毕业生来说，他们的未来可能与他们所获的学位类别相挂钩，他们所能选择的工作以及他们将来所要追求的更高学位也会因此受到重大影响。反之，这又会影响“研究生结果调查”（前为“高校毕业生去向调查”）的数据。

由于这类评估具有高风险性，教师在设计和实施的方式上需要保证准确性、公平性和一致性，确保它们能为所有学生提供平等机会来展示他们的学习结果，协助达成与其潜力相称的资格或等级。评估者必须遵守特定评估程序，如匿名评分、二次、抽样或双重评分。此外，评估者还需确保评估过程安全，准确记录和处理评估结果。所有这些评估成本中，评估资源，特别是教师工作时间，与这种总结性评估也存有较大利害关系。这些资源问题也可以在总结性评估的最后阶段，如在决定学位分类的评估中或考试委员会上进行说明。这一过程通常由其他高校的同事们——外校考官进行监督和调节。

### 形成性评估

支持学习的评估是形成性评估，它不一定具有总结性功能。形成性评估是指导学习过程中进行的学习评估（Sambell et al.，2013），为学生朝着目标或标准的学习进度提供反馈。它不一定需要打分——首要目的是发展学生学习，而不是做判定，这种类型的评估需要学生自身多花时间。纯粹的形成性评估不具备总结功能，倘若不当堂完成或只是作为混合学习方法的一部分，学生可能缺乏完成的动力，花很少时间投入。同样，就评估成本而言，教师可能认为撰写详细的、发展性的反馈比举行考试、聘请外校考官和双重打分更费时费成本。

设计课程评估策略时，更常见的是按如下顺序：给出总结性评估—做出判断—安排时间提供反馈，发挥形成性功能，确保给予学生最大化反馈，让所有人付出的努力获得最大化的回报。这一做法还可以使学生的课程学习量透明化，保证他们能从你所提供的学习机会中受益。

## 评估术语

显然，我们需要就大量与评估有关的术语达成共识。除去已释义的常见术语外，我们将其他一些术语界定如下。

### 评估效度

有效评估应与评估对象的能力与品质相匹配。如果你想知道一个人是否能开车，一种有效评估方式就是要求其安全行驶并遵守道路法律法规。写一篇关于驾驶的文章可不是对驾驶能力或驾驶技能的有效评估。表 6.3 给出了一些有效评估的例子。

表6.3　有效评估

| 结果 | 内容/学习 | 评估 |
|---|---|---|
| 一项技能 | ·详细的指导或示范；然后是练习 | 观察学生的技能表现 |
| 应用理论并检验理解情况 | ·合理的理论相关任务 | 需要理论应用和论证的简短测试 |
| 撰写报告 | ·报告形式的练习<br>·查阅各类报告示例 | 学生按特定要求写出书面报告 |

### 提高评估效度的途径

以下几种方法可以审核并提高评估效度：

◇确保以可评估的方式书写学习结果。

◇选择适合测量学习结果的评估方法。

◇实施一系列增加学生多样化学习体验且能论证取得成效的方法。

◇讨论评估与学习结果之间的关系，以便学生能够看到课程与既定评估之间的一致性。

### 评估信度

信度一词囊括了一系列与评估客观性、准确性和可重复性有关的问题。与这些问题直接相关的一个因素是评分的一致性，即在不同轮次中使用同一评分标记。例如工作了一天（标准可能会随着时间而变化）后去批改一篇特别好或很差的文章；或是此前已经批改过一个好学生的作业之后，再次批改同一个学生另一作业(可能是光环效应)，抑或是刚听到你最新的研究论文被采用了之后，你能保证这一次你的打分还会与之前相同吗？信度与一个人是否在整个评分过程中采用完全相同的标准和规范有关——评分应适用于在不同轮次评估同一份学生作业以及小组内其他学生作业。如果要对相同作品进行评分，评分一致性还与另一名评估者是否认可你的打分有关。

信度还与评估任务本身的准确性有关，即评估的结果是否真正表明被评估者的学习能力和品质。为保证评估的客观性，教师通常会选择评估那些容易测量的东西，尽管这样做能提升精确度，但它可能会导致过度简化评估，以至于更复杂、更真实的学习质量得不到反馈。

进一步看，信度还涉及评估的可重复性，即在运用评估区分学生学习程度与能力时，评估程序是否稳健并保持一致，例如，你在第二年对一组相似的学生进行了相同评估，得到的结果范围应大致相同。

提高评估信度的主要途径之一是采用评估标准。这些应该直接与被评估的学习结果联系起来。和学习结果一样，描述评估的措辞应该与学习水平相匹配（本章后面将讨论这两点）。

**提高评估信度的途径**

以下方法可用于审核与反思评估信度：

◇找出是否存在评估准则，例如学校或课程范畴的评估标准。

◇如果没有，一开始就设计评估标准或详细评分方案。

◇检查使用的评估标准是否与所述学习结果一致。

◇在对学生作业进行评分时，始终采用评估标准。

◇确保评估条件准确、安全——准确记录、谨慎处理和安全保存数据，并尽量减少学生作弊的概率。

◇了解是否有可以或应该采用的匿名评分政策，即不记名作业，避免无意识偏见和光环效应。

◇遵守适度评分的政策——让另一名有经验的评分员也参与工作，询问他们是否同意：

·二次评分——第二位评分者为作业评分；

·双重打分——所有的作业都进行两次打分；

·“匿名”打分——在双重打分中，两位评分员在互不知道对方的情况下打分。

### 评估透明度

评估透明度是指学生对评估期望和标准了解的清晰度。这并不意味教师要拿出过于具体的标准，然后提前“告诉学生答案”，也不代表给他们过多提示，例如给他们提供与往年评估几乎相同的问题。提高透明度指的是在学生着手评估任务之前，向学生展示评估目标定位，并提供清晰准确的描述信息。

### 提高评估透明度的途径

有很多方法可以让学生了解评估过程与标准：

◇在进行评估工作之前，向学生明确评估标准、得分描述语和指导说明。

◇邀请学生参与模拟匿名评估工作，使其知晓令人满意或难以接受的表现样态。

◇以清晰的、平铺直叙的方式向学生提供有关评估的准确信息：

·说明学生应在评估上花费多长时间（例如通过信用学分评级或字数限制）；

·说明不同评估要素的相对权重，使学生能够找到着力点；

·陈述任务提交的截止日期和逾期的相应处罚；

·说明将在何时以何种形式进行反馈；

·提供学术写作指导，如论文或报告写作；

·提供评估条例、测试训练和构成作弊或抄袭的信息。

◇在学生开展评估工作前以下列形式有效公布上述内容：

·书面任务简报；

·课程手册；

·在线或虚拟学习环境；

·课堂上的口头表达（尽管这只能作为书面形式的补充信息和指导）。

你应该确保在课程中留出时间与学生讨论评估，回答他们可能提出的任何问题（使用面对面或研讨会的方式），提高评估透明度。

## 评估什么？

### 将评估与结果相匹配

课程（模块与项目）应围绕你所要达到的目标框架——在课程结束时需要获取的正向能力、品格、技能和态度进行设计。换句话说，以课程目标和学习结果的方式进行阐述。一旦搭建了这个框架——知道想要达到什么目标——你就可以选择适切的学习活动和评估方法来实现这些期望，测试学生是否成功。这暗示着评估应该奖励学生对学习的积极贡献，你应该测试学生知道什么和可以做什么，而不是他们不知道、不能做什么，或者仅仅因为“出席”就给分数。

在课程设计模型中（见第二章），教师强调了一致性建构的概念，评估策略旨在选择与所述学习结果一致的评估方法并设计评估任务（一致性），告知学生学习的重点。如果你希望促进学生深度学习，而不是浅层学习或策略性学习（Biggs & Tang，2011：52），显然，评估任务不能为学生学习提供含混信息。例如，如果你希望学生能够应用或综合运用学习内容，就要确保不发出让其记忆和复制的信号。这些信号发出的路径非常微妙，可以在评估任务的设计，评估任务的执行方式，甚至是在口头或非口头的交流之中。课程管理的其中一部分便是以评估任务性质和相关课程文件的形式向学生阐明预期结果及评分机制。

### 将语言与评估层级相联系

在第二章中，我们讨论了“等级描述语”（level descriptors），它实际上是不同学习水平层次的通用学习结果集，在英国，《高等教育资格质量保证框架》（QAA，2014b）中有明确表述。你应该检查你所在单位是否已经开发了自己的描述体系来服务学位课程中不同层次的学习。

如上所述，你需要为课程编写学习结果，以符合特定水平的一般期望。相应地，评估任务的性质、使用的描述性语言和评分标准也必须与特定水平保持一致。例如，在具体实践中，一年级的本科生在他们的学科中可能并不能达到“批判地评估论点、假设、抽象概念和数据”的能力，或是在复杂、不可预测的情况下做出决策的能力。除美术、设计和建筑学等创造性学科之外，你也不会期待有许多优秀毕业生展现具有独创性的思想。由此看来，你首先要明确自身对学生的学习期望，然后制定可测量这种能力的评估方式，通过提供指导和设定评估标准，向学生表明你所期待的表现水平。

### 示例 6.1：评估领域的分类

利兹贝克特大学开发了一项“评估领域分类法”，支持教师开发课程评估。该文件为学业学习的不同层级、学习的不同方面提供了相应的评估语言，供教师在编写学习结果和评估标准时使用。这有助于教师向内部和外部审核员展示每一学习层级的学术期望，确保学生在课程中逐步深入学习。如表 6.4 所示。

https：//teachlearn.leedsbeckett.ac.uk/teaching-and-learning/assessment/

苏·斯密斯教授（Sue Smith），利兹贝克特大学

表6.4 评估领域分类摘录

| 领域 | 水平4 | 水平5 | 水平6 | 水平7 |
| --- | --- | --- | --- | --- |
| 小组/个人（学生能够……） | 在考虑平等、多样性、文化敏感、他人需要与行为的情况下，以集体和个人的方式有效开展工作。 | 在考虑平等、多样性、角色、领导力和团队活力的基础上以集体和个人的方式有效开展工作。 | 具备广泛的自我批评意识，对平等、多样性和文化具有敏锐性，与来自不同环境的群体和个人合作。 | 在不同的环境中与个人和团体进行合作，开展建设性的工作，对过程和结果有自我批评意识，对平等、多样性和不同文化有敏感认识。 |
| 信息/数据收集（学生能够……） | 从参考资料或适当来源中收集和整理信息或数据。 | 从一手或二手资料中独立筛选、收集并组织信息或数据。 | 从一手或二手资料中选择、收集、审辩、排序和组织信息或数据。 | 自主收集与选择合理的方法与工具，设计、应用和审辩评估信息或数据。 |
| 理论与原理（学生能够……） | 展现关键理论和原理中的基本知识。 | 展示关键理论和原理知识，能够理解不同主题或不同文本之间的相关性。 | 在分析和解决问题时能够将知识、理论及原理进行关联。 | 选取、评论并将相关理论或策略方法应用到调查与解决复杂议题和研究问题中去。 |

### 评估规范网格或矩阵

评估规范通常以特定网格或矩阵的形式，将课程的学习结果与评估任务相关联，检查课程某一方面的学习结果是否全面。这类信息通常是课程批准或审批流程中的一部分。

使用网格或矩阵有助于：

◇展示评估方法如何与学习结果相关联，并对后者进行评估；

◇避免不必要的重复；

◇设定与不同结果相应的评分权重；

◇考虑最适合评估特定品质或能力的人员（导师、自我、同伴）。

表 6.5 呈现了一份清晰的评估规范，将评估过程的设计与学习结果相匹配，突出内容和技能的相对重要性。相应地，示例还展示了如何更改规范网格，为课程提供更可靠、有效且可行的评估方案。

表6.5　一门新课程的评估规范

| 评估 | 学习结果 | | | | | 合计 |
|---|---|---|---|---|---|---|
| | A | B | C | D | E | |
| 任务1 | | | | | | |
| 任务2 | | | | | | |
| 测验 | | | | | | |
| 合计 | | | | | | 100 |

网格左侧罗列了课程中所有正式评估任务，包括要求学生去做、但不计入总分的评估任务。这些评估为学生提供了发展和展示能力或特质的机会。网格最右侧一列表示每项评估的总权重。网格底行是每项学习结果的相对权重（重要性）。两组权重相加应为 100。表格正文中的方框用于分配不同评估任务的学习结果值。每项评估任务都有可能用于多项学习结果的评测，每一项学习结果及其评估权重分布只能作为指标参考，不可能是一种精确的科学，通常使用 5 和 10 的倍数来表示相对权重。

你需要检查所在大学的规章制度，确定是否有必要由你评估特定课程的所有学习结果，毕竟一些评估任务可能在其他课程进行。另请注意，网格是一种课程设计工具，主要用于检查评估的覆盖范围和适当性，它与学生获得课程学分无直接关系，它也可能不适合学生使用，应尽可能避免造成误解或误用它来指导（策略性）学习。

设计或重设课程的评估策略时，你可使用规范网格，确保策略与学习结果及课程各方面的相对重要性保持一致。表6.6展示了一份现有模块的权重分布。

表6.6　课程的评估规范

| 评估 | 学习结果 | | | | | 合计 |
|---|---|---|---|---|---|---|
| | A | B | C | D | E | |
| 任务1 | 5 | 5 | | | | 10 |
| 任务2 | | | | 20 | | 20 |
| 测验 | 10 | 20 | | 20 | 20 | 70 |
| 合计 | 15 | 25 | 0 | 40 | 20 | 100 |

使用评估规范网格分析时，你需要考虑七个要点：

1. 未评估学习结果C：是否应该评估？
2. 学习结果B和D都进行了两次评估。考虑到B的总体权重为25，那么D（40）的总体权重可能过大。
3. 学习结果E只评估一次。但考虑到工作接近模块末端且既定权重为20，这应当也是适宜的。
4. 三项任务（10，20，70）的相对权重是否合适。
5. 所有学习结果的相对权重是否合适。

以下两点属于“如何评估”和“由谁评估”的范畴：

6. 测试似乎只有一种形式。这是否适合所有学习结果评估？
7. 所有的评分都必须由教师来做吗？网格显示工作量很大。

总的来说，这个网格呈现的评估方案尚未规划完整，还有待发展完善。重新设计的评估方案（见表6.7）可以更准确地反映学习结果和期望。

对评估策略的修改结果如下：

1. 现所有学习结果都需评估，每个评估任务对应多项学习结果，以便学生在整个课程中进行综合学习。
2. 大多数学习结果至少要评估两次，以提供促进发展的反馈。

表6.7 修改后的评估规范

| 评估 | 学习结果 | | | | | 合计 |
|---|---|---|---|---|---|---|
| | A | B | C | D | E | |
| 任务1 | 5 自我 | 5 | | | | 10 |
| 任务2 | | | 10 同伴 | 20 | 10 | 40 |
| 测验 | | 5 | 5 | 5 | 5 | 20 |
| | | 10 | 10 | | 10 | 30 |
| 合计 | 5 | 20 | 25 | 25 | 25 | 100 |

3. 评估的相对权重更能反映评估的重要性、所处的课程阶段和学生预期工作量。
4. 现学习结果的相对权重与其难度和重要性有关。
5. 现考试由简答题和作文题两部分组成。所涉问题反映了整个课程内容且相应缩短了评分用时。
6. 为了培养学生的反思性和批判性，引入了自我评估和同伴评估的要素，其中，第一次评估就包括了课程开始时需完成的自我反思任务。

这些更改皆在特定课程情境下进行，以确保评估的计划性、适切性与切实可行性。不过，你也应当注意到，评估规范网格有一定局限性：它只是二维的，在开始（重新）设计任何评估策略之前，需要考虑该网格中缺少的几项关键信息：

◇学生的总学习量，例如以单元、模块或课程的学分等级表示；

◇课程的学时范围、评估的性质以及时间安排。这将影响下一个评估任务前将反馈信息返回给学生的时效。

## 何时评估?

### 评估规划

评估的数量与时机将影响评估对深度学习的促进和支持力度。在课程设计中，导致学生浅层学习的因素如下：

◇评估超载——评估过多；

◇评估捆绑——评估的截止时限堆积在一起；

◇学习主题或模式缺少可选择性。

由此可见，除了任务的设计方式，教学情境也会影响学生的评估路径。你不要孤立式规划课程评估日程，而应与课程总负责人协商，以避免与其他模块或单元的评估截止日期捆绑在一起。

英国高等教育质量保障署有关评估建议与指南的文件（QAA，2018a）指出：“设计评估截止日期的整体视图有助于适切地安排评估时间，避免学生负担过重”，且“及时提供反馈意见可以预留充沛的时间，确保学生在随后的评估任务中提升表现”。理想情况下，教师只要考虑上述两点，便可有效调整评估的数量与时机，确保学生有足够时间参与有意义的评估任务，从评估中获得反馈，获得学习的最佳效益。

还有一种可能性是对不同模块的评估加以整合，形成更大学习单元的评估，减少评估任务。这也可以帮助学生将分散的学科知识建立联系，提供整合学习的机会。目前来看，合并模块可能还不在你的控制范围之内，不过在将来，它值得考虑。

### 过渡至高等教育阶段的学习：第一学年的评估经历

通常，第一年的评估不会影响整体学位等级，只需要通过考试即可进入下一阶段的学习。从第一学期末的总结性评估算起，一年级学生从大学入学开始就必须在短时间内达到所需的学术标准，这给他们带来了巨大压力。如果学生不熟悉求学之地的高等教育系统以及特定层级学习的本质，例如，对于那些来自海外或没有高等教育经验家庭的学生，你可能需要在第一学年的第一学期便考虑评估规划及相应权重，让学生有足够时间进行适应与调整，再展开评估——尽管这可能仍超出了你的控制范围，例如，你可以在课程初始阶段进行少量形成性评估（或低权重的总结性评估），让学生熟悉学术标准和期望，之后再进行一些会影响其学业发展的评估。这可能是学生开启高等教育生涯的必经过程（请参阅第9章），也是你要与课程总负责人商讨的一件事情。

## 评估时机

本章伊始，我们就探讨了开展评估的缘由，并定义了一些术语。“为何”评估在很大程度上决定了“何时”评估，而评估时机的选择取决于以下一种或多种评估类型：

◇诊断性评估——为学习者提供学习项目能力倾向与准备程度的指标，明确其发展领域（进入学习过程前）。

◇形成性评估——为学习者提供学习进度反馈，告知其项目发展状态，但对整体评估而言意义不大（学习过程中）。

◇总结性评估——测量学生的学习表现是否成功达到预期学习结果和学习项目的相关要求（学习过程的最后）。

一次评估可能同时涉及以上多种评估类型，例如：部分课程作业可能是形成性评估，为学生提供了关于其学业水平的反馈的机会，但同时也会被计入模块分数，为学业水平提供总结性判断。此外，形成性评估和总结性评估还可能具有诊断功能，用以评估学生继续学习的能力，见图 6.1。

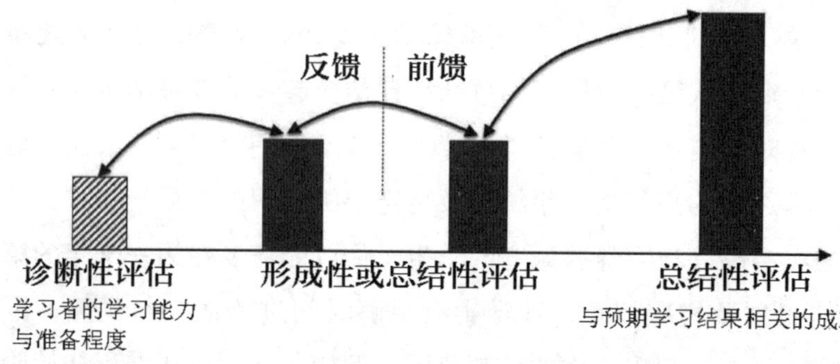


图 6.1　设计一项评估与反馈策略

## 发展一项反馈（参与）策略

为学生提供学习反馈机会不仅是设计评估策略的基础，还是支持学生学习的基本点。这在很大程度上决定了课程评估任务的数量、时机与频率。

针对上述问题，你需要考虑如何规划评估，确保留出足够的时间：

◇评估开始前：给予学生时间反思自己的学习。

◇两次评估间：抽出时间从各类资源信息中获取高质量的反馈。

◇评估后：给予学生时间来消化这些反馈，并在反馈的基础上进行修改与重新提交，或采取下一步行动。

在这一情境中，我们把“反馈”作为通用术语，指代对评估工作的回顾性反馈评论和对未来工作有益的发展性前馈评论。

学生反馈的质量问题一直以来就显现于学生满意度调查——国家层面（例如“全国大学生满意度调查”）和课程层面的内部审核程序之中。

**示例 6.2 ：“全国大学生满意度调查”：关于评估和反馈的问题**

2018 年英国“全国大学生满意度调查”关于评估和反馈的问题如下：

题 8 ：评分标准事先已明确；

题 9 ：评分和评估公正；

题 10 ：教师对作业反馈很及时；

题 11 ：我收到了对学习有帮助的反馈。

这些问题的平均满意度为 73%，是学生对课程最不满意的方面。

“全国大学生满意度调查”（2018），见网站：www.thestudentsurvey.com

学生提出的主要问题涉及：

◇反馈的及时性；

◇反馈的数量和质量；

◇反馈的有效性：能够为学习和发展提供信息的程度。

从中可以清晰看出，在课程设计中，你需要制定一种反馈策略，即从一开始就设计好让学生能获取学习反馈的机会。其方式可以是诊断性、形成性或总结性评估，抑或是教师评估、自我评估和同伴评估。为确保学生参与、理解并从反馈中学习，教师有必要制定一种反馈参与策略。这类策略应有助于确保评估的透明度，它不仅要告知学生评估时间与内容，还要提供反馈的时间与形式（知晓除书面反馈外的其他反馈形式和除教师外的其他反馈者）。

为了提高评估的可信度，你应确保提供的所有反馈：

◇与评估标准直接相关；

◇继而与待评估的学习结果直接相关。

你所在的学校或系部可能也有一套适用于特定评估类型的评估标准。它针对不同的学习水平，还有不同的评估措辞与权重。请参考这些评估方式，加以合理运用。倘若未找到，你也可以从普赖斯和鲁斯特（Price & Rust，1999）那里寻找灵感。表 6.8 提供了一个学校层面的评估等级描述语或评估标准的示例，用来对文章类型的问题答案进行打分，这种评估标准可与学生讨论，进而为他们提供特定学习水平目标的一般指导。

表6.8　等级描述示例

| 评分 | 等级 | 测试–问答题 |
|---|---|---|
| 90%~100% | 一等 | 回答出色，提供具有原创、准确的证据。有拓展阅读的清晰迹象，是提炼与综合后形成的答案。 |
| 80%~89% | 一等 | 结构和内容方面的回答具有独特性。能对文献与数据资料展开严格评判，对原始材料提出明确论点，全面考虑主要问题和相关议题。 |
| 70%~79% | 一等 | 包含了对所有主要议题的感性回答。运用相关文献形成具有逻辑的论据。有拓展阅读的痕迹，文献全面，陈述清晰。 |
| 60%~69% | 二等一 | 回答准确、有条理且连贯。对大部分主要问题进行了回答。论点清晰，涵盖部分文献，关键性的分析有限。 |
| 50%~59% | 二等二 | 回答正确，但不全面，只是表层分析。提出了一些论点，但没有进行拓展，缺乏广度和深度。出现一些小的事实性错误，相关阅读有限，但写作能力强。 |
| 40%~49% | 三等 | 答案结构不良，定义有误。仅采用描述性方法，出现概念错误和事实错误。细节不够。几乎没有阅读的证据。 |
| 30%~39% | 不合格 | 答案没有紧扣题目，结构性和连贯性不强。对主题的理解有限。 |
| 20%~29% | 不合格 | 回答不全面，与材料无关或错误。回答很有限。倾向重复回答和列举事实，回答无特定结构。 |
| 10%~19% | 不合格 | 相关材料有限，结构模糊，尝试回答部分问题，但只是罗列信息，没有进行拓展。 |
| 0%~9% | 不合格 | 没有回答问题，只有相关信息片段。 |

### 提供反馈的方法

表 6.9 呈现了反馈范围和类型示例。考虑到学生数量可能比较多，你需要找到高效实用的反馈方法，确保能够给予学生充分的反馈，并保证反馈质量。

表6.9　反馈方法示例

| 方法 | 利与弊 |
| --- | --- |
| 手写的评论 | 能够在学生作品的适当之处直接提出个人和个人反馈意见。<br>可能会耗费时间并导致重复性。当评估量大时，质量和可读性都会下降。 |
| 电脑打字的评论，例如：添加附页 | 能够确保反馈质量、一致性和清晰性，并建立评论数据库。<br>可能会导致评论缺乏人情味，脱离了学生的作品。 |
| 作业反馈表——在纸张首页上结合预设的评估标准进行打钩或写反馈 | 当反馈量大时，能够有效地提供反馈。<br>可能感觉缺少人情味。 |
| 结算单——将任务的字母编号与学生经常犯的错误代码相对应，再对其进行解释 | 效率高，通过技术可以进一步实现自动化。<br>缺少人情味。 |
| 标准答案 | 只有当学生通过自己的工作来识别错误和需要纠正的时候，才能从中受益。<br>反馈与个人表现无关。 |
| 评估汇总表，用以提供最常见错误的详细信息和更正内容 | 用于测试类的反馈，对学生今后学习提供指导。 |
| 对个别学生的口头反馈 | 没有书面记录，只能作为书面或音频反馈的补充。 |
| 对学生群体的口头反馈，例如在讲座或辅导中 | 如前所述，学生可以从别人的错误中学习。 |
| 音频反馈，例如通过诸如Grademark之类的语音评论工具或是在自己的手机上录制并通过电子邮件发给学生反馈语音记录 | 学生能听出你声音中的语调。这是一种形成性反馈的形式，学生可以反复听并改进作品。 |
| 电子反馈<br>　基于计算机，例如通过客观测试软件<br>　通过电子邮件、虚拟学习环境和研讨会 | 在基于计算机的客观测试中立即给出反馈。<br>有可能实现电子反馈的自动化。 |
| 可能与网络摄像头一起使用的计算机会议反馈，如Skype | 适用于远程或校外学习者。 |
| 作为同伴评估一部分的同伴反馈 | 学生看到别人犯下的错误以及如何改进一系列工作。 |
| 对学生自我评估的反馈 | 反馈针对学生关心的问题，有助于提升学生自我判断能力。 |

此外，你还需要创造机会，将完成评分的作品还给学生，让学生参与反馈。这也为你提供了一个一般性口头反馈的机会。学生可以在这个过程中将自己的

作品置于特定情景，从他人的错误中学习。

尼克尔和麦克法伦－迪克（Nichol & MacFarlane-Dick，2006）开发了一个反馈模型，该模型可以发展“自主”学习（即培养学生对自己的作业进行判断的能力），该模型由反馈的七项有效原则构成：

1. 帮助阐明什么是好的学习表现（目标、标准和预期标准）。
2. 促进学习中自我评估（反思）的发展。
3. 向学生提供高质量的学习状况信息。
4. 鼓励师生开展学习对话。
5. 鼓励学生形成积极的动机信念和自豪感。
6. 提供机会以缩小当前与期望结果之间差距。
7. 为教师提供可助力教学的信息。

### 导师与学生之间开展评估对话的方式

雷斯提出了一些有效方式（Race，2014），帮助学生在提交作品之前运用核查表或提示表进行自评，例如：

◇根据先前的反馈，我在这项作业中做了哪些调整？

◇我想就……提出反馈。

◇这项工作应达到以下……等级。

◇我发现这项工作最困难的是……

同样，你也可以搭建学生自我评估和同伴评估的机会，让学生了解其他学生完成相同任务的方式以及他人犯下的错误。

## 发展学生的评估素养

普赖斯等人（Price et al.，2012）进一步拓展了上述工作，即在高等教育层面发展了评估素养的概念。他们视发展学生的评估能力为一个促进因素，能协助他们在开展评估工作前熟悉学术标准并在此基础上提出一项社会建构主义的模型来发展学生的评估素养。在该模型中，学生可以通过积极参与评估标准制定来发展对学术标准和评估过程的理解（ASKe，2011）。他们不仅需要接受如何解释反馈的培训，还需要意识到何时、如何获得反馈，以及如何在他们获得的反馈与作品质量之间建立联系。

**发展学生评估素养的途径**

普赖斯等人（Price et al.，2012）建议抽取课堂中特定时间让学生进行：

评估前的活动，例如：

◇基于一系列标准将自己之前提交的作业标记为“好”与“坏”两种示例类型；

◇使用评估示例构建自己的标准集；

◇进行同伴打分和自我评估练习。

评估后的活动，例如：

◇根据提供的反馈意见严格评估自己的作品；

◇根据反馈意见明确自己的得分；

◇根据答案模板回顾自己的作品，更好地理解反馈。

## 如何评估？

一门课程的评估任务只有相互联系并建立在彼此基础之上，才能使学生有机会提升和展示他们的学习结果，进而提高成绩。设计相互依赖的评估任务并不意味着接连设计同一类型的评估而是确保评估方法的多样性。如此一来，学生都有机会以各种方式展示自己的能力。这种多样性需要考虑到整个课程方案，但没有必要将各种类型的评估一同融入到某个模块或单元，造成过度评估。当前，最重要的是设计一套与学习结果一致且能测量学习目标的有效评估任务。

表 6.10 给出了各种评估方法示例以及每种方法对应的评估内容。你需要思考的是，各种评估任务实际测试的是什么，再判定当前使用的方法是否能评估预期设定的内容。

表6.10 评估方法示例

| 评估任务示例 | 效度–任务可能评估的内容 |
|---|---|
| 测试（计时且闭卷） | 组织和呈现信息，发展讨论、综合、分析、问题解决、写作技巧、记忆知识、在压力下工作、快速思考和开展复习的能力。 |
| 课程论文 | 收集、选取、综合和呈现信息的能力；发展讨论、理解、结合、分析与评估以及掌握写作技巧的能力。 |
| 报告，如实验室报告、项目报告 | 组织、展示和解释信息、分析与评估、掌握报告写作技巧的能力。 |
| 案例研究或开放性问题 | 应用知识、分析、解决问题和评估技能。 |
| 直接观察和客观结构化临床技能考试（OSCE） | 临床技能、沟通技能和在压力下工作的能力。 |
| 口头陈述 | 口头和非口头沟通技巧、知识和理解、准备/呈现/构建信息、使用视觉辅助工具/呈现软件以及回答问题的能力。 |
| 口试 | 沟通技巧、知识理解和在压力下快速思考的能力。 |
| 海报展示或展览——个人或团体 | 解释和呈现独特发现的能力。 |
| 项目工作——个人或小组 | 计划、管理项目、使用特定研究方法解决问题、关联基于情境的概念、应用知识、做出决策、承担团队工作中的特定角色、对他人负责和领导团队的能力。 |
| 多项选择题测试 | 记忆、掌握学科知识和材料排序的能力。 |
| 实习 | 评估分析、解决问题、评估和决策的潜力。 |
| 作品集 | 应用理论、人际沟通/时间管理/问题解决/技术技能和反思的能力。 |
| 视频或电影拍摄 | 团队合作、计划、技术/演示/编辑技能、创造性思维和决策的能力。 |
| 表演 | 自我介绍、团队合作、适当推销材料、选择材料以及紧密联系观众的能力。 |
| 日志、日记、会议记录 | 关键问题或要素选择、反思、形成自我意识、记录过程、规划和组织的能力。 |

源自：布朗（Brown，2001）。

### 评估产品与过程

通常，评估的维度包括对所谓学习产品进行评估，如项目报告、实验室报告或论文，对学生在提交书面材料前经历过程的评估，如搜索文献、计划和执行项目、进行准确和专业实验工作。教师对后者关注较少。我们建议，教师在制定评估策略时，必须考虑如何整合过程性评估，设计方式方法，让学生证明他们参与了学习过程，表 6.11 给出了实现这一点的方法示例。

表6.11 评估过程

| 学习过程的产品 | 学习过程的证据 |
| --- | --- |
| 实验报告 | 对实践技能的观察，例如使用设备数据采集和记录团队工作<br>实验书目或即时实验报告 |
| 论文写作 | 论文计划<br>注释书目<br>为了形成性反馈而上交的草案 |
| 个人项目 | 项目提案<br>项目计划<br>监督会议<br>进度报告<br>日志或反思日记<br>初稿 |
| 小组项目 | 上述内容+<br>团队会议纪要<br>同行评估<br>团队合作观察<br>团队活动中的自我评估 |
| 医学诊断 | 进行诊断并开展自我评估的视频 |
| 设计 | 作品集 |
| 你评估的产品 | 你如何提供证据，证明你在完成产品的过程中获得了相关技能? |

## 运用评估发展毕业生技能与品质

就业能力和终身学习能力的一个关键体现是知道自己擅长什么，能够阐释并证明自身的长处、认识到需要发展的领域，了解自身如何在这些发展领域设定目标并努力实现。这本身就是一种技能，即元认知技能——学会如何学习。有人说，这是所有技能中最重要的一项，因为它要求人们认识到自己何时学习及如何学习，并能运用这一技能提升学习和表现。许多专业课程会采用（电子）档案袋和专业发展规划工具进行评估，鼓励学生反思并记录他们的持续发展。

过去的课程，其对于技能的培育往往采用隐性的方式。教师倾向于假定学生在入学前已经拥有了必要的作报告技能、论文写作技能和展示技能，或是认为他们通过自主练习就可以发展这些技能，故从未教他们或向他们演示该怎么做。但最近的几十年里，为了提高学生的就业能力，教师开始将技能发展作为课程的一个显性部分——课程教学和评估内容的一部分，驱动学生的技能提升。

正如我们在第三章中所说，学习结果可以投射到认知、情感或心理动作领域。为了使技能发展显性化，教师需要确保一些学习结果投射在心理动作领域。此外，还需用项目规范绘制整个课程的技能发展图，显示每项技能的发展方向——第三章给出了一个例子。

在英国，英国高等教育质量保障署以《学科基准要求》（见第二章）的形式识别、定义并明确了大部分学科对获得学位的一般期望和标准，阐明了这些学科专业的学生在毕业时应该能够拥有的品质和能力——这些能力通常是根据毕业生所需的知识和理解、学科特定技能和关键 / 通用 / 毕业生 / 可迁移技能（因表达不同，所以命名存在一定区别）编订的。

为了提高毕业生的就业能力，展示他们所受教育的独特性，一些大学进一步明确了本校毕业生在完成课程时应该具备的素养，即毕业生核心能力。例如“数字素养”和“全球视野”。你应该检查你所在的机构是否有自己的毕业生核心能力要求，并考虑如何将其嵌入到自己执教的课程中以促进其发展。

显然，高等教育机构在证明学习项目发展学生技能的过程中，其开展的技能评估发挥着重要作用。此类评估不仅可以帮助学生展示他们的技能，比如写报告和做报告，还可以通过元认知过程帮助学生反思与发展技能。

为评估这些学习结果，教师需设置有效的评估任务，评估每项相关技能。表 6.12 列举了不同类别技能及与之适配的评估任务示例。

表6.12　评估技能

| 关键技能 | 能力——学习结果 | 适配的评估任务 |
|---|---|---|
| 交流能力 | 参与讨论、作报告、阅读并回复书面材料，填写书面材料——论文和报告写作。 | 要求写报告，作报告，制作海报或视频，在不同媒体类型中写作，如期刊论文、报纸文章、总结报告、摘要或概要、网页等。 |
| 数位素养 | 准备信息。<br>处理和呈现信息，例如使用文字处理、电子表格数据库和演示软件。<br>审核信息技术和特定软件或工具的使用。 | 要求使用电子表格和数据库撰写报告，呈现信息图形，解释图形表征，在共享的在线空间中开展小组任务，制作网页、数据库或超文本书目，制作海报或视频。 |
| 数字应用 | 基本的数字技能，收集和记录数据，处理数据统计，呈现和解释研究结果，例如图形化。 | 评估实践技能，要求使用电子表格和数据库，以图形方式呈现信息，解释图形表征。 |
| 合作能力 | 协同工作，项目管理计划和协调活动，商定目标，朝着确定的目标努力，团队角色，人际关系技能，合作，网络和影响技能，评估和改进小组工作。 | 要求开展小组任务或项目、小组过程性评估，如评估时间管理、项目管理、团队动态、团队角色、领导力和会议主持。 |
| 问题解决能力 | 识别和分析问题，制定解决方案以实现目标，制定决策，规划和审核解决问题的方法。 | 要求开展案例研究，电脑模拟，客观结构化临床技能考试，设计和构建项目。 |
| 学业表现提升 | 了解和审核学习技能（元认知），终身学习所需的技能，制定改进目标和行动计划，按计划实现目标，管理时间。 | 要求制定成果册，技能审计，专业发展计划，反思性写作，对工作进行自我评估。 |
| 信息素养 | 有效搜索，评估信息来源，有参考和引用的技巧，组织、使用和综合信息，以各种格式发布信息。 | 要求注释文献目录和提供文献超文本结构，制作网页，在线收藏网址。 |
| 创业精神 | 创业技能、创新、发明、创造力，成就动机。 | 要求开展实习工作；开展案例研究，如成立自己的企业，担任公司董事；设计项目和竞赛。 |

你可以查阅所教学科的相关基准陈述，明确学科的重要技能要求，随后考虑如何发展和评估这些技能。此外，你还应该观察是否在课程的学习结果或其他地方明确了这些技能要求。如果它们在学习结果中还未有明确表达，那么请你在评估标准中做到表述准确，如，将实验报告的分数按一定百分比分配给报

告格式和呈现形式上。

### 真实性评估

真实性评估是指那些尝试模仿专业人员在工作场所开展各类活动的评估。真实的评估任务和问题能够创造机会，让学生在实际情况中将所学知识加以整合与应用，提升学习兴趣与动机、学习质量与深度。此外，它还能促进技能发展，如批判性思维、团队合作和问题解决能力等，此外，它还能将技能直接转移至工作场所，继而提高就业能力。

### 制定更具真实性的评估方法

阿什福德－罗韦等人（Ashford-Rowe et al.,2014）和维拉罗尔等人（Villarroel et al.,2018）提供了一些真实性评估设计模型。他们建议你：

◇明确何种任务可以将学习应用到与现实世界或工作环境相似的情境中。

◇在现实情景或问题中设计测试或论文研究问题。

◇考虑如何利用现实情境提供学习挑战，培养高阶认知技能，如决策和批判性分析。

◇强调将学习迁移到专业领域或工作场所，以确保知识与技能的意义超越评估范围。

◇包含一个批判性反思或自我评估的元素，以促进元认知发展。

◇要求学生在学习过程中使用或共同创造标准。

## 将学生的技术运用能力纳入评估范畴中

你务必将学生准备和展示他们的作品时的技术使用情况纳入评估考虑范围。许多大学生喜欢用 PowerPoint 制作演示文稿或用其他图形包为海报添加视觉辅助。随着学生数字技术水平提高，教师开始尝试将创建在线项目、博客或网站等技术性任务纳入评估条目之中。

作为课程的一部分，评估技术的使用为你提供了机会，对课程学习中涉及的诸多技能进行评估，例如，你可以设定一个创建网站、数字艺术品、视频或电子表格的任务，在该项任务中，你不仅可以对学生任务内容进行打分，还可以从信息组织、可用性、导航性、资源利用与创意采纳以及设计等方面制定评分标准并进行打分。学生的学习风格和偏好存异，故在不同的评估风格中，会呈现各自的闪光点。你需要确保所有课程都涵盖了具有包容性的评估内容与方式。

## 设计包容性评估

如何公平对待学生是评估领域的重要关切。学生的不同教育背景、学习需求和首选学习方式影响着评估偏好。例如，一些在考试的压力下茁壮成长的学生喜欢速战速决的测试类评估，他们的得分完全取决于自身的努力；有些学生则不喜欢在测试中快速思考和写作，认为这并没有给他们一个公平表达自己的机会，如果能够按自己的节奏做，他们会表现得更好。正如一些学生认为口头汇报是项痛苦的经历，而有些学生则希望以这种口头方式而非书面方式更好地表达自己。不过，所有上述评估方式可能都会对特殊学生不利，特别是残疾学生。

此外，一些社会文化性的观点可能也会阻碍评估：采取的视角（如：西方白人）或学生的生活背景（如：他们是第一次离家上学的应届生）。教师应该避免由此可能导致的（通常是无意的）语言使用偏见。在英国，黑人、亚裔和少数民族（BAME）学生的留校率和学业成绩明显低于同龄白种人。学生办公室（见 OfS 种族网页）总结道：少数民族学生表现不佳可能与学校结构和课程有关，而不是年龄、性别、课程或入学资格上的差异。

包容性评估尊重多样性，这种评估尝试在课程进程中嵌入与公平相关的要素，避免对学生造成某一视角或水平的不公正对待。包容性评估以学生的多样性为设计起点，充分考虑选择要素、灵活性和学生参与等方面，确保评估能够满足所有学习者的需求。学生可以利用课程中各种评估机会，展示他们的学习能力，实现他们的潜力（Ashwin et al.,2015 ：323）。

### 残疾学生与评估

对残疾学生来说，评估不一定是选择或偏好的问题，而是意味着他们可能无法执行某些任务，例如走路、看、听、说、打字和使用鼠标、快速地书写或表达他们的思想。换言之，教师可能需要对这些学生的评估进行具体调整，确保他们在与同龄人公平竞争的情境下接受评估。英国2010年新颁布的《平等法》要求高等教育机构对残疾学生的要求负有预期责任，机构应考虑那些可能处于不利地位的学生，做出合理的评估。

你在制定课程评估策略并将其与学习结果匹配时，务必检查该阶段评估的范围、负载和进度是否适合所有学生，选择的方法是否存在任何歧视的可能和不利于残疾学生的特殊障碍。你也应该考虑是否要对现有的评估实践进行调整，预先排除某些残疾学生的难处，使评估实践更具包容性——这可能会让所有学生受益。英国2018年版的《残疾人权利公约》（Disability Rights UK）提供了针对各类残疾学生的调整实例。倘若一些模块中的评估条件不具备完全适用性，如实地考察，那么可以在课程初始阶段就设定另类评估方式作为备选，这样就无须之后再单独以“个人名义”更改评估方式。评估任务应该与（所有）学生进行讨论，而不是任凭教师个人猜测。

**确保评估满足残疾学生需求的方法**

◇考虑是否能提供其他展示学习结果的方式。

◇考虑是否能提供其他反馈方式。

◇提前确定可进行哪些“合理调整”，以便评估能基于实验室工作、实地考察和实习；或是确保健康、安全的场所开展。

◇了解本院校与系部制定特殊评估的程序。

◇考虑课程的弹性截止日期以满足残疾学生的需求。

◇了解是否有指定的工作人员负责对接残疾支持部门，且能成为你的联络点和建议来源。

教师要在课程开始时就为学生提供评估信息，让他们有机会提出自身对于评估的担忧，或是表明评估信息格式是否满足他们的需要。

## 课程设计与学术不端

在评分过程中，显然要注意的一个要素是抄袭——抄袭的一种定义是“未经适当确认而复制想法、文本、数据或其他作品（或其任何组合）”。

如今，大学生面临着巨大的压力，如各类评估、目标实现的压力、加剧的职场竞争、债务和兼顾学业与工作的需要等。出于此，高等教育非常重视作弊和抄袭问题，对作弊和抄袭的行为一般都会进行处罚。

作弊的一种极端形式是在网上购买论文，但也有许多学生由于不了解如何恰当地使用参考文献而导致无意识的抄袭。特别是英语不是母语的学生，由于没有足够的信心进行语言解读，或者在他们的文化中，改变专家的话是一种不尊重的行为，那么无意识抄袭的现象可能会更明显（但不一定更普遍）。

在实施评估策略时，你要帮助学生理解学术诚信的概念，让所有学生知道可接受和不可接受的引用形式，或是在新生入学或学习技能模块中加强对学术诚信的培训。许多大学都制定了相关政策，要求学生定期通过 Turnitin 等系统以电子方式提交作业，进而运用 Turnitin 将上传的作业与网上公布的电子材料数据库进行核对。该软件会提供一个“原创报告”，其中突出显示了与其他地方找到的文本匹配的文本字符串及原始链接。虽然 Turnitin 可以为涉嫌抄袭的事件提供证据，但决定是否抄袭的是教师而不是软件工具，不管原创报告中指出的任何百分比多少，抄袭应该是一个学术决策。学生也可以将自己的作品放在这个系统中，在提交评估之前检查自己是否无意中抄袭了——不过请注意，如果不允许提交草稿，这可能会导致最终提交的情况变复杂。你所在的学校或许已经实施了这种检测程序，并且提出了有关学生自己使用这种软件的政策。此外，学生在提交第一份作品之前，可能需要接受学术诚信培训（通常通过在线或学习技能模块提供）。

值得一提的是，学生通过网络或其他方式购买的论文，Turnitin 等文本匹配软件不一定检测得出来。很多都是按要求代写的，是代写者的原创作品。出于学习量和截止时间的压力，许多学生才选择了向他人购买论文。你应该纵观整个课程，尽量避免不同课程的评估任务截止日期相同。

### 阻止抄袭的策略

学术检测不一定是阻止抄袭的绝佳方案。卡罗尔表示，没有任何一种单一方案可以阻止抄袭，教师只有在课程和评估设计之中采用一系列加强策略，告知学生参考文献的合理性，最后才是检测（Carroll，2013）。

### 防止抄袭的方法

在课程设计的情境下，可以采用的策略有：

◇制定需要收集和使用信息才能发现的学习结果，而不是像“列表”、“描述”或“解释”等只需复制已有学习材料的低阶学习任务。

◇设置个性化学习任务，提供个性化的答案。学生有一定程度的选择权，他们在可选的主题中提供个性化的回答，如选择一则最近发生的事件或一位著名人物。

◇编写“提倡个性”的评估标准，例如鼓励具备个人想法或解读的作品。

◇整合评估，例如开展在第一次评估的基础上的后续评估（例如论文口头汇报或项目报告）。

◇确保追踪机制到位，例如布置一些课堂上完成的工作（可以观测）、对论文草稿、论文计划和文献检索进行评论、开展同伴评估（学生根据标准判断彼此的工作并让他们发现抄袭）、要求学生签署免责声明。

◇评估过程和作品，例如有关团队任务中的团队合作形式的反思、个人反思和日志等。

◇给予具体指导，例如要求学生参考两本最近的图书来源和两个网址。

教师肩负着为良好的学术实践树立榜样的职责，要确保教材中的第三方材料得到合理运用，此外，还要避免在太短的时间内进行循环评估，以免学生无法跨年段交换工作。

一个很有可能出现的问题是串通。学生一起工作，制作几乎相同的作品。你的初心是鼓励他们合作而非让他们互相串通。卡罗尔建议采用个人活动和制定评估标准的方式来避免这个问题，即教师通过标准向学生明确说明小组合作时，哪类合作是可接受的，哪类是不予接受的。

## 实施与管理评估

### 评估和反馈政策

许多高等教育机构已经制定了有关评估、提供反馈和提交课程作业的政策或实践守则（见示例 6.3）。在设计评估和反馈策略时，你应该先熟悉学校和部门的规章制度。

**示例 6.3：全校范围内适用的评估条例摘录**

1. 必须评估每个模块的所有学习结果。
2. 课程将采用足够多样化的评估方法，以展示学生的技能发展并区分学习风格。
3. 所有评估都应在课程伊始便按计划操作，并明确告知学生。
4. 所有评估都需采用迟交处罚制度，除非在提交前已商定好延长最后期限。
5. 提交所有评估时，必须注意学术诚信和良好学术惯例问题。
6. 所有评估将在商定时间内反馈给学生。
7. 评估将接受内部审核，并在适当情况下提供给外部审议人员。
8. 评估工作的副本将按照大学的保留政策予以保留。

摘自利兹贝克特大学《评估通则》

**运用技术实施和管理评估**

随着学生人数的增加，一些大学投入了大量资金开展计算机支持下的形成性评估和总结性评估。学生可以在计算机实验室进行考试，提交的结果通过机构系统收集和认证。一些大学部门也开始要求除纸质版外，还要提交一份电子版的评估报告，或要求学生将作业投递到开放式的电子邮箱中。

许多大学使用计算机进行评估是为了减少教师传统评分的时间。虽然要求学生做 50 个选择题是单调乏味的，但电脑可以在几秒钟内完成评分。此外，学生不必等到下次见到你才能得到反馈，他们可以从计算机评估系统得到即时反馈。你所在的大学可能已经有一系列在线测试和打分系统的许可证。目前，尽管用技术对客观题（数字或短答题、多项选择题、填空题、匹配题和多答题）进行评分取得了一定成功，但对于主观问题的评分仍需要教师的专业知识。如果你对计算机辅助评估感兴趣，就会发现在线远程学习中使用了一些有趣的策略来支持评估的全过程。

## 拓展资源

◇ Ashwin, P., Boud, D., Coate, K., Hallett, F., Keane, E., Krause, K., Leibowitz, B., MacLaren, I., McArthur, J., McCune, V. & Tooher, M.,2015. *Reflective Teaching in Higher Education*. London：Bloomsbury.

◇ Biggs, J. & Tang, C., 2011.*T eaching for Quality Learning at University*. 4th edition. Maidenhead：SRHE/Open University Press.

◇ Bloxham, S. & Boyd, P., 2007. *Developing Effective Assessment in Higher Education: A Practical Guide*. Maidenhead：Oxford University Press.

◇ Boud, B. & Molloy, E., 2013. *Feedback in Higher and Professional Education：Understanding it and Doing it Well*. Oxon：Routledge.

◇ Carroll, J., 2013. *A Handbook for Deterring Plagiarism*. 2nd edition. Oxford：OCSLD.

◇ Nicol, D. J. & Macfarlane-Dick, D., 2006. Formative assessment and self-regulated learning：A model and seven principles of good feedback practice. *Studies in Higher Education*, 31（2）, 199-218.

◇ Price, M., Rust, C., O' Donovan, B., & Handley, K., 2012. *Assessment Literacy: The Foundation for Improving Student Learning*. Oxford: OCSLD.

◇ Sambell, K., McDowell, L., & Montgomery, C., 2013. *Assessment for Learning in Higher Education*. London: Routledge.

### 有用的网络资源

◇ 英国推进高等教育公司（前身为高等教育学院）: 在以下网站搜索“评估与反馈”（Assessment and feedback）主题——知识中心（Knowledge）:www.heacademy.ac.uk/hub

◇ Boud, D.,2010. Assessment 2020：Seven propositions for assessment reform in higher education. Australian Learning and Teaching Council/University of Technology, Sydney:www.uts.edu.au/research-and-teaching/learning-and-teaching/assessment-futures/overview

◇ 该网址可下载PDF文档：www.uts.edu.au/sites/default/files/Assessment-2020 _pro-positions_final.pdf

◇英国残障人士权益协会所（Disability Rights UK）发布的《英国残障权利情况说明(2018)》第十一条是“为残疾学生所做的调整”（Adjustments for Disabled Students），详见网站：www.disabilityrightsuk.org/adjustments-disabled-students

◇“毕业生就业调查报告”详见网站：www.graduateoutcomes.ac.uk

◇英国联合信息系统委员会（JISC）2016年提供的在线学习技术与工具详见网站：www.jisc.ac.uk/guides/technology-and-tools-for-online-learning

具体参见网站的以下板块：

·“在线评估”

·“改进学生评估”：www.jisc.ac.uk/guides/improving-student-assessment

·“评估无障碍：设计无障碍包容性评估时组织的考虑与要求”：www.jisc.ac.uk/guides/making-assessments-accessible

◇英国全国学生联合会提供的评估与反馈基准工具的特定资源网站（NUS Connect）：www.nusconnect.org.uk/resources/assessment-and-feedback-benchmarking-tool

◇ 2018年度英国学生办公室（OfS）“全国学生满意度调查”结果详见网站：www.office-forstudents.org.uk/advice-and-guidance/student-information-and-data/national-student-survey-nss/

◇高等教育质量保证署发布的《英国高等教育学术资格框架》（QAA,2014）详见网站：www.qaa.ac.uk/en/quality-code/qualifications-and-credit-frameworks

◇高等教育质量保证署颁布的《英国高等教育质量准则、评估建议与指南》（QAA,2018a）详见网站：www.qaa.ac.uk/en/quality-code/advice-and-guidance/assessment

第七章

# 面向不同学习者的学习材料与资源

## 导　言

学习材料与资源主要包括视觉辅助工具，如带有文本、图表和图片的讲义和幻灯片，辅之以其他媒体，如音频、视频和动画。本章主要讨论教师如何选择、设计和使用这些学习材料，推进和指导学生课堂内外的学习活动，形成混合学习模式，例如，从提供信息到为学生提供与课时材料互动的机会，再到帮助学生开展基于学科的拓展阅读、准备个人辅导、研讨会和评估等。第九章中，我们将会基于课程项目和课程管理文档讨论如何选择和设计支持学生学习的学习材料与资源，但本章主要从学生的学习需求和多样性偏好出发，考虑这些因素对选择和设计学习材料与资源的影响。

## 学生学习与多样性

### 学习需求与偏好

人各有异，任何学生群体都会有个性化的学习需求与偏好。这种多样性与差异性显现于男女生、国际学生、成人学生和半脱产学生、文化、社会经济和教育背景不同的本地学生以及残疾学生之间。它不仅与学习风格有关，如依据科尔布学习周期理论（the Kolb Learning Cycle）将学习风格定义为积极参与者（activist）、反思者（reflector）、理论家（theorist）、实干家（pragmatist）四种不同类型（Honey & Mumford，1982），且与视觉、听觉，读与写和动觉等学习刺激也有关联（Fleming，2001）。

除此之外，正如第一章所讨论的，世界上许多国家正在实施一些高等教育战略，邀请更广泛社会团体参与，特别是增加低代表团体的参与。这些群体通常认为高等教育并不向他们开放。在英国，18—30岁接受高等教育的青少年比例现在已接近50%。为了实现目标，高等教育机构正在开展广泛推广活动，例如：招收社会经济较低群体的家庭或高等教育低参与地区的学生。你会发现，黑人、亚裔和少数民族（BAME）学生上大学的人数有所增加。但由于学费上涨，许多学生将寻找兼职，一些学生选择走读上学。同样，许多成人学生和半脱产学生可能还要照顾家庭。

相似地，教育也走向了全球化。学生可以选择到世界上其他地域学习，各高等教育机构的国际学生（来自该机构母国以外的学生）越来越多，他们中许多人有过不同的教育制度经历，一些学生的母语也不是英语。

所有这些现象表明，学生群体正日趋多样化，许多学生具有非常特殊的入学资格类型，通过不同的入学途径来到大学。这意味着，学生会对他们将要进入的高等教育体系抱有广泛的期望和理解，对这一水平性质的学习准备程度也不同。这并不是说他们“有缺陷”，而是说每个人的学习发展过程都是有差异的，他们来自不同的地方，有着多样的学习需求。这也暗示着即使名义上是全日制学生，也可能需要承当其他工作或照顾家庭的责任，很难每天来到校园。

**使学习材料满足不同学习需求与偏好的途径**

考虑到学生学习需求和偏好的多样性，你需要确保：

◇预设你的学生身上存在所有特定学习偏好，提供多种形式、可融入不同学习刺激的学习材料，例如：

·可视化（图像、视频、多媒体资源等）；

·听觉（口头、录音、无线电等）；

·文本（书面材料、阅读书籍等）；

·动觉（触摸、课堂演示、实践工作等）。

◇确保所有学生能够在合适的地点与时间开展学习。例如，利用虚拟学习环境为学生提供课外学习材料，特别是对有下列情况的学生格外有效：

·不在校园内；

·有兼职工作；

·需要照顾家庭；

·需要重新审视学习资源，例如，那些英语不是母语或需要通过辅助技术获取学习资源的人。

如今，我们称之为辅助性软件（assistive software）的大量软件包已被证实可以支持不同学习风格的学生学习。网络上有各种媒体软件可以将图形、颜色和移动图像以多种方式集成到讲义和演示材料中。这些都是技术支持学习的形式。此外，许多大学还提供了软件包辅助论文写作，例如用于创建思维导图或组织笔记的工具。如果你的课程中有残疾学生，他们可能正在使用辅助软件获取电子材料。

例如，视觉障碍学生可以使用放大工具放大屏幕上的文本，或采用“屏幕阅读器”软件将网页转换为音频、盲文打印、放大或重新排列内容显示。行动困难的学生可能很难使用鼠标或标准尺寸的键盘操作计算机，他们常常会使用调配好的设备。

### 包容性资源

选择和设计学习材料和资源时，教师的职责在于确保它们具有包容性，即能为所有学生提供平等的机会，充分发挥他们的潜能；这也意味着用熟悉的语言，以不疏远、歧视或冒犯的方式，与所有学生对话后，再选取学习材料；这还体现在不对任何学生抱有成见，也不预设生生、师生之间有一样的教育背景、生活经历或文化参照点。学生群体的多样性是课程丰富化并走向国际化，教师挑战自身对学生刻板印象的机会。近期，伦敦大学学院的学生通过全国学生联合会（NUS，2015）发起了一项运动，指责许多大学学者在选取历史和文化学习内容时，将白人、以欧洲为中心的作家和思想家列在首位，黑人、亚裔和少数族裔学生（BAME）的代表在学习内容中并不突出，课程内容和阅读列表缺乏多样性。此外，科学、工程、哲学和数学学科教育中也缺乏突出的女性榜样。

### 使学习材料具有包容性的途径

考虑学生的多样性，确保学习资料和资源：

◇以清晰、无行话的方式书写，匹配学习水平。

◇术语已界定。

◇明确对学生的期望。

◇通过设置情景和举例等，将学生学习与已有知识、先前的学习与或经验相联系。

◇帮助学生将课程中的不同元素相关联，例如，建立起不同的课程和模块之间的联系，形成课程项目的全景。

◇为学生提供基于主题的阅读机会，填补学习的空白，拓展主题或所处层级之外的知识，让学生接触到与个人更相关的文献。

◇采用举例、示例研究和提问等方式。问题应覆盖男女、少数民族和各种宗教、不同年龄和性取向的学生。

我们在第一章中已经强调了课程国际化的必要性，针对上述最后一点，你可以列举全球示例，或是开展有关机构品牌、某些事件或组织的示例研究和问题探究，以便提供共同的文化参考点，鼓励学生进行更具全球化的思考。你甚至可以举一些学生不熟悉的例子，如南极洲，以免对不同文化背景的学生造成不利影响；也可以鼓励学生从他们自己的生活情境中找出相关示例。在性别差异较大的学科领域（如某些艺术和工程学科），学习材料既可以指“他”也可以指“她”，为两性提供榜样，这一点也很重要。

在规划学习材料时，遵循这些指导原则将会让所有学生受益。他们会感受到归属感和学习机会的平等。奈特和约克（Knight & Yorke，2003）认为，一种更具普遍适用性的教学策略情境应该是：

一个良好的学习环境，广义上应当为学生提供大量机会来合作共同解决问题，用电子网络建立联系，在一系列优质资源中建构意义。

（第 12 页）

### 可用资源

本节将关注残疾学生的学习需求及其可利用的学习材料。这意味着在课程中残疾学生应获得与同龄人相同的学习经验，学习材料和资源不应成为他们的阻碍。在英国，2010 年新颁布的《平等法》要求教师预测残疾学生的学习需求，并对学习、教学和评估策略进行相应调整，确保残疾学生不会因为残疾而处于相对不利地位。新的在线学习无障碍规定对高等教育提出了更高要求。它要求虚拟学习环境、在线课程文档、PowerPoint 幻灯片和讲座视频记录都应作为网页内容，供学生登入查看。

立法的预见性意味着，你不应等到知道班上有残疾学生或等到学生已经注册课程后才进行调整，因为这类信息不一定由个人申报或传给所有相关教师。尽管法律规定，若机构中有一个人知道有残疾学生存在，则整个机构都应该知晓。

当然，有许多残疾学生不代表就会有非常特殊的要求，你的部门会得到通知，并做出特别安排。我们在这里讨论的是教师在预测一些残疾学生的需求后，对自己的教学资源进行一些微调，这些调整可能对所有学生都有好处。例如，最常见的是阅读障碍症，这一症状虽无法肉眼识别，但会影响个人处理信息的方式以及阅读、写作和拼写所需的基本技能（请参阅“英国诵读困难者协会”颁布的文件，了解更多相关信息）。显然，这对你提供的学习材料和资源会有影响，无论你是否知道有特殊的诵读困难学生，都可以对学习材料和资源进行合理调整。在接下来的内容中，我们将讨论如何让讲义材料和视觉教具的设计更好地满足诵读困难学生的学习需求，需要重申的是，提高书面材料和视觉教具的清晰度将会让所有学生受益。

#### 学习材料和资源的获取途径

考虑到残疾学生，选择与设计学习材料和资源时，你需要：

◇假定学生群体中有眼疾学生，特别要确保学习材料和资源满足诵读困难学生的需要。

◇提前提供各种格式的课程文件和学习材料（如课程摘要、讲义、参考书目、关键阅读材料）——以纸质版和电子版（如通过虚拟学习环境）两种方式——如此一来，学生有更多时间阅读与消化信息，提前准备讲座学习内容，课上只需认真听讲，不用忙于记笔记，进而能够更积极地参与课程活动。

◇询问学生，确保所有格式的文件满足他们的需要。

## 目标的可及性

如果你想推动学生深度学习，而非对立的浅层学习或策略学习（Biggs & Tang，2011），显然，预备的学习材料不能是学习者期望“知道”的“所有信息”。倘若信息已经隐含在学习材料中，那么实际上就限制了知识的再生，这些信息尽管也很重要，例如学习术语和定义是更高层次学习的基础，但可能并不是预期学习结果。由此可见，在选择和设计学习材料时，教师需明确选取意图、学习类型及预期学习水平，运用一致性建构模式，确保学习材料的设计与预期学习结果保持一致。

正如我们在第三章中所谈及的，学习结果指代一名成功的学生应在课程学习后获取的知识、特定理解、技能（具体学科和一般学科）和态度。表 7.1 将学习资源与布卢姆学习目标分类法进行匹配。

表7.1　将学习资源投射到布卢姆的分类法中

<table>
<tr><th>学习结果</th><th>教学活动</th><th>可能资源</th></tr>
<tr><td rowspan="2">评 估<br>综 合<br>分 析</td><td rowspan="2">问题解决<br>复杂的示例研究<br>个人项目工作<br>合作小组工作<br>论文<br>争辩；辩论（课上和在线）<br>独立探究<br>研究<br>基于问题的学习</td><td>特定：<br>复杂问题或情况的概要<br>基于问题的学习场景<br>项目简介<br>注释书目<br>报纸文章，期刊论文</td></tr>
<tr><td>常规：<br>项目报告编写指南<br>论文写作指南<br>参考指南</td></tr>
</table>

续表

| 学习结果 | 教学活动 | 可能资源 |
|---|---|---|
| 应 用 | 个案研究（单一成果）<br>问题解决（常规）<br>实验室工作 | 特定：<br>案件或问题概要<br>实验室简报<br>视频<br>示范 |
| | | 常规：<br>实验室报告写作<br>指南 |
| 理 解<br>记 忆 | 课堂讨论<br>在线讨论<br>自主学习<br>随堂测试 | 可能有留白的讲义 |
| | | 定义表<br>术语表<br>阅读列表<br>自评问题<br>多项选择题测验<br>白纸<br>课堂投票<br>议题 |

## 讲义材料

本节在综合考虑上述因素的基础上，集中介绍讲义材料的选择和设计。讲义是指在教学前、教学中或教学后提供给学生的纸质或电子材料，学生具有保留这些材料的权利。对学生而言，讲义材料提供了学习与评估的重点。换言之，它既是学生学习的关键，也是准备作业、考试和复习的第一个参考点。

精简版讲义往往以传达信息为目的，例如课程或模块手册、作业概述等。若要将讲义作为支持主动学习的工具，则应将其整合入学习过程之中，让学生围绕讲义的学科主题内容开展活动，进行课堂互动。此外，它还应该帮助学习者，以形成头脑中的关联，主题内容与学习者已知或已经历的学习内容的关联，以及课程或模块不同部分之间的关联，为学习者提供学习情境。

### 选择讲义类型

讲义可用于支撑不同类型的课程：讲座、辅导、答疑课或研讨会、实践课或实验课等。交互式讲义还可用于开展多种多样的活动（见表 7.2）（有关如何设计课堂教学的讲义材料的详细信息请参阅艾克莉与丹尼克 2009 年出版的《如何授课：从呈现到教学》，第 105 页）。一般而言，教师可以让学生填写交互式讲义的空白部分，形成个性化笔记（例如，上课时要求学生在图表上做标记、下定义、填写问题答案）；另一种方式是以电子邮件、研讨会或虚拟学习环境等方式提前分发给学生，以便其做好讨论准备，促进小组工作或讨论（例如，通过设置示例研究、问题或议题进行辩论的辅导或研讨）。此外，教师还可在实践课或实验课上使用讲义提示学生记录特定观察报告或结果。需要补充说明的是，讲义材料还可包括测量学生理解的自我评估问题。

表 7.2 清晰地展现了不同详尽程度的讲义在支持和促进教学活动层面潜在用途及成效。先前我们已经讨论过“目标适用性”，在此基础上，请你选择和设计适合你教学实际的讲义。

表7.2　讲义的使用与成效

| 讲义类型 | 潜在用途及成效 |
| --- | --- |
| 全套笔记 | 包含一个完整的讲座主题，节约学生的记录时间。 |
| 基础笔记 | 包含关键点的摘要，以便学生进行注释和做个性化的笔记。 |
| 有留白的讲义：<br>在定义、公式处留空；提供不完整的定义、公式等；<br>在图形、图表、地图和流程图处留空；<br>不完整或未标记的图表，过程、顺序等。<br>给问题答案留空 | 用于课堂或实验室中，学生可以通过以下方式来填补课堂上的空白：<br>·教师给出答案<br>·实验室观察或记录<br>·观看视频、动画或演示<br>·解决问题 |
| 单张或简短的讲义 | 可用于描述示例研究，为讨论、问题设定、语录或是判例提供提示。 |
| 书目，注释书目或阅读清单 | 指代一系列适当资源，辅助学生进行主题阅读或准备任务。 |
| 术语和定义词汇表 | 对国际学生、阅读障碍学生和不同来源背景的学生有帮助。 |
| PowerPoint幻灯片的副本：每页2、3、6张 | 带注释的逐张教学幻灯片记录。 |

### 完整版讲义

有人提议，教师应提供一套完整的笔记，这样，所有学生将获得相同的信息，那些因身体不适缺席或因残疾难以做笔记的学生也不会处于劣势。与此同时，学生还可以集中注意力于课堂内容的理解，而不是忙于摘抄。但也有人持反对意见，认为这会给学生留下讲义即“需要知道的一切”的印象，继而影响出勤率和学习方式，破坏学习性质。

### 有留白的讲义

教师在教学设计时就应考虑有留白的讲义。虽然这种讲义也需要占用学生部分时间填写空白，但与此同时，课程进度也会相应放慢，学生也能拥有更多时间来处理信息和解决问题，具有一定积极意义。

### 资源列表

资源列表可以引导学生使用各类媒体，包括网站、视频、博客和播客的链接以及书籍、文章、论文和其他阅读材料。一般来说，对资源列表加以注释是一种绝佳做法。特别是在课程实践初期，为资源提供简要概述可以：

◇强调其与主题的相关性或重要性；

◇给出作者观点；

◇明确区分基本要点、内容背景和扩展资源；

◇指明该资源内容与其他资源的区别在于基于不同的视角或以不同的风格编写；

◇将资源视为概述、细节、主流或争论点。

通过这种方式，你将向学生介绍一系列媒体工具，让他们了解不同的作者、观点、辩论和核心概念。资源列表的

◇第一层次是引导（direct）；

◇第二层次是指导（guide）；

◇第三层次是罗列（list）。

此外，你还需要考虑学时因素，并告知学生你对课后资源的期望利用程度。

## 设计讲义

除了讲义类型外，字体选择和布局设计也会影响学生对学习材料的看法：讲义的质量与学生的解读能力，特别是学生对重要事物的识别能力息息相关。明确讲义的设计目的极为重要。教师可以在设计的初始阶段，以提供要点摘录或概括的方式陈述目标或预期学习结果。讲义开头是将特定材料与课程其他方面之间建立联系的好机会，例如将本周与上周的讲座、教程和实验课建立联系，或将讲座课程及实验课程与个人辅导建立联系，抑或是将新材料与先前学习经历中已学知识之间建立联系。理想情况下，讲义还应包括可供选择与参考的相关资源列表，供那些知识基础薄弱的学生或希望进行广泛阅读及提前阅读的学生使用。就一节课的教学讲义而言，如果能将其直接引到某个资源的具体相关部分（例如，一本书的特定章节或某一页），而非给予整个资源，这对于需要额外背景材料的学生会更加帮助。

正如我们在本章开头所述，你需要考虑学生群体的多样性，并尝试选择和设计各种体裁格式的可获取材料或资源，满足所有学生的学习需求。或许你自己在阅读复杂图表上的细节时就曾遇到困难，在解读幻灯片或讲义上的要点时就出现文本字体过大或过小的问题。这种情况现在仍在发生——教师需要思考开发学习材料和资源的另一个关键问题——如何确保所有学生获得公平的学习体验？（见表 7.3）

表7.3 讲义设计指南

| | |
|---|---|
| 字体大小与样式 | 最少12磅。<br>无衬线字体（如Arial）在印刷品中更容易阅读，但在整个印刷品中只能使用一种字体。 |
| 行距和对齐 | 左对齐且右边不规则比较好，因为对齐文本可能会更改字长。 |
| 留白 | 确保有足够的空白，例如段落和章节之间，并且留有空白的地方有足够的空间让学生写足够的笔记。 |
| 关键点和重点 | 使用粗体来强调要点，因为斜体字会扭曲单词，下划线可以使单词连成一行。<br>避免用颜色来表达意思。<br>使用子标题和简单连续的编号系统。 |

续表

| | |
|---|---|
| 印刷讲义的纸张颜色 | 使用哑光的粉彩纸。光泽纸可能会引起眩光。你甚至可以将不同类型的讲义复印到不同颜色的彩纸上。 |
| 图文并茂 | 增加视觉刺激和多样性，但你需要避免在图表上写文字，并确保图像影印的对比度足够清晰，并带有清晰标记。 |

### 讲义的提供时机

讲义可以在不同时间提供——课前、课中、课后或模块开始时，也可在教学前一周放到虚拟学习环境中。提前提供材料对学生有许多好处：学生能为讲座做准备，讲座时只需认真听讲而不用快速做笔记，进而更积极地参与课程。这对那些有特殊学习需求的学生意义更大，如残疾学生、第一语言非英语的学生、学科先验知识有限的学生或是已经好多年未学习的成年学生——这类学生可能需要更长的材料阅读时间或希望在教学前阅读相关主题。你所在学校可能已经制定了学习材料提供时机与方式的指导方针，请核查是否存在这种情况。

除了提前提供讲义之外，你还应提供电子版教材，以便学生查看或打印，这对一些学生来说会有很大的影响；即便你的教学主要是使用纸质材料，也应将其上传至网上或通过电子邮件发给学生。如果你在教学中还会使用视频、音频、动画或图表，还应检查有关这些内容的文本解说是否有用。这一来澄清了资源内容，二来倘若视频或网络模拟在特定电脑上未能按计划播放，那么讲解文本就派上用场了。

## 视听教具

如今，PowerPoint 或类似的演示软件在教学中被广泛应用。大部分私人电脑和所有学生群集计算机上都安装了这个软件，它能为报告提供视觉辅助工具。这些演示软件的教学功效取决于它们是否实质性地改变学生的体验及其所产生的效应。

准备演示文稿可以为授课呈现主体结构与流程、突出重点，凝聚焦点。如果学生能更好地阅读和记笔记，那么课程成绩也会随之提高。你可以使用演示文稿将要点、图表和术语清楚地呈现给学生，以便他们更有效地记忆（和拼写）。

表 7.4 提供了一些幻灯片设计的有效经验法则。

表7.4　幻灯片设计的有效实践

| 你需要考虑离投影屏幕很远的学生。他们可能坐在一个大讲堂的后排，倘若你在录制演讲内容，最后很有可能呈现的就是一段附带文本的音频。有些讲座录音系统会使用幻灯片的结构为录音编制索引，便于学生浏览。但所有学生可能很难清晰地阅读屏幕上的文本，因此，考虑到班级和教室规模，请你选用合适的字体 |
| --- |
| **文本颜色**<br>· 不要用颜色来表达意思，因为有些学生可能有视觉困难，例如红色和绿色色盲<br>· 使用高对比度的颜色<br>· 中间色点的显示效果不佳<br>· 避免亮红色闪烁 |
| **幻灯片背景**<br>· 注意背景或前景的组合，对于那些有视觉障碍的人来说，这有时很难区分<br>· 深色教室最适合深色背景和浅色文字<br>· 明亮的教室适合明亮的背景和深色的文字<br>· 在整个演示文稿中保持相同的背景色<br>· 避免在文字下层采用图案背景 |
| **文本字体**<br>· 使用粗体来突出显示，而不是斜体或下划线（因为这样可以使单词“一起运行”）<br>· 请注意所使用的字体类型——“无衬线”字体（如宋体）在屏幕上更容易阅读<br>· 与小写或混合大写相比，纯大写的单词往往更难读取。建议采用句子形式的大小写 |
| **页面布局**<br>· 尽可能使用幻灯片布局工具<br>· 不要在每个页面顶端上放置太多信息——六个要点最佳<br>· 使用项目符号或数字而不是连续的散文<br>· 确保页面向左对齐<br>· 确保段间距与行间距更宽<br>· 每张幻灯片只呈现一个主题 |
| **图表**<br>· 图表应附有打印版<br>· 如果必须使用复杂图表，请确保颜色对比度强烈<br>· 为图像和图表编写可选文本 |
| **页面简洁**<br>· 只使用一个或两个文本颜色、字体样式和动画或过渡效果<br>· 尽量少用音效，若使用，请确保相关性 |

准备好使用演示文稿授课后，你要给学生选择特定讲义类型，以便其组织

笔记。如果你提供了演示文稿电子稿，也可让学生按个人学习偏好选择打印或其他存储方式。

### 使用图像

你若拥有良好网络搜索技能，可以快速找到可免费使用的教学插图或动画。如果使用的是谷歌浏览器，你可以点击搜索栏下方的“工具”（Tools）按钮过滤无权使用的图片、视频或文本。此外，单击“工具”按钮，还会发现搜索栏下面将显示一个附加工具栏。在此工具栏中，你可筛选项目大小、颜色、类型、时间、使用权限及更多工具。请务必单击图片所在的原网页，以验证其许可证和可能有用的更多信息。

单击“使用权限”（Usage rights）栏。这将提供下拉菜单的以下选项：

◇不受许可限制；

◇设置标签以供修改后再使用；

◇设置标签以供再次使用；

◇设置标签以供非商业性重复使用与修改；

◇设置标签以供非商业性重复使用。

大学图书馆网站是找图片的好地方，因为大学通常会订阅图像数据库或图像库，其中的图像已获得版权许可，可用于教学。将图片复制到自己的材料中之前，请记住检查图片的版权权限。

如今，网络上有大量与学术研究相关的资源。基于网络的学习环境最有用的特征之一便是能够轻松链接到这些资源，并将相应的超文本链接快速插入到网页文本中，这为师生带来了诸多便利。有时你还会发现一些学生原本看不到的材料或想法。在讲座中添加网络链接有助于向学生解释并讨论这些网络资源。你除了挑选可集成到他们当下学习中的关键资源外，还应提供新资源或稀有资源的访问路径，包括允许学生“向下挖掘”感兴趣领域的网页链接等。对于学习能力强的学生，提供链接大有裨益。对于不清楚某个主题背景信息和那些渴望获得更多高层次且详细信息的学生，提供链接也很必要，这就是差异化学习。在网络上搜索课堂资源时，你可以考虑使用来自世界各地的图片或视频，也许你就能从不同的文化视角中找到示例来佐证自己的教学。

如果你想发现他人开发的教育资源，并将其置于自己的教学中，那么多样化的知识库和网站或许可以帮助你找到这些开放资源。开放的资料库允许任何人以多种格式上传和下载学习资源进行重新利用或整合，它可提供各种类型与层次的资源及其许可说明。

**示例 7.1：寻找资源**

Sketchfab：一个可进行在线发布与 3D 和 VR 在线内容查找的领先平台。你可以上传大多数 3D 格式的文件、许可证，然后将它们传至网页上，并在 Tumblr、WordPress、Facebook、LinkedIn 等其他平台上共享。

Wikimedia Commons：一个媒体文件存储库，向公众提供免费且已授权的教育媒体内容（图像、声音和视频剪辑）。虽然它是 Wikimedia 基金会各类项目的公共存储库，但是你不需要与其中任何项目挂钩，便可使用上面的媒体。

Flickr：一个在线照片管理和共享平台，具有广泛的国际用途。Flickr 提供了对上传到该平台的任何照片都允许知识共享。

YouTube：世界上最大的在线视频分享平台。YouTube 为上传到该平台的视频提供了包含创作共用署名许可证在内的两种类型许可。

## 版　权

版权法的存在是为了避免非法复制材料。版权法适用于文本、图像、电影、地图、图表、艺术品、照片、音乐、计算机代码、数据库设计等你能想到的几乎一切事物，但每一类版权都存在细微不同之处，且国内外的要求也不尽相同。教师不可能全都是版权法方面的专家，但大学会争取让老师们使用、复制和分发所需教学资源。这样一来，这或许会让你自然而然地认为自己享有自由复印和分发图书馆里的图书章节或线上线下任何目录期刊的自由。的确，你有这样做的广泛权利，但这些实际上是大学图书馆与拥有版权的出版商协商后的结果。你应该到你所在单位的图书馆进行检查，许多机构会在部门复印机旁边的布告栏上张贴相关信息。需要记住的是，一名教师可能无法从同一期杂志上一次性影印大量文本或多篇文章，不过这也因期刊而异。

国际上，版权法一直在努力追赶新技术的发展，请记住即使你有权复印某一期刊文献，也不代表你拥有扫描的延伸许可。即便你有权分发多份影印件，也不应假定自己有权发布电子副本，哪怕是在虚拟学习环境中。

此外，版权法也面临着网页、网站图片及其他媒体的新挑战。许多人认为，一旦某个东西在网络上发布，它就进入了公共领域，故不受版权保护。这常误导教师将网上找到的图片或图表直接放入演示文稿或新网页中。一个很好的经验法则是，如果你不拥有图像的所有权或是不清楚它是否能用于教育领域，就不要用。

### 通过虚拟学习环境提供学习材料

向学生提供课程材料是支持学生进行学习管理的关键。对一些学生而言，特别是那些需要兼顾工作、家庭和学习三者的学生，教师选择灵活的资源获取方式影响巨大。

我们将在第九章详细讨论如何使用虚拟学习环境支持课程管理，现在需要思考的是如何将模块材料放入虚拟学习环境中，支持学生学习和学习技能的发展。我们建议教师整合虚拟学习环境中的学习材料、讲义和阅读资料，形成一个全覆盖的可视化工作地图以及相应的导航结构，这对学生开始着手学习特别有效。

一些教师会选择在虚拟学习环境中设置“定时发布”材料，另有一些教师则选择在模块开始后提供每堂课的支撑材料，让学生对本模块后面的材料充满期待，将当下学习与接下去所学内容联系起来。此外，也有教师在模块课时结束后使用虚拟学习环境提供自我评估式测试，让学生进行自我评估，检验对主题的理解。用户跟踪工具也同样表明，学生在整个模块中都会定期使用虚拟学习环境，并在考试前返还。

### 讲座录音

大学课堂录音的最大驱动力之一是通过用课堂录音补充现有的数字资源，为多样化的学生共同体提供更大的支持。残疾学生是最能从课堂录音中受益的群体之一。这是一个多样化的群体，有着广泛的个人需求与各种适切的支持。

此外，许多学生过着复杂的生活：在学习和照顾责任之间寻求平衡，甚至需要通过工作来支撑学习。讲课录音可以减轻这类学生的学习焦虑，提供一个安全网，尽量减少因生活环境影响而导致其学习受阻。

然而，教育行业的许多同僚们对其“本土”机构内的大规模演讲捕捉计划（large-scale lecture capture initiatives）持怀疑态度。明确的使用政策在一定程度上可以为其提供担保。大多数实施这项技术的机构皆出台了一定政策，满足教职工、学生和外部合作伙伴的需求。这些策略通常涵盖管理录音集的使用、存储网站、保留、IP 版权、隐私和可访问性等方面。然而，提供何种学习技能指导，让录音最优化辅助学习的策略还不太常见。

**示例 7.2：为学生提供支持的讲座录音**

2016 年，爱丁堡大学在回顾无障碍和包容性学习政策时，主要建议之一就是集中提供讲座录音的方案。人们逐渐意识到，讲座录音可以为下列学习需求者提供无障碍性和包容性的广泛支持，其中包括：

◇有视力障碍的学生；

◇利用日记系统记录讲座文本的学生；

◇有阅读障碍或其他学习需要的学生；

◇有自闭症谱系障碍的学生；

◇难以到达现场的学生；

◇英语不是母语的学生；

◇学习复杂技术术语或翻译的学生；

◇因缺课而感到焦虑不安的学生。

爱丁堡提供大规模的演讲录音的原因详见网站：
www.teaching-matters-blog.ed.ac.u3/why-edinburgh-is-offering-lecture-recording-at-scale/

## 拓展资源

◇ Carroll,J. & Ryan, J.,2005. *Teaching International Students*. London : Routledge/SEDA.

◇ Grace, S. & Gravestock, P., 2009.*Inclusion and Diversity：Meeting the Needs of all Students. Key Guides for Effective Teaching in Higher Education.* Oxon: Routledge.

◇ Honey,P. & Mumford, A., 1982.*The Manual of Learning Styles.* Maidenhead：Peter Honey.

◇ Knight,P. & Yorke, M.,2003. Employ ability and Good Learning in Higher Education. *Teaching in Higher Education*,8（1）,3-16.

◇ Montgomery,C.,2010. *Understanding the International Student Experience.* Hampshire：Palgrave Macmillan.

◇ Morgan,M.（Ed）,2013. *Supporting Student Diversity in Higher Education:A Practical Guide*. London: Routledge.

## 有用的网络资源

◇英国阅读障碍协会（British Dyslexia Association,BDA）为教育者提供的资源，详见网站：www.bdadyslexia.org.uk/educator/additional-resources-for-educators

◇版权授权代理有限公司（Copyright Licensing Agency Ltd.,CLA）提供版权法相关信息，详见网站：www.cla.co.uk/index.html

◇ Fleming, N., 2001.*VARK: A Guide to Learning Styles.* New Zealand: Lincoln University: www.vark-learn.com/english/index.asp

◇英国学生办公室（2018年）提供了有关“推进公平机会——使用证据与评价来改善学习结果”的相关资源，详见网站：www.officeforstudents.org.uk/advice-and-guidance/promoting-equal-opportunities/using-evidence-and-evaluation-to-improve-out-comes/

◇英国公共部门机构（网站和移动应用）提供了《无障碍条例》(2018年度)，详见网站：www.legislation.gov.uk/uksi/2018/852/made

## 第八章

# 支持你的学生

## 导　言

学生人数的增长以及多样化的趋势意味着师生单独交流的时间不断缩减，支持和指导学生学习与生活的需求却不断增长。本章将对面对面与虚拟环境这两种支持方式进行评述，思考学术顾问（academic advisor）与个人导师（personal tutor）的作用、两者与学生间的关系以及高校服务对学生支持的重要性。此外，本章结尾还将讨论导师在培养学生自主性和探索职业理想过程中扮演的角色。

## 学生多元化背景下开展学生支持

在英国，政府取消了高等教育学生人数的上限，并采取扩招策略。那些可能从未上过大学的学子开始入学，大学生人数不断增长，群体日趋多元化。人数的大规模扩张往往导致师生比例下降与教学性质改变，许多教师放弃了小规模的导师辅导和讨论课模式，转为依赖集体教学。可见，这些现实站在了支持学生的直接对立面。除此之外，学生人数的增长与群体日趋多元化也导致学生对学术期望与相应上学费用上升，随着学生的学术、情感和经济压力激增，继而产生了潜在更苛刻的支持要求，如对学生心理健康和幸福方面的支持。师生联系时间的减少阻碍了教师在课程中与学生建立联系，无法直接回应学生个人需求。如今，随着英国“教学卓越与学生成果框架”的颁布，学生学习进度、满意度和就业能力的衡量标准得到了更多关注，上述挑战给支持学生和保留学籍带来了一定启示。那么，作为一名任课教师、私人导师或学术顾问，你应该如何应对这些挑战并履行学术职责呢？

新生入学与学籍保留或许是一枚硬币的两面。高等教育机构有责任确保所有被录取的学生都有取得成功的平等机会。如今，有关高校学籍保留的研究日趋增多。“什么在起作用？学籍保留与成功”（What Works? Student Retention and Success）项目（Thomas，2012；Thomas et al.，2017）的结果已经表明，学生最脆弱、最需要支持的时刻是在各种过渡节点上，例如大学入学、升入二年级（Milsom et al.，2014）、实习前后，以及本科毕业后就业或开启研究生阶段学习的时候（Morgan，2011）。

无论是英国还是海外，学生经历最富有戏剧性过渡阶段应该就是从中小学教育或其他类型的学习阶段过渡到高等教育阶段，去适应一个不同的学习环境，承担更大的个人学习责任。碰巧，这也往往是学生刚成年、第一次离家生活或是离开现在的家庭与朋友圈支持的时候。有些学生会觉得很难度过这一过渡期，无法达成大学的学术要求。可见，对这一过渡期间的引导和支持非常重要。它提供了早期形成性反馈的机会，让所有学生熟悉学术期望，在学习中得到发展，获得自信。

扩招策略旨在吸引社会经济背景欠佳和家庭中没有高等教育经历的学生进入高等教育机构。这可能意味着学生并不清楚该期待什么，也不清楚学校对他们的期望。他们的家庭或许也无法直接给予他们支持。学籍保留的一个关键问题是，如何通过社会与学术的整合，尽早培养学生归属感，即帮助学生在课程开始几周内交到朋友，感受到自己是学校的“一分子”？

即便是全日制学生，也可能会花大量时间往返学习场所或是履行一些外部承诺，如兼职或承当照顾家庭的责任——这些都会影响学生融入同龄人群体、开展社交及非正式支持网络的能力，进而影响学生“归属感”的培养。国际学生可能会经历文化冲击，产生思乡之情，需要时间适应新环境。越来越多的证据表明，黑人、亚裔和少数民族家庭学生在学籍保留、升学和成绩方面存在显著差异（见英国学生事务办公室关于 BAME 学生的专题简报），教师需要加强对这些方面的支持。同样，那些参加网上远程学习和不经常参加授课型课程的学生，其孤独感可能会比传统在校学生更为强烈。此外，线上导师也面临着为学生提供支持，拉近师生间和学生群体间关系，维持学生参与积极性的挑战。

总之，学生的多元化，即其不同的社会经济和文化背景以及多样的入学渠道意味着学生的学习准备层次不同，你不能预设学生具备同等层级的知识与技能（特别是学习技能）。

这一点也清晰地反映出，教师在一门课程中，为了支持学生，要履行各种各样的职能：

◇向学生提供有关大学特定流程和程序的信息。

◇向学生提供关于学业期望的信息。

◇向学生提供反馈、学术支持与指导的机制。

◇向学生提供个人福利支持，并转介其他支持机构或信息。

◇帮助学生熟悉校园文化、融入校园和培养归属感。

◇帮助学生发展学习与就业技能，推动个人与专业发展。

## 支持与课程设计

课程设计情境下，考虑如何支持课程学习者极为重要。时间有限，即便你内心愿意，但想要在学生需要你的任何时刻都能出现还是不切实际的。正如我们前面所说，涉及的学生人数和他们提出的问题范围可能非常大，你无法公平地回应所有问题，且这种支持途径只能让部分学生受益，而不能满足全体或大部分学生的需要。你需要决定如何组织和管理支持方式，充分利用有限的时间与资源。

### 何时支持？支持什么？

在本章中，考虑到对学生开展终身支持的需要，我们将核查可能需要的支持类型和支持时机。韦恩等人（Wayne et al.，2016）采用了一个简单的模型，将学生进入、经历和离开大学，即从入学、学习课程到就业这三个时期的过渡纳入考虑之中。摩根（Morgan，2011）开发了一个反映学习者人生不同阶段的“学生经验执行者模型”（a student experience practitioner model）（图 8.1）。

#### 支持类型

一般情况下，学生主要需要以下两种类型的支持：

1. 学术辅导——为学生提供学术指导，帮助他们完成学业；

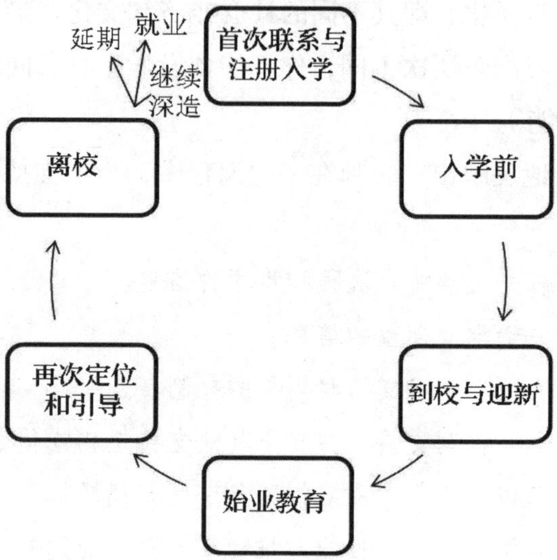


图 8.1　学生经验执行者模型（Morgan，2011）

2. 人文关怀——帮助学生解决可能影响其学习能力的个人问题。

提供上述内容的方式多种多样，下一节将给出提供两类支持的系统模型与示例。

**支持模式**

埃厄克（Earwaker，1992）概述了两类学生支持的总体策略。

◇一是为有问题或遇到困难的学生提供安全网（可以认为是一种补救性质的方法）。

◇二是建立一个日常为所有学生提供支持的系统，提升所有学生的体验感。这类策略更可取（是一种预防性质的方法）。

在埃厄克的基础上，洛赫蒂（Lochtie，2018）等人深入研究，形成了学生支持的三类模式（表 8.1）。

表8.1 学生支持模式

| | |
|---|---|
| 1.人文关怀模式 | 这是一种传统的“英国式”支持模式。它主要由未经培训的教学人员通过个人辅导系统提供。在此模式中，师生结对，系部或机构规定辅导有效性的最低期望水平。这是一种资源密集型模式。教学人员或是随时为学生提供服务，或是仅通过预约系统或办公时间提供服务。 |
| 2.专业模式 | 这是一种转介模式，由受过培训的合格专业人员提供咨询，如学生会、咨询服务或学生福利办公室提供的中央学生支持职能部门。这是一种现成的支持模式，你或许不知道，它独立存在于学生部门，不会向导师反馈信息。 |
| 3.整合模式 | 这种模式更受欢迎。它由埃厄克（1992）提出，可以嵌入到课程中，所有学生不管是否遇到困难，都可以定期或根据时间安排，与导师联系。 |

在上述方法中，模式 1 或 2 本身都不是学生支持的最佳选择。但在许多高校中它们确实同时存在，并以独立或互补的方法支持学生。在本章中，我们主要关注探讨如何基于部门实现来加强对学生支持，且能根据需要提供专业服务。

**支持方式**

作为一名新手大学教师，你可能并不能影响个别学生的支持系统设计。你需要考虑的关键问题是，在多大程度上为学生提供支持：

◇被动回应型——例如，你要等到一个学生带着一个问题来找你，但是对于学生来说确定他们自己留有问题然后（可能需要克服害羞或尴尬）主动来见你的情况非常少。

◇积极主动型——例如，无论学生是否有特殊需要，你都会定期辅导个人或学生团体，检查他们的进展。这样，你可能就会发现一些潜在的问题并展开更普遍的讨论。

◇系统完整型——例如，你已经正式确定了联系时间，或你与个人或学生团体定期进行教学联系。

◇除课程和项目外还有附加内容——例如，根据学生需要，你们自行协商安排。

## 在课程中嵌入支持

许多大学第一年就开发了技能为本的课程模块，以便一年级学生和他们的导师取得定期联系，接受学术和生活上的辅导。学生将以小组的形式（例如，最多10人）每周与导师会面一小时。这些课时由多位导师负责，课程总负责人通常为学生和导师们提供学习包，确保内容和方法的一致性。在这类课堂中，教师每周都会考虑教授一个特定专业技能或学习技能，随着时间的推移，模块中的不同技能类型就会越来越多地嵌入到课程情境中。有时你可通过小组项目工作，引导学生进入学科思维方式和实践。通过这种类型的辅导，学生能够向导师提出与课程相关的一系列问题，也能在课后获得他们需要的其他帮助。此外，这也是一种培养同伴支持的方法：学生会发现他们所面临的挑战可能在整个小组中普遍存在，又或是看到其他学生分享他们自己克服挑战的方法。

### 示例 8.1：史学技能—— 一项研究性技能辅助性质模块

在层级1的课程模块中，学生需要牢牢掌握大学历史课程要求的基本史学技能（参考文献、编制参考书目、批判性阅读、演讲、适当的学术风格、学术不端意识等）；学会批判性阅读，提高正确使用英语的能力，能较好地进行书目和脚注编纂，发展有效的学习路径，进行口头汇报，计划并撰写论文；学生将熟知每项技能的良好范本，并有机会通过形成性或终结性评估来实践和提高他们的技能。

### 示例 8.2：“利兹相伴终生”项目（LEEDS FOR LIFE）

“利兹相伴终生”项目支持学生个人和学术发展，是个人辅导的工具。它旨在帮助学生最大程度利用大学时光。该项目要求每年召开三次与本科一级学生的会议，一年召开两次包括授课型研究生（taught postgraduate）在内的更高年级学生会议。每次会议前，学生需要完成一套网络表单。每年所问的问题各不相同，但旨在解决每个层级学生的关键问题，确保会议发挥最大效用。同时“利兹相伴终生”项目的网站上还会汇集一份学生的总成绩单。它以个人发展时间表的形式记录并推动学生反思学习进度，呈现他们在合作课程与课外活动中不断发展的技能。这些都构成了会议讨论的基础，学生和导师都可以在此之上添加笔记作为会议记录。

利兹大学，详见网站 https://leedsforlife.Leeds.ac.uk/

上述案例中，学生支持作为课程的一部分，与课程直接相关，而不是透过一个可选的或特定的咨询角色达成。然而，许多导师认为即便采取结构化方法，例如合并技能模块，自己也没有足够技能向学生传授良好实践。这种情况下，高校在个人辅导或团体辅导中为学生和导师提供学习包和调查问卷，形成辅导框架，可有效缓解导师在承担个人辅导角色时可能存在的不确定性和焦虑。此外，还有另一种潜在的学生支持模式，即学生相互支持模式。让我们先来看看个人导师在这类模式中所扮演的角色吧。

## 个人导师制

个人辅导无论是在一个辅导型或研究型技能模块中以小组形式开展，还是在非正式或定时定期会议中以个人一对一的形式提供，皆不影响其成为系部首选的学生支持机制，发挥学术辅导和人文关怀的职能。个人导师（personal tutor）一般是学术人员，他们对特定学生负有特殊责任。许多学术型教师认为他们在担任个人导师角色时还是不够格的。特别是对学生进行人文关怀时，许多教师认为这个角色的定义很模糊（表 8.2）。

表8.2　个人导师会议议程示例

| **个人导师会议：第一年，第一次会议——欢迎与引入** |
|---|
| 导师的议程大纲：<br>·讨论并确认模块选择/注册，必要时提供建议。<br>·说明个人导师制，它如何在正常的学术、个人和专业发展过程中支持学生，介绍个人导师的角色如何帮助学生度过特殊困难，个人导师如何成为部系中的第一联络点。<br>·说明个人辅导制是导师和受教育者之间的一种合作关系，受教育者必须履行其职责。<br>·向学生介绍或提醒学校提供的各类学生支持和发展机会。 |
| 辅导前网络表单：学生在第一次辅导前填写问卷。 |
| 关于你：<br>问题1a：你的兴趣和爱好有哪些？<br>问题1b：是否有空档年活动或先前工作的经验？<br>问题2：选择到利兹大学就读以及你的学位课程项目的缘由是什么？ |

续表

| 成为一名大学生 | |
|---|---|
| 1.你注册登记了吗? | ○是○否 |
| 2.你的所有课程都注册了吗? | ○是○否 |
| 3.你参加始业教育课程了吗? | ○是○否 |
| 4.你核对过选修课了吗? | ○是○否 |
| 5.你是否注意到技能单元且清楚它在你的学术写作技能和考试中发挥作用? | ○是○否 |
| 学生生活 | |
| 1.你对住宿环境满意吗? | ○是○否 |
| 2.你看过学生支持网页了吗? | ○是○否 |
| 3.你知道怎么联系你的学校和课程代表吗? | ○是○否 |
| 4.你买医疗保险了吗? | ○是○否 |
| 5.你知道当地的健康和安全指南吗? | ○是○否 |
| 在下面的空白处告诉个人导师你对未来职业的想法 | |
| 个人导师辅导前信息 | |
| 辅导后备注 | |

### 个人导师的角色

导师可以根据自身经验和行动便捷情况，或者根据对学生的期望，扮演不同角色。首先，你应该了解个人导师的角色描述。

洛赫蒂等人（Lochtie et al.，2018）建议，在英国的高等教育中，个人导师的角色及与其职责相关的活动包括：

◇进行学术反馈，促进学习或学习技能发展。

◇支持个人福利。

◇推荐大学专业服务。

◇帮助学生了解学校的系统和流程。

◇提供有关大学程序和期望的信息。

◇成为学生第一联络人，培养归属感。

◇监控学习进度并与学生一起制定目标。

◇以基于问题解决的辅导等方式，训练学生形成自助和独立学习的能力。

### 个人导师的技能与品质

要成为一名良好的个人导师，需要掌握和发展一系列技能、品质和态度。洛赫蒂等人（Lochtie et al.，2018）认为优秀的导师应该：

◇与学生建立融洽关系——作为平等的伙伴而不是上级。

◇重视学生的个人价值。

◇发展学生的独立性。

◇询问并积极倾听。

◇坚持始终如一、有同情心、不做评判且灵活变通。

◇对学生抱有高期望并鼓励其参与挑战。

◇行为真诚，角色引领。

显然，你不能代替学生解决问题，而应帮助他们将问题分解为更易处理的方面，让他们在可选方案中做出更好的选择。

**个人导师的角色管理**

为了管理自身角色，教师需要注意以下几个方面：

◇时间边界——例如管理和组织会议，以及制定基本规则；

◇信息边界——例如先适当考虑数据保护与保密的相关法律，再记录或共享信息；

◇角色边界——例如，清楚自己的角色终于何处，别人的角色始于何处，辅导过程从何时开始，如何进行。

**时间边界**

为了管理自己的工作量，你需要向学生说明他们如何与你联系，你的回复时间是什么时候（例如，将在24小时或2个工作日内回复咨询的电子邮件），除正式联系时间外，你何时方便与他们联系，例如：

◇开门政策——在办公室时，你同意随时见学生；

◇应诊时间——指代在没有预约的情况下可以接受学生来访的时间（在门上或网站上告知）；

◇预约系统——告知学生他们需要提早多久预约和你见面。你也可以在门上贴上特定时间表，以便学生可以在特定时间段内填写他们的姓名进行预约；

◇时间表联系——例如，通过辅助技能开发模块或其他时间表与你联系。这种方法的优点在于学生可以来看看自己是否有问题，在问题扩大前尽早解决；

◇在线支持——你可以定期查看在线讨论组或在聊天室中对其进行回复。

**信息边界**

请保留你辅导过程中的所有书面记录，这非常重要——你可以自己保留电子邮件来往记录和会议记录，也可让学生代替记录与保存。任何情况下都要简要记录讨论的性质，商定采取的行动和所需的后续行动内容。这些记录的副本为双方共有，以便提醒任务涉及人员和时间等安排。

个人导师的角色会引发一些与数据保护相关的严肃问题，《通用数据保护条例》（the General Data Protection Regulation；GDPR）的出台加强了对数据的新保护，例如个人或敏感数据以及关于受教育者私人信息的存储。教师要确保这些信息存放安全且遵守学校有关辅导记录存放的政策，例如，你可以将这些信息放入带锁的抽屉、文件柜、受密码保护的计算机中或通过在线系统（如虚拟学习环境）进行存储，一直保留到政策规定的期限为止。你还应讨论或考虑是否存在保密问题，以及此信息是否可以与其他相关人员共享，尽量避免将学生的个人信息带回家。最好方法是使用大学云端或远程工作系统，这样你就可以安全、无风险地访问这些信息。

**示例 8.3：高校数据保护政策**

大部分高校都会出台数据保护政策。这些政策规定了高校师生应充分遵守《通用数据保护条例》（GDPR）和《2018 年数据保护法》（the Data protection Act 2018；DPA）的规定，恰当地处理个人数据并遵守数据保护立法，以增强双方信任，保护大学及所有利益相关者的利益。不管数据是谁创建的、保存在何处或所用设备的所有权归谁，该规定都适用。高等教育机构必须在遵守 GDPR 和 DPA 规定的前提下，获取教职工、学生、毕业生和其他法律规定为“数据主体”的个人数据。

爱丁堡大学数据保护政策（2018）

www.ed.ac.uk/records-management/policy/data-protection

同样，学生也可以获得高校保存的任何个人相关资料，以及表达对他们看法的相关记录信息——邮件、电子文件、手册以及录音。学生一旦正式提出获取请求，高校删除此类信息就是违法的。你也无须记录不希望学生可见的内容。因此，在写下任何与学生相关的笔记、反馈、参考资料等事项前，请说服自己任何关于学生的评论都必须公正、准确且合理。

如今，除了学生的父母、亲戚或朋友，越来越多的第三方可能会尝试联系在校学生——房东、债务催收机构、雇主……——他们可能会试图通过个人导师获得联系途径。但是，你不能向第三方确认或否认某个人是该大学的学生，哪怕第三方是学生家人。无论第三方的理由看起来多合情理，你也不能将学生个人的联系方式（地址、电子邮件地址、电话号码）交给他们。这看起来很残酷，特别是当你的孩子也是大学生，你很可能也会与那些非常担心孩子的家长产生共情。如果存在这样的情况，可以这样回复：

我们需获得书面同意才能与你讨论这些事，我相信你一定会认同这种保密政策。

或是：

对于这类问题，我们通常的做法是……

**角色边界**

个人导师角色的宽泛性和开放性使这项工作具有极大挑战性，特别是对于新任命的学术型教师而言一些院系或部门会分配工作人员承担辅导特定学生群体的职责，例如，可能有辅导残疾学生的专职人员、为国际学生提供支持的人员，年级导师（year tutor）以及像实习导师或系部职业顾问这样负责为特定领域学生提供建议的人员。这些人员将会接受培训，发展特定支持领域的专业知识，迅速、准确地向学生提供建议和有关特定查询对象的精确信息。如此一来，学生便可有针对性地获取关键信息。你应该在自己的教学情境中确定这些角色是否存在，若有，找到相应负责人。

作为个人导师，为他们提供与学业相关的建议是合法的，例如，你可以为他们提供以下方面的建议：

◇减轻处罚的流程以及学校如何处理这些情况；

◇晋升和奖励规则——学分累积、重新提交申请、退学、后一学期补修等；

◇项目总体结构和内容——可选模块，以及所选择模块对后续学习的影响。

如果你自己不能提供这些信息，你应该为学生提供可获取信息的其他人员名单，例如他们的项目负责人或年级导师。为了确保有效性，你需要用学生能够理解的语言，提供关于大学及特定学校程序明确、具体、最重要且准确的信息。倘若信息含糊或是不正确，还不如不提建议。若是不确定，告诉学生你会找到后再回复他们。

某些情况下，教师人文关怀与个人辅导的角色是分开的，对学生个人事务的支持由受过培训的人员担任。但是，学生不一定会像老师一样区分学术问题和个人问题（事实上，问题本身不一定属于这两类问题中的一类），无论寻求何种性质的指导，学生通常都会先求助于个人导师。为了向学生提供其他服务参考，你需要熟悉系部内和学校层面现有的支持机构，了解自己角色的边界，即知道你的工作在哪里结束，别人的工作在哪里开始。此外，你还应该找到为学生提供支持服务的范畴（请参阅下面的示例）并存下一系列相关联系人的号码。这些相关信息基本可以从你所在的高校或系部内找到。

**示例 8.4：学生支持服务**

许多高校会提供一系列学生支持服务，其中包括：

·管理；

·住宿服务；

·残疾学生支持；

·就业和职业选择；

·研究生院；

·国际学生支持；

·信息技术支持；

·图书馆支持；

·学习技能；

·学生会建议（包括住房、资金和学术）；

·福利（包括心理健康与咨询支持）。

你会发现，高校学生服务的相关信息通常以手册、活页册、网站或虚拟教学环境的形式汇集在一起，其中涵盖了每项服务提供的内容以及如何与他们联系等简要细节。这些信息应以各种形式提供给所有学生和工作人员。高校甚至还应该有一本“何时或如何查阅”的小册子或协议。

在这个诉讼的时代，勿向学生提供你工作范围之外或没资格回答的问题与建议。尽管很难做到不过度卷入学生的个人问题，但你可以通过制定基本规则，与学生保持职业距离的方式解决这一问题。不要试图解决学生的个人问题。在高等教育中，大多数学习者的年龄都在18岁或以上，这在英国意味着他们已经到了法定的责任年龄，导师也不应替代父母角色。你可以探索向他们开放的选项范围，但更应鼓励学生为自己的决定和行动负责。你不应代表他们与教学支持服务部门联系，而要鼓励他们自己去做。我们在此重申，一定要保留与学生的接触记录，哪怕只是一封确认后续行动的电子邮件。

## 监控学生的学习进程

到目前为止，我们已经讨论了在整个学习计划中为学生提供支持的个人导师制，以及在这类支持中教师的主动性与选择性。你需要主动监控学生的学习进度，例如保存出勤和评估记录。在一些高校中，这可以通过学生分析来实现，例如使用“学生信息或参与管理系统”（a Student Information or Engagement Management System，SIMS/SEMS），收集一系列信息来源。倘若学生连续缺课（例如缺课两次）或未提交评估作业，该系统可能就会自动向学生发送邮件，要求他们与个人导师见面。不过也有可能存在需要个人导师自己维护和监控这些记录的情况。

如果你对教学只负有有限责任，而且你只在课程实施的一部分时间内与学生接触，那么你应该确保记录了这段时间他们的出勤和作业提交情况（及时性和质量），这样你就能观察到个别学生活动模式的异样，进而按照系部程序主动联系那些脱节的学生。

## 学生支持学生——同伴支持

学生群体是一个可以提供同伴支持、丰富但尚待开发的资源。许多大学在其本科课程中引入了指导或“萌芽”计划，这些计划由学生或导师主导，让高年级学生为低年级（甚至是未入学）的学生提供支持。学生主导的同伴支持机制可以让学生参与一系列涉及福利和学术相关问题的同伴支持活动。下面给出了一些例子。

**示例 8.5：同伴支持机制**

可以通过以下方式为学生提供同伴支持，让他们顺利通过各种过渡期：

◇将同一学位课程的毕业班或二年级学生与新生配对，并在开学前匹配联系到位。

◇要求研究生或毕业班学生提供辅助性或学习技能模块。

◇将本国学生与国际学生配对。

◇要求本国学生与归国留学生结伴参加实习。

◇帮助成人学生或国际学生等组建自己的支持小组。

◇组织社会性的、跨年龄段的学生活动。

波特和汉普顿（Potter & Hampton，2009）将同伴学习或同伴辅导定义如下：

……一些学生帮助其他学生发挥学术潜力，实现教育成就和个人发展。这类支持融入课程、系部和大学文化，可以帮助学生进行正式和非正式议程学习，继而对他们参与学习和取得成功产生影响。

安德鲁斯（Andrews，2010）的研究表明，在同伴中，作为导师的学生志愿者和他们辅导的同学都会备受鼓舞，因而十分重视这样的大学经历。同样，基南（Keenan，2014）在报告中谈到，那些参与同伴学习计划的学生在社交整合圈中会形成更强烈的归属感和更高的学术参与度、信心和能力。此外，他还声称：学生担任同伴学习小组领导或促进者可获得下列优待：

◇发展更高水平的个人和专业技能。

◇深化学科学习，提高成绩。

◇加强同伴联系和跨文化意识。

◇改善他们的就业前景。

同伴支持既可以减轻教师的时间压力，又可以让更高年级的学生有机会收获辅导经验和发展沟通技能。学习者可能会觉得他们的学生导师或同伴比教师更容易接近，他们也更容易从中获得帮助。

显然，这种支持系统运行有赖于足够数量的高年级学生，他们愿意接受培训并支持低年级学生。但完全依托这些志愿者也是不可能的，导师有必要提供一些条件，例如给他们支付酬金，在学生导师课程中正式确定他们的角色，参与该计划可获得学分等，不过后者可能会引起争议。

**示例 8.6：同伴互助型的学习支持**

英国的国家支持实施同伴互助学习中心（PASS）设在曼彻斯特大学。它最早是由美国发展起来的一种辅助教学形式，通过利用高年级学生的经验来支持低年级学生的学习，为他们提供一个便捷的小组学习机会，进而补充现有的讲座和辅导教学内容。这一形式重点是促进学习而不是取代教学，PASS 小组的领导者们经过训练后，组织小组会议，让学习者开展组内学习。

曼彻斯特大学：www.pass.Manchester.ac.uk/

## 使用技术支持学生

网络技术提供了一系列方法支持学生获得最佳学习体验。电子邮件可用于联系学生个人或群体，继而改变了教师对学生开展学术支持与人文关怀的工作方式。你可以通过电子邮件快速向个人或团队提供反馈，而无须等待下一节课。此外电子邮件、短信、即时通信和社交媒体还改变了师生之间的沟通方式，使同伴支持和小组讨论不再受到课堂的时空限制。你再也不用特地到走廊里偶遇学生，也不用等他们回到家再与他们通电话了。

2017 年的一次调查发现，22000 名学生受访者都意识到数字系统的便利性。80% 的受访学生使用虚拟学习环境完成他们的课程作业，67% 的学生定期通过移动设备访问虚拟学习环境，80% 的学生认为通过电子方式提交作业更方便（Newman & Beetham，2017）。

学生通过各种设备访问大学的信息技术系统，包括大学的虚拟化学习环境、门户、网页、电子邮件和时间表。有些是学生自己的，如个人手机、笔记本电脑等，还有一些是机构的：开放式实验室、学习区和图书馆的电脑。不过，交流渠道的激增也可能会造成学生支持方式的混乱，让人无法判定哪种方式更为合适。移动电话和其他移动设备的出现使师生能够随时随地学习与工作并与他人保持联系。时间界限的设定从未像现在这样重要，也从未像现在这样困难。

结构化支持的介入，如同伴互助，也可以利用虚拟学习环境中的研讨会进行。在线研讨会可为群体发布并接收信息提供平台。研讨会中的所有消息都会在特定位置公布，以便参与者访问。也有一些教师会选择将一些在线通信模式，如使用即时消息聊天、论坛和电子邮件等多种模式相结合，为学生提供支持。

## 为学习技能发展提供支持

正如本章导言所说，学生的多元化及其入校途径的多样性意味着学生学习准备不同，我们不能假设他们具备了课程所需的学习技能。表 6.12 定义了一些相关技能。

表中的许多技能将在整个课程中得到发展，为学生毕业并进入工作岗位提供竞争优势与支持。在这些技能中，最重要的应该是提高自己的学习和表现的（元认知）技能，这项技能可以帮助学习者了解自身是如何学习的，并愿意承担学习的责任且做好自我管理。它可以让学生成为更有效、更独立的学习者，更好地为终身学习做好准备。

在英国，不同科目的基准陈述（QAA，2018b）对这一性质的技能有所阐述，特定科目对不同技能相应重视情况也存有差异。此外，还有一些高等教育水平的特定学习技能需要引起重视，例如：

◇记录和总结；

◇有效阅读；

◇复习和测试技巧；

◇信息素养。

曾几何时，大学教师还普遍认为，学生在上大学之前就已精通了关键学习技能。现在他们才认识到，事实并非如此，这些技能需要教授，需要在学习结果和评估（尤其是评分标准和反馈）中得以验证与明确，继而更好地得到开发。2017 年的英国联合信息系统委员会（Joint Information Systems Committee，Jisc）调查了最能为学习者提供学习数字技能支持的人或事物。36.5% 受调者认为他们通常会求助于网络信息、朋友、家人和同学，而不是导师（Newman & Beetham，2017）。

## 审定学生的技能

从课程设计的视角看，有必要制定一些策略来支持学生发展这些技能，但首要问题是，如何知道他们将会面对哪些技能？找出这一点的途径可以是：

◇诊断测试——如，对所有选择课程的学生进行测试。

◇学生自查——如，通过问卷调查或在线技能开发包。

你若要开发诊断性测试的策略，不要忘记考虑各种有效的网络工具。

### 示例 8.7：培养师生的数字技能

英国联合信息系统委员会制定了一个大学数字能力建设框架可供师生使用，并提供了相应的指导说明及用于评定潜在能力与容纳能力等级的工具。

有关发展数字技能的网站为：www.jisc.ac.uk/Building-digital-capability

## 支持学生技能发展的途径

同样，教师既可以是被动选择将技能训练作为核心课程的补充，也可主动选择将技能训练整合并融入核心课程。前者主要采取的方法就是为学习者提供安全网。教师将那些在特定领域表现不佳或（自我）诊断技能不足的学习者“移交”到一个（有关技能的）中心支持单位或技能中心。正如之前所说，这种方法无法为学生提供足够支持。假如这是那些学生唯一的支持来源，那么这一类型的支持效果可能还会受限于学生人数。此外，这项服务可能也吸引不了那些最焦虑、最需要支持的人，例如成人学生。对学生而言，这些以补充单元存在的一般性做法很难（将技能）转化到学科情境中，达成具体期望。

除了中心学习支持单位和技能发展小组之外，一些高校还采用了在线资源的方式进行补充，支持学生发展新技能。

### 示例 8.8：机构性访问领英网站（LYNDA.COM）

领英学习（LinkedIn Learning）（前身为 Lynda.com）是一套在线学习资源，学生和教师可以利用这些资源建立数字化、商业、技术和创新技能。如果购买了全机构范围的许可证，所有教职工和学生都可以使用这些资源。

这些资源可用于丰富学习经历，促进课程内外的个人和专业发展。

可访问领英学习网站（Lynda.com）资源的机构有爱丁堡大学、斯特林大学、布里斯托尔大学、格拉斯哥喀里多尼亚大学、牛津大学、南安普敦大学、北安普敦大学、曼彻斯特大都会大学、普利茅斯大学和威斯敏斯特大学。

领英学习的网站为：www.LinkedIn.com/Learning/me

### 在课程中嵌入对学生技能发展的支持

将学习技能培训积极整合进课程的方法有：

◇学习技能或辅导模块；

·将学习技能作为学分模块的一部分或是作为个人辅导的媒介，由学术人员或研究生教授。

·将学习技能培训置于学科情境中，让学生意识到这类模块与学科学习内容同样重要——随后将举例说明。

◇在现有模块中整合技能发展；

·除了将其置于独立模块之外，教师也可以将技能发展嵌入到现有的各个层次模块中，并在学习结束和评估标准中明确说明，确保其能作为所有模块的一部分进行实践与评估，并根据学生的合理反馈不断改进。

如第二章所述，采用这一路径需要在整个方案上仔细规划与分层。

◇在现有模块中教授辅助性技能。

·你也可以在自己教授的模块中规划特定技能辅导课时。

例如，你可以在作业到期前几周开设一轮论文或报告写作课，或者在学期结束前一周开设一节复习技巧课，确保学生熟悉课程传统与学习目标。

## 个人与职业发展

许多与职业或专业相关的学位课程要求学生在学期间记录自己取得的进步和成就。特别是对于那些希望获得医学、护理和其他保健专业、社会工作、教学和工程等专业合格资质的学生而言，这是必须要做的事。学生可以采用日志、档案袋或电子档案册的形式提供工作应聘所需信息。毕业生就业时也可通过这种方法了解并表达自己的技能和优势，增强信心。总而言之，成就记录对毕业生就业能力会产生重大影响。

成就记录包括以下两个要素：

1. 一份学生在校学习期间各阶段的成绩单，记录他们在课程不同部分（不仅仅是总成绩）的成绩。

2. 一套学生用以监控、增强和反思个人发展的工具。

我们主要关注的是后一要素，它由学生自持，旨在培养个体反思学习过程与结果的能力，规划学生自身教育与职业发展。这是一个重要的过程，在此过程中，学生可以培育独立学习和终身学习所需的技能和态度。

为了取得成功，个人发展规划过程应成为一项结构化、受到支持的主流活动，也是一项鼓励学生聚在一起，反思他们的学术和非学术学习经历的活动，如课外活动与工作经历等等。此外，这也是导师能够监测学生学业进度，与学生开展讨论并为其提供学术支持与指导的基础。档案袋可以明确课程目标和学习结果，让学生朝着既定学习目标反思自身表现。为了让学生参与这一过程，你就必须让他们看到提供支持的教师及社会（如雇主和专业机构）都非常重视这些活动。如果学生看到教师自身也参与了这一过程，例如建立与专业认证和持续专业发展要求相关的教师档案袋，他们更有可能重视这一过程。

### 电子档案袋

一些电子档案袋的开发与设计是为了支持个人发展规划，比如 PebblePad、Mahara 和 WordPress。通过多年的研发与应用，学生可以在个人专属的在线空间收集技能和成就的证据。大多数情况下，学生拥有该空间内信息的所有权，并在该空间中筹备与评估相关的工作。然后，他们可以让导师或（未来的）雇主查看档案袋（内的要素）。大学毕业后，学生也可以选择导出或继续维持自己的档案袋。

### 示例 8.9：使用 PebblePad 平台进行反思

PebblePad 平台可以帮助用户创建、编译和呈现电子档案。在爱丁堡大学，PebblePad 集成到虚拟学习环境中，用于提供个性化反馈，吸引学生，提高表现和保持力。PebblePad 支持学生和导师之间多种不同类型的在线互动。学生可以用不同的数字格式记录学习的证据，便捷地与同伴或导师分享这些内容。

### 示例 8.10：学术博客

当下，许多人使用博客来分享思想和思考。在大学，博客是由各种工具推动的，包括 VLE、WordPress 和其他电子档案工具。在爱丁堡大学，学术博客服务可支持专业发展、研究参与、学习和教学。教职工和博士研究生可以根据自身需要决定是否创建博客；需要做实验和做研究的硕博士研究生（taught students）可以通过虚拟学习环境的链接创建自己的博客。

详见网站：Blogs.ed.ac.uk https://Blogs.ed.ac.uk/

## 拓展资源

◇ Laycock, M. 2009. Personal Tutoring in Higher Education - Where Now and Where Next? SEDA Special No, 25, London: SEDA.

◇ Lochtie, D., McIntosh, E., Stork, E., & Walker, B. W., 2018. *Effective Personal Tutoring in Higher Education*. St Albans: Critical Publishing.

◇ Milsom, C., Stewart, M., Yorke, M., & Zaitseva, E. (Eds.), 2014. ***Stepping up to the Second Year at University: Academic, psychological and social dimensi-ons***. London: Routledge.

◇ Morgan, M., 2011. ***Improving the Student Experience–the Practical Guide for Universities and Colleges***. Oxon: Routledge.

◇ Neville, L., 2007. ***The Personal Tutor's Handbook***. Basingstoke: Palgrave Mac-millan.

◇ Newman, T. & Beetham, H., 2017. Student Digital Experience Tracker 2017: The Voice of 22,000 UK Learners, JISC：http://repository.jisc.ac.uk/6662/1/Jiscdigital -studenttracker2017.pdf

◇ Potter, J. & Hampton, D., 2009. Students Supporting Students. SEDA Special No. 26. London: SEDA.

◇ Smith, E., 2008. Personal Tutoring. Higher Education Academy: Engineering Subject Centre Guide. www.heacademy.ac.uk/system/files/personal-tutoring.pdf [Accessed 18/1/2019].

◇ Thomas,L.,2012. Building student engagement and belonging in Higher Education at a time of change: Final report from the "What Works? Student Retention and Success Programme" :www.heacademy.ac.uk/knowledge-hub/building-student -engage-ment-and -belonging-higher-education-time-change-final-report[Accessed 18/1/2019].

◇ Thomas, L., Hill, M., O' Mahoney, J., & Yorke, M., 2017. Supporting Student Success: strategies for institutional change What Works? Student Retention & Success Programme. Final Report：www.heacademy.ac.uk/system/files/hub/download/what_ works_2_-_full_report.pdf[Accessed 15/3/2019].

◇ Wisker, G., Exley, K., Antoniou, M., & Ridley, P., 2008.*Working One-to-One with Students: Supervising, Coaching, Mentoring and Personal Tutoring*. Oxon: Routledge.

## 有用的网络资源

◇高等学校学习发展协会网站：www.aldinhe.ac.uk/

◇孤独症与大学：扩大接受高等教育的机会，详见网站：www.autism-uni.org/

◇英国学生事务办公室——建议与指导——种族，详见网站：www.officeforstudents.org.uk/advice-and-guidance/promoting-equal-opportunities/evaluation-and-effective-practice/ethnicity/

◇英国高等教育质量保障局2015年颁布的《英国高等教育机构指南——支持和提升留学生在英留学经历》，详见网站：www.qaa.ac.uk/docs/qaa/international/international- students-guide-15.pdf

◇英国高等教育质量保障署2018年颁布的《课程质量：学科课程标准》，详见网站：www.qaa.ac.uk/quality-code/subject-benchmark-statements

# 第九章
# 课程管理

## 导　言

本章将介绍如何管理课程、教材及学生体验。高等教育课程实施过程中存在着不同的管理角色和管理层级，本章创造了一个机会让教师思考自身在课程实施中扮演的角色与职责。这些考虑因素将有助于教师及时有效地为学生提供有关课程结果、内容和期望的信息与指导。虚拟学习环境作为一项课程管理工具，可以借力通信工具与通信系统监测学生的课程参与情况，这也在我们的考虑之中。

## 课程管理

### 课程管理的两个关键角色

1. 质量管理——旨在保证并提升课程质量（确保课程遵循一定程序，达到特定成效和标准并促进课程持续发展）。

2. 学生体验管理——在课程学习中引导、通知和支持学生。

教师在组织和管理课程实施或学生注册课程时，通常会遇到不同角色，他们承担着不同级别的责任，可能也有多项称呼：

◇项目（课程）编排者或负责人；

◇年级或学业负责人；

◇模块管理者或负责人；

◇学术导师；

◇个人导师。

一些课程模块选课人数众多，其模块负责人背后通常需要一个学术导师团队为之提供学生辅导和评分支持。但在其他类型的课程模块中，负责人和学术导师的角色往往由同一个人承担，再配有一名个人导师。总之，一个人扮演所有角色是不切实际的，要想对负责设计和实施的那部分课程拥有完全自主权也几乎是妄想。因此，担任不同角色和职责的教师个体间需要就课程的不同方面互相交流与沟通：

◇讨论整个课程的设计和实施；

◇制定时间表并解决所有问题（例如存在冲突时）；

◇联系各个模块的内容和实施；

◇适度评估并打分；

◇讨论个别学生的学习进度；

◇当然还包括课程实施前对课程所有方面进行协调。

你会发现，这类性质的讨论通常是在系部中以正式形式开展，例如要求召开会议讨论更改（如学教委员会或项目团队会议）和评估原定项目（如审核会议或考试委员会）。除此之外，你也可以利用其他一些非正式机会与课程团队成员保持联系，试着与经验丰富的教师展开讨论，把关自己的实践，萌发新思想。如果你所在单位给你分配了一位顾问，你也可以和他（她）讨论教学角色和职责，我们将在第十一章讨论各种形式的同行评估。

### 你在课程管理中的角色

为了有效履行上述职责，你需要找出所在高校有关课程管理的定义、政策、程序和组织结构并熟悉它们。这些内容中的大部分都符合机构本身的特性，甚至可以具体到你所在的学院或系部。“但他们从没告诉过我”这样的回应可不是面对学生申诉时的有力辩护。我们认为，在你寻求建议时，课程的总负责人应该是你第一个想到的人，且为最佳人选。你不该认为这是一种软弱或无能的表现，相反，面对你不确定如何处理的情况，你应向他（她）反馈出现的问题咨询如何处理。

表 9.1 提供了一组问题，以便你明确角色和责任，更好地向学生提供学习建议。

表9.1　角色与责任

| 为此，你应寻找以下问题的答案： |
| --- |
| ◇我的角色是什么？ |
| ·例如在教师手册或学生手册中是否已有明确定义？ |
| ·例如在学生章程或合作协议中，学生的期望或权利是否已体现？ |
| ◇系部是否有分配给其他教职工特定角色？ |
| ·如：年度导师、实习导师、残疾服务人员 |
| ·如果是，他们是谁，应该如何（何时）与他们联系？ |
| ◇对以下类似的情况，本校或系部内的政策和程序是什么？ |
| ·个人辅导 |
| ·评估 |
| ·监控出勤 |
| ·记录存档 |
| ·项目监督 |
| ◇整个高等教育机构有哪些支持系统结构？ |
| ·如在技能发展、职业引导、阅读障碍支持和语言支持方面。 |
| ·如果存在，应该如何（以及何时）联系他们？ |
| ◇如何评价和审核我扮演的角色？ |
| ·可能有正式机制，如学生问卷和教职工评价。 |
| ◇是否有任何教职工发展机会帮助我完成课程管理或学生辅导任务？ |

你所在大学可能对各类角色有详尽描述，以确保高品质的管理与学生体验。

**示例 9.1：模块负责人指南**

质量保证服务部（The Quality Assurance Service）编制了一份模块负责人指南，概述了模块负责人的角色及其应承担的责任，包括吸引学生参与课程并进行监督、管理学习评估、评价课程模块和改进课程模块等方面。此外，指南还提供了模块实施前、伊始、实施期间和结束时要实施的活动核查表，见表 9.2。

利兹贝克特大学

表9.2 课程负责人核查表

| 模块实施前 |
| --- |
| ·制作模块手册 |
| ·设定包含课程作业提交内的模块虚拟学习环境区域 |
| ·与图书管理员保持联系，确保有合适的学习资源 |
| ·密切关联进度表，确保有足够的教学空间 |
| ·与课程领导协商截止日期，避免与其他模块挤在同一时间段进行评估 |
| ·与课程模块团队人员会面讨论教学内容与评估等 |
| **模块伊始** |
| ·向学生介绍课程模块——概述学习成果、课程进度安排及评估等内容 |
| ·确保教学团队了解任何有特殊学习需求的学生 |
| **模块实施期间** |
| ·在每课时前上传学习材料，例如提前48小时 |
| ·每课时结束后上传录像资料 |
| ·监督到课人数 |
| ·监督课程参与情况，例如虚拟学习环境中的活动与交流 |
| ·采取合理的测试方式 |
| ·组织打分并安排评分审核 |
| ·完成模块中期回顾 |
| ·安排评估辅导 |
| **模块结束时** |
| ·确保完成模块总结性评价 |
| ·编写学生对模块的反馈 |
| ·核对评分 |
| ·在系统中登分或发送给教务人员 |
| ·为校外审阅人选择样本 |
| ·参加考试委员会的活动 |
| ·形成完整的模块评审报告 |
| ·安排好可能需要重新评估的事宜 |

## 课程信息

课程信息必须与课程目标相符，在开发与设计课程时，你需要考虑以下几个问题：要向学生提供哪些信息？如何以最佳方式提供这些信息？课程信息可通过纸质或电子文档、网站、电子书等多种多样的形式提供，但课程文件（course documentation）仍然是学生获取信息的关键来源，也是缓解学生课程焦虑与不确定情绪的重要手段。表 9.3 概述了课程文件的范围。

表9.3 课程文件

<table>
<tr><th>目的</th><th>文件类型</th><th>可能含有的内容</th></tr>
<tr><td rowspan="3">课程审定与质量保证</td><td>课程审定文件</td><td>为课程审批准备的文件。</td></tr>
<tr><td>项目说明书</td><td>显示本课程中各模块学习如何达成课程总体学习结果的地图。</td></tr>
<tr><td>模块拟表</td><td>为模块审批准备的文件，详细说明目标和学习结果、教学大纲、评估和阅读清单。</td></tr>
<tr><td rowspan="2">课程定位</td><td>机构信息</td><td>学校机构层面的政策和程序，以及其提供的社会服务与支持服务类信息。</td></tr>
<tr><td>院系学生手册</td><td>有关院系政策、程序、人员和设施的信息。</td></tr>
<tr><td rowspan="2">课程导引</td><td>项目手册</td><td>一份以学生为对象，提供课程的全部细节的文件。</td></tr>
<tr><td>模块宣传资料</td><td>学生能够从这些资料选项中做出明智的模块选择。</td></tr>
<tr><td rowspan="4">课程内嵌入的信息</td><td>模块手册</td><td>对本单元目标和学习结果、教学大纲、评估和阅读清单详细说明的学生文档。</td></tr>
<tr><td>评估简介</td><td>有关模块内的所有评估事宜，包括学习结果评估、任务标准、提交日期和程序等内容的详细信息。</td></tr>
<tr><td>课程大纲和讲义</td><td rowspan="2">详见第七章。</td></tr>
<tr><td>资源列表</td></tr>
</table>

表 9.3 显示，课程文件服务于诸多目的。在决定如何编写内容、如何使用以及以何种格式提供文件之前，你需要确定每个文件的目的和编写对象。例如，模块拟表和模块手册虽然都概述模块的学习目标、结果、内容和评估，但拟表是为模块批准而编写的，不指向学生，这种编排会让选择这门课程的学生感到有些不舒服或是心寒。拟表提供的信息量不足也可能导致学生在模块选择时犹豫不决。

此外，你还需要了解竞争与市场管理局（Competition and Markets Authority，CMA）的要求。英国所有提供本科课程的高等教育机构（大学和高等教育学院）必须遵守消费者法。这意味着机构向学生提供的所有信息（如课程说明书、课程和模块宣传材料、课程手册和模块规范）必须准确反映课程内容，并以清晰易懂的形式书写。这些信息包括：

◇课程内容、结构和学时、学习地点和课程完成的奖励；

◇课程总成本，包括学费和任何必要的额外成本，如实地考察、实验室设备或演播室费用和板凳费；

◇机构相关条款及细则，包括与学生行为有关的规章制度和政策。

**提供信息的时机与数量**

何以有效？此前我们曾提到托马斯开展的“什么在起作用？学籍保留与成功”项目（Thomas，2012）。该项目表明，课程信息需要在合适的时机，通过适切的媒体提供给学生。项目研究的结论是，尽管新生和学校提前联系很有必要，但一些信息可能还是晚些时候或通过不同的媒体提供给他们效果更好。该项目发现，学生选择放弃某一大学最常见原因是“与课程相关的问题”，通过回溯文献，项目得出结论，入学前信息不充沛会导致新生无法做出合理的决策判断，进而对其学业产生负面影响。那些选错学校和课程的学生要培养归属感其实更加困难。

有证据表明，学生的期望值与实际学习过程间的情况不匹配易导致学生最终选择退学。为了避免这种情况发生，清晰、准确、一致且结构良好的信息非常重要。这意味着文件所提供的信息数量、合适的格式和宣传时间都需要仔细规划。这些信息的存储形式多种多样，包括电子版、纸质版、口头版、布告栏等。无论是针对现在还是以后的学生，文件都应该准确地反映课程的重点内容，描绘出一幅真实的、包含时间承诺（接触时间和个人学习）、工作量和所涉困难程度的图画，来明确学习期望。

不过，也有许多事物有助于留住学生继续学习课程，例如让学生与导师尽早取得联系、开展持续对话，收到及时的鼓励性反馈。此外，社会性与学术性整合也同样重要，毕竟课程管理的其中一环就是让在一起学习的人形成一种同龄人的感觉，为学生提供机会促使师生、生生一起工作，形成一个整体。这样一来，他们就能建立友谊，为彼此提供同伴支持。我们罗列了以下几种方法来实现这些目标。

## 课程引导

### 入学前支持

托马斯已经告诉我们，入学前介入可以为学生提供信息，培养学生对课程的现实期望，磨练他们的学术技能，为学生与院系教职工或在校生之间的社会交往互动提供机会，总之好处多多（Thomas，2012）。与入学后再介入相比，前者更有利于新生对高等教育的学习性质——特别是在自学技能的培养上提前做些准备。

#### 示例 9.2：大学生活来临倒计时（COUNTDOWN TO UNIVERSITY LIFE）

这项网络资源旨在帮助那些大学新生了解即将到来的大学生活样貌，为他们提供课程本身和课程负责人的信息，使之了解个人辅导系统、有关批判性思维和独立品格培育的学习期望。此外，它还提供了学生需要提前准备的事项清单——包括实地考察学习的计划和加入学校脸书小组，提前熟悉与在线交流的机会等。

利兹大学地球与环境学院

（见 Jackson, A.& Livesey,K., Enriching the student experience: engaging students and staff, Chapter 17 in Bryson, C.（ed.）,2014）

网站为：https://countdowntoseestudy.leeds.ac.uk

#### 示例 9.3：快速起跑（FLYING START）

“快速起跑”是一项由图书馆学习开发人员制作的在线资源。它为新生提供了入学前提高学术技能和探索新型学习方式的机会。也有助于学生区分大学与中小学之间的学习目标差异。此外，它还为学生提供了培育良好学习习惯的建议和指导，告知学生入学第一年的学习对后续层次学习的意义，并对学生自主学习、学术写作、第一次评估设定了期望。

详见网站：Skills@Library,University of Leeds

https://resources.library.leeds.ac.uk/flyingstart/

### 示例9.4：开学前慕课——热身准备（PRE-ARRIVAL MOOC-HEADSTART）

“热身准备”是由坎布里亚大学图书馆和学生服务（LiSS）处的工作人员制作的一项大型开放式在线课程（MOOC），旨在培养学生在入学前的信息素养。学习单元内介绍了自主学习、个人发展和成功的概念。它以国家图书馆协会提出信息素养七大支柱为结构，引导学生寻找、评价、使用并最终创造信息。参加该单元学习的新生表示，他们对即将到来的大学生活更有信心。目前这种方法现在已经扩展到支持五、六级（首期开始）的学生，并为研究生阶段（“升级”）学习做好准备。

坎布里亚大学（Fraser et al.，2013）

详见网站：https://my.cumbria.ac.uk/Student-Life/Learning/Skills-cumbria/

## 迎 新

课程管理的关键是引导，高等教育机构通常在新学年开始时设定一个“入学适应周”，来欢迎新生和返校老生。在适应周，一年级新生们有机会在起始几周内就交到好朋友，建立友谊，与此同时，还可以发展学习与生存技能，为日后的学习与科研打下坚实基础（见表9.4）。哈维等人（Harvey et al.,2006）建议：适应周要避免信息过载和不必要的形式化流程。表9.4展示了一个逐步推进的入学适应周计划案例。

表9.4 新生适应周计划

| 迎新周计划 | |
|---|---|
| 周一：适应环境 | |
| 上午 | 欢迎来到适应周 |
| 午餐时间 | ·与学生招待共进午餐并了解校园 |
| 下午 | ·与你的私人导师见面<br>·欢迎来到学校：学业成功的工具——第一部分<br>·我们的幸福——介绍学生办公室和学生支援小组 |
| 周二：取得优异学业成绩 | |
| 上午 | 学术生存技能：学业成功的工具——第二部分 |

| 迎新周计划 | |
|---|---|
| 下午 | ·欢迎来到你的课程——你的项目负责人和项目其他成员见面，了解项目学习目标<br>·学校行动研究<br>·实地考察简报 |
| 周三：融入校园 | |
| 上午 | 充分利用在利兹大学的美好时光 |
| 午餐时间 | 欢迎午餐和学校社团博览会 |
| 下午 | 选修课事宜——获取关于你正在考虑的选修课的信息和建议 |
| 周四：探索你的学科 | |
| 整日 | 适应周实地考察——记得带上盒装午餐、雨鞋和步行靴 |
| 周五：休息与调整 | |
| 整日 | 为学习充电，做好第一周的学习准备 |

改编自：利兹大学地球与环境学院

有人提议，课程迎新过程应该打散分布至整个学期中去，以免学期开始时信息过载。托马斯认为，有效的课程引导强调吸引学生融入课程而非仅仅提供课程信息（Thomas，2012）。引导活动应帮助学生熟知教务人员、结交朋友、了解课程和学校机构的培养目标和培养学术技能。

对于老生而言，课程迎新旨在对下一学年的学习内容进行介绍。倘若上一学年没有选择和注册课程模块，可以在这时候补选和注册。而对那些在国外实习或刚完成实习的学生来说，这也是重新定位自身的重要方式。（案例详见第八章有关学生如何通过同伴支持克服过渡期这一部分内容）。

## 手　册

课程文件——无论是在院校、课程还是模块层面——对学生了解学习课程以及他们所在的高等教育系统之培养标准与目标至关重要。

### 课程手册

我们前面已经说过，开始写一本课程手册之前，你需要清楚课程意图和目标，为了避免与其他文件产生信息重复或矛盾，你还需要就内容与课程总负责人联系。你所要提供的是学生需要的所有基本信息，甚至提前回答一些他们可能想问的问题，以便学生高效学习。表 9.5 已罗列出可能包含的内容，请结合自身的教学情境，进行选择。

表9.5　课程手册内容

例如：

- 目录页/索引
- 课程目标与结果
- 导言与基本原理
- 课程结构
- 专业机构认证的详细信息
- 学业日历——课程开学日期和任务提交截止日期
- 课时表——可能更倾向于个人而不是课程
- 模块范围——核心（core）、可选（optional）和选修（elective）
- 可能的课程路线（以文本和图表的形式）
- 学分和进阶标准说明
- 模块说明
- 模块评估方法与标准
- 教学员工——他们的效率和联系方式
- 虚拟学习环境的详细信息以及其他计算机信息技术的使用及其可用性
- 图书馆及资讯科技设施详情——使用及开放时间
- 阅读列表
- 对个人学习时间的期望
- 关于抄袭及避免发生的指导方针
- 常见问题及其答案或参考答案所在页码
- 与课程相关的可能职业选择路径
- 有关残疾支持服务和有效英语语言支持的详细信息
- 健康和安全条例（若适用）

### 模块手册

模块手册是一项最完整材料，它包含了整个单元所有课程讲义、评估简报和阅读清单。在编写模块手册时，要考虑向新生提供大量文件的意义，是让学生拷贝还是发送电子版？手册是为了帮助学生了解课程内容还是仅为了一次性提供大量信息？如果所有教材都以这种形式提供，且没有向学生说明原因，那么学生的出勤率可能会很低。若将课程信息以更小更易于管理板块的形式及时发布，学生或许更容易阅读和消化，学习也会更有效。在设计模块时，你需要思考信息提供与学业指导的策略，确保本模块信息与其他人员编写的整个项目信息一致。

## 利用虚拟学习环境制作课程文件

当下，大多数高等教育机构都有一个校内通用或广泛使用的虚拟学习环境。这是一种基于网络的学习环境，用于支持和管理课程学习。这些平台可以是一个产品（例如黑板、D2L、画布、信息化课程设计平台）或一组理念型的工具。学生可通过这些平台快速访问在线学习工具。大学的虚拟学习环境通常与校园内的其他系统整合，如模块或课程目录、时间表系统、课堂记录系统以及图书馆目录和阅读列表服务等。

协助组织线上材料的工具多种多样，你可以创建文件夹，按周、组或主题对材料进行分组。只不过在思考如何组织材料上，你还需要多花点时间，以免课程实施混乱。有些教师选择在课程开始时就把所有课程资料上传到虚拟学习环境，也有部分教师则是随着课程的推进每周增加新资料。如果你是课程团队中的一员，建议你询问下你的同事正在做什么，以便明确学生接下来要查阅的学习材料以及材料的提供日期。还有一些教师会定时提出问题，要求学生在第二天或特定时间段（若干天）内参与在线小组讨论。如果你是课程的主要负责人，你可以使用虚拟学习环境来调控特定资源的访问时效和线上活动开放。

但也存在一些不同的声音。一些教师会认为提供在线材料只是为了转移成本，即用学生自己打印材料的方式取代了院系的复印预算。如果你不想变换，也可以在课堂上分发纸质讲义。不过使用在线材料也有一些具体好处，比如在虚拟学习环境中提供材料可以让学生自己保存副本，并在自己的计算机或其他便携移动设备上对这些副本进行批注和修改。

## 利用技术进行课程管理

大型系统和软件之间的互用性发展意味着虚拟学习环境与校内其他系统能够协同工作。这些系统包括学生档案记录系统、校园电子邮件、图书馆目录、抄袭检测服务、学生追踪、个人发展档案和模块评价工具等。这些工具协同工作，可以跨越项目、导航课程结构，为师生创造更一致的体验。此外，图书馆、资讯科技服务或教职工发展部门也可能会提供本机构系统的使用培训。

即使你不想设计在线课程或在线提供学习材料，也应该了解是否可以使用整合系统向班级组发送电子邮件、在线阅读列表、收集分数和模块评价。如果你是课程教学团队中的一分子，你就应该清楚，若团队中每个人都使用相同的虚拟学习环境工具，可以节约时间（也会为学生带来更无缝的学习体验）。

虚拟学习环境针对不同用户提供了不同级别的权限。通常只有少数用户拥有更改和移动材料、全局访问的权限。课程负责人及后续上课教师或导师负有维护特定课程模块区域的责任。如果你不是课程负责人，你可能无权在线构建课程空间，但作为一名导师，除非你是拿其他人的预写材料进行教学，要不然，你应该有权上传文档，使用沟通工具让学生进行讨论和做出反馈。

虚拟学习环境上还有特定时间表功能或日历工具，你可以在其中输入某一课程事项，如讲座或实验室时间以及评估的截止提交日期，随后使用虚拟学习环境的追踪功能来查看哪些学生已阅读了特定信息片段，这可以帮助你了解他人是否已经阅读完课程的相关活动信息。

## 学生多元化与课程管理

正如我们在第七章中所讨论的，教师不能假定学生熟悉高等教育的性质和期望，而要明确标准和学习期望。此外，任何课程信息、内容或相关阅读列表不应带有性别、种族或文化歧视观点，且符合第七章的无障碍指南要求。为了便于查阅，课程文件（如课程手册、摘要、讲义、参考书目和关键阅读资料）应在教学开始前以各种格式提供给学生，让他们有更多时间阅读、吸收信息和提前准备课程。学生带着问题来到课堂可以提高上课的积极性。注意，一定要确保你的学生知道他们在虚拟学习环境中所处的位置，拥有查看权限，并能通过输入密码进行访问。我们建议你编写一份讲义或手册，说明课程特定部分的网上资源及其使用方法。

### 示例 9.5：无障碍包容性学习政策

爱丁堡大学出台了一项无障碍包容性学习政策。该政策通过对学术支持进行微调并纳入学习主流，来提高所有学生学习的可及性和包容性。

该政策适用于本校所有学生和教职工，并对虚拟学习环境的使用提出具体建议。

该政策包括以下要求：

◇课程大纲和阅读清单应至少提前四周提供给学生。内容包含课程指导性内容、评估性质和参考阅读。

◇阅读清单应表明优先顺序或相关性，使学生明白阅读的先后顺序。

◇授课大纲、演讲或研讨会的幻灯片至少在上课前 24 小时提供给学生。

◇关键技术词汇或公式至少在课前 24 小时提供给学生，确保学生充分理解课堂上使用的术语或公式，促进参与。如果不使用虚拟学习环境，你也必须告知学生如何获取材料。

详见网站：www.ed.ac.uk/files/atoms/files/accessible_and_inclusive_learning_policy.pdf

**示例 9.6：课程多样化**

2018 年，爱丁堡大学发起了一个项目，探讨高等教育机构如何采取行动促进课程的包容性、平等性和多样性，由此制定了一套原则草案来指导这一领域的工作，其中包括：

◇课程应鼓励来自不同文化、背景和身份的人参与思考并发表观点，使之与大学日益多样化的学生群体相关，与之接轨。

◇课程应该鼓励学生参与到自身经历外更广泛的议题，来发展自我与他人更高层次的概念。

◇教师以一种激发智力和尊重的方式，鼓励学生就有争议的问题进行多维度、批判性地讨论和解决。

◇教师应采取覆盖全体学生的教、学、评方法，支持所有人发挥其学术潜力。

爱丁堡大学，详见网站：www.ed.ac.uk/academic-services/projects/promoting-inclusion-equality-diversity-curriculum/principles

你可以选择多种方式使用虚拟学习环境。在第七章中，我们专门研究了如何针对不同学生群体，运用讲义和视听辅助工具；表 9.6 呈现了使用虚拟学习环境来灵活提供材料的方式。

表9.6　虚拟学习环境的多种使用方式

| | |
|---|---|
| 上传讲义材料和幻灯片 | 即使你在课堂上会分发这些文件，也应将它们上传至虚拟学习环境，让那些丢失文件的学生能找到副本重新打印。<br>部分学生可能更喜欢电子版材料，因为他们可以将这些材料保存到自己的电脑中并加以注释。<br>如果你想让学生上课前通读材料，可以将材料发布到虚拟学习环境中并告知学生，这样他们就不用线下提前集合。 |
| 在线阅读列表 | 如果你发现阅读列表中的资源包含了网站、电子书或电子期刊中的文章，最简单直接的方法之一就是生成一页链接，而不是打印出来，让学生一键式访问。<br>如果阅读列表中含有音频、视频或动画，可以采用虚拟学习环境提供链接或传递内容，让学生根据自己的时间和节奏上观看与收听。 |
| 使用通信工具发布公告 | 你可以使用虚拟学习环境发送电子邮件给所有选课学生，通过更新论坛和公告向学生提供最新、准确的信息。 |
| 公布自己的网络教材 | 许多教师会自己设计网页来描述或说明课程内容。<br>有时候教师会用在线讲座替代面对面教学或想要将在线材料反馈到小组讨论或课堂活动中。 |
| 使用沟通工具进行多人在线讨论 | 在第五章中，我们讨论了为学习小组选择合适的学习活动。你可以使用虚拟学习环境中的通信工具，如同步聊天工具或异步讨论工具或两者兼用。<br>基于特定的前瞻性计划，你可使用聊天工具和讨论工具进行讨论会讨论、小组工作、辩论、角色扮演和问答。它们的优势在于能调控教师与学生小组讨论的节奏和空间。它还可以监控学生小组的进展，或者让无法现场会面的学生一起加入进来。 |
| 使用小测验或其他测试工具开展形成性评估和反馈 | 定期核查自身理解或测试技能有助于学生学习。大多数虚拟学习环境都含有在线测试工具——通常提供一系列问题类型。许多教师也会编写特定科目和主题领域的测试或小测验，供学生开展自我评估或持续评估。这些评估工具为教师提供了将反馈附加到特定答案或结果的机会，可指导学生复习，提供后续资源，或解释常见的错误。 |

随着虚拟学习环境的使用日益增多，高校的图书馆也开始采用数字化举措或订阅在线期刊和数据库，开发电子图书馆。这项技术正在彻底改变教师寻找信息的方式。传统以印刷形式出版的书籍和期刊，一次只能提供给一个图书馆用户。如今，通过数字化，多个用户可以同时查看同一资源。一些研究数据和材料也可供全球学生和教师使用。教师编译的课程阅读列表也会涉及数字和网络资源。通过创建电子链接，这些列表可直接引导学生阅读期刊文章或其他资源和图书馆藏书。一些大学图书馆也为特定模块开发了在线阅读列表项目。图书馆成员和学科专家团队是你搜寻教学相关的计划和项目的有效信息来源。

**示例 9.7：爱丁堡大学资源列表服务**

资源列表服务可以支持学术群体创建和管理课程在线阅读。在线阅读列表为学生提供了访问关键课程材料的途径。采用这一服务可以为学生预留更多的时间在阅读书目上而非搜索上。资源列表通过指出哪些是必要的阅读，哪些是作为进一步阅读提供的，还能帮助学生选择阅读顺序，详见网站：

www.ed.ac.uk/information-services/research-teaching-staff/resource-lists/about

**示例 9.8：爱丁堡大学虚拟学习环境中的课堂录音**

爱丁堡大学在全校 400 个教室安装了录音设备。学术管理人员记录教学过程，并发布记录，以便学生通过虚拟学习环境安全访问。学生可以复习材料，补习可能遗漏的要点来加深学习理解，为考试和上课准备。课堂录音是一种补充资源，它扩展了图书馆资源，丰富了课程材料已提供的在线资源，详见网站：

www.ed.ac.uk/information-services/learning-technology/media-hopper-replay/about-media-hopper-replay/introduction

## 在线提交

当下，大多数学生以电子版的形式完成作业，许多课程也陆续开始接收电子版作业。一些系部已经尝试使用电子邮件或电子档案袋提交作业。根据调查反馈，许多学生认为这种方法无需将任务交到部门办公室，具有较高的安全性和灵活性。此外，接收电子版作业的额外优点就是允许作品格式的多样性。如果课程需要双重评分，这种方式也允许二人同时对作业进行评分，无须额外复印。

在英国高等教育中，电子和在线抄袭检测工具的使用非常普遍。这些工具通过搜索特定文档内容，将其与网络上的文本进行匹配，最终呈现标记以供考虑。如果你所在单位已经购买了使用权，你就可以利用这些工具接收和分析电子版作业。一些老师要求学生在提交之前进行学术不端检测，或者使用这些工具来讨论“抄袭”这个话题。

### 利用虚拟学习环境支持远程教学

许多大学使用相同的虚拟学习环境来支持校内和远程学习课程。还有一些大学则利用外部平台，如 Coursera、EdX、FutureLearn 和 Udacity 等。在线学习课程的市场很大，而且还在不断扩张，这也促使大学和专业组织越来越关注全球的学习者群体。在线课程或“纯在线课程”与使用虚拟学习环境进行校内教学截然不同。基于这一工具的校内教学主要是在教学的某些方面使用网络工具，但各部门正在开发远程课程，虚拟学习环境则是提供内容访问、通信、评估和管理工具的主要机制。由于没有与学生面对面接触，我们面临着如何了解学生正在学习什么的问题，许多假设都受到了挑战。如果你要负责教授远程学习的学生，为他们提供支持，你就要阅读更多有关远程在线学习的内容，掌握作为一名导师应具备的具体技能。

### 拓展资源

◇ Bryson, C. ( ed. ) ,2014.*Understanding and Developing Student Engagement*. London: Routledge.

◇ Fisher, A.,Exley, K., & Ciobanu, D., 2013.*Using Technology to Support Learning and Teaching. Key Guides.* London: Routledge.

◇ Fraser, J., Shaw, K., & Ruston, S., 2013. Academic Library Collaboration in Supporting Students Pre-induction: The Head Start

Project.*New Review of Academic Librarianship,* 19, 125–140.

◇ Thomas, L.,2012.Building student engagement and belonging in Higher Education at a time of change: Final report from the “What Works? Student Retention and Success Programme” :www.heacademy.ac.uk/knowledge–hub/building–student–engagement–and–belonging–higher–education–time–change–final–report[Accessed18/1/2019]

## 有效的网络资源

◇ 2015年英国竞争及市场管理局 颁布的《高等教育：为机构提供消费者法律建议》详见网站：www.gov.uk/government/publications/higher–education–consumer–law–advice–for–providers

第十章

# 吸引学生参与并创建学习共同体

## 导　言

我们希望学生能充分利用大学提供的学习机会，让高等教育发挥最大功效。在第二章，我们引入这样一个概念，即学生的全部经验来源并不仅限于狭隘的授课型课程。在本章中，我们将进一步探讨这一概念，特别强调思考如何让学生参与一系列支持自身学习、提升就业能力的课内外活动，以及在这些活动中，如何鼓励师生合作，形成学习共同体。

## 背　景

2005 年至 2016 年的英国“全国大学生满意度调查”的问题内容基本保持不变，主要是要求学生围绕教学评估、学生支持、可使用的学习资源以及对教育经历的总体满意度等维度进行评分。与此同时，美国和澳大利亚的学生也分别参加了“全美大学生学习性投入调查”（National Survey of Student Engagement, NSSE）和“澳大利亚学生参与度调查”（Australian Survey of Student Engagement, AUSSE）。两类调查的问题内容基本倾向于学生对自身学习情况的反思，如思考他们自身所面临的挑战，考量自己与教师及其他学生进行互动的概率。这些问题不仅体现了教师对课程设计和授课的看法，也揭示了学生对这些学习机会的参与意愿。此外，调查问题还侧重高等教育中学生个人扮演的角色。可见，这类参与式调查更多地将学生定位为教育的合作伙伴而不是消费者，进而剖析学生对高等教育经历的看法，是一种较为客观的做法。教育体验的质量不仅体现在教师所提供的内容上，还体现在教师、学生和高校所提供的学习机会这三者的相互作用之中。

2017 年，英国“全国大学生满意度调查”将问题扩展到学习机会、学生在学习共同体中的参与程度以及学生的声音是否被倾听且得到回应三方面。因此，是时候在新章节中考虑如何吸引学生参与，让其感受到自己是学习共同体的组成部分等诸如此类的问题了。总而言之，本章主要探讨学生参与的内涵，以及通过（最广义的）课程支持与促进这种参与的方式方法。

## 什么是学生参与?

特罗勒尔（Trowler，2010）将“学生参与”定义为：

……有关学生与高校投入的时间、精力以及其他相关资源之间的相互作用，旨在优化学生体验，提升学生的学习结果，发展学生表现力，提高学校的排名和声誉。

正如我们在第三章中所讨论的，布卢姆将学习分为三个领域（认知、情感和动作技能），分别反映知识、技能和情感领域的学习。特罗勒尔进行文献综述后发现，学生参与也包含了情感、认知与行为三个方面：

1. 认知参与——学生投入学习并在达成基本要求后寻求挑战；
2. 行为参与——学生参加学习活动且未表现出破坏性或消极的行为；
3. 情感参与——学生对教育经历感兴趣并处于享受状态，对组织有归属感。

巴奈特和科特开发了表 10.1 的参与课程的模式（Barnett and Coate，2005）。

表10.1 参与式课程方案（转引自Barnett & Coate，2005）

| | |
|---|---|
| 知 | 在动态、社会和协作的过程中构建知识。 |
| 行 | 在课堂、实验室和与工作相关的活动中体验知识应用。 |
| 为 | 培养自信心、个人能力，以及自我效能感，为日后创造世界辉煌储备心理基金。 |

二人建议，要想促进课程参与，应该有意识地让学生参与以上三个方面。他们使用了一些主动动词，例如学生的学习和参与不应局限于知识、技能和感

受，而是积极学习知识，在实际应用与实践中形成自我认知。他们还建议，学生在新的或不同的实践情境中秉持自我反思的态度，展现“真实的自我”并对自己的行为负责，继而生成自己的资源，在某种程度上增加学习参与度。实际上，这也是学习者不断充实自己的方式。

## 为什么学生参与如此重要?

吸引学生参与可以提升学生保有率、满意度、学习成绩与成就，继而为教师个人及其所在高等教育机构带来多重好处（Thomas，2012）。积极参与课程的学生更有可能坚持学习。大量研究表明，参与度与学生的成就和发展息息相关（Trowler，2010）。如果我们坚信增加学生参与度可以提升学生素养与自我效能感，这可能也会对毕业生的成绩和就业能力产生重大影响。

从英国高等教育机构的视角来看，学生参与课程将于无形之中与“教学卓越与学生成果框架”的核心指标产生关联——详见学生事务办公室网站上有关教学的网页——源自“全国大学生满意度调查”（NSS）、“毕业生结果调查”（Graduate Outcomes）（原为“高等教育毕业生去向调查”）和英国高等教育统计局（HESA）的数据：

◇课程教学、评估与反馈、学术支持（NSS）。

◇学生保育（HESA）。

◇就业或升学，特别是学生是否进入高技能就业岗位（Graduate Outcomes）。

学生参与的信息（通常以学生分析的方式来衡量，参见以下示例）为高等教育机构提供了监控学生参与及学习结果的工具，协助管理并促进学位课程质量的提升。

当下，高等教育界对“如何分析利用数据以支持高校学生”的兴趣高涨。良好的学习分析为理解学生学习进阶、学生保有率、个性化学习和适应性学习提供了新路径。学习群体的数量越庞大，学习分析的价值也随之提升。如今，越来越多的大学出现了学习分析工具和政策，这或许会成为你教学实践的一个有效部分。

**示例 10.1：利兹·贝克特大学的学生参与监控系统**

这是一个在线系统，利用集中数据点（例如学术成就、虚拟学习环境分析、图书馆借阅、电子期刊和打印机使用情况）的活动数据来计算学生的参与程度（与全班平均水平相比），生成每位学生参与概况，快速识别有可能与课程脱节的学生，进而采取支持性措施。

**示例 10.2：爱丁堡大学的学习分析政策**

爱丁堡大学出台了一项准则与目的说明，引导学习分析活动的开展。该政策要求，所有教职工必须在合乎道德且透明公开的前提下使用大学内有关学与教的数据分析，且数据分析的使用重心应放在提升学生实践经历上。

爱丁堡大学《学习分析的准则与目的》参见网站：
www.ed.ac.uk/academic-services/policies-regulations/learning-and-assessment/learning-analytics/principles

## 学生参与的维度

全美大学生学习性投入调查（NSSE）对“学生参与”做更时髦的阐释（参见 Coates，2007），其指出：

……参与是一个宽泛的概念，既涵盖突出的学术能力，也包括学生经历中的一些非学术方面。

由此可见，学生参与活动既包括课程活动，也包括课外活动。

克劳福德等人（Crawford et al.，2015）提出了一个模式，为学生参与和团队合作的相关讨论搭建了框架（图 10.1）。该模式有助于教师思考学生参与的机会，考虑活动是否位于下列四个象限中或跨越四个象限，若是，则以何种方式安排。

学生还可以从不同层面参与高等教育，形成独特的教育经历（图 10.2）。

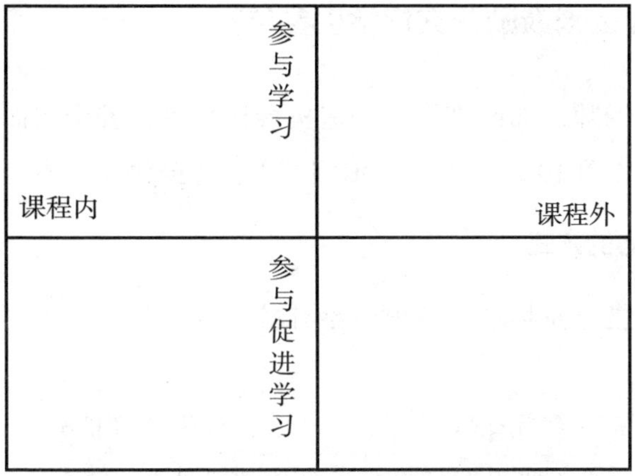


图 10.1　学生参与的类型（Crawford et al.，2015）

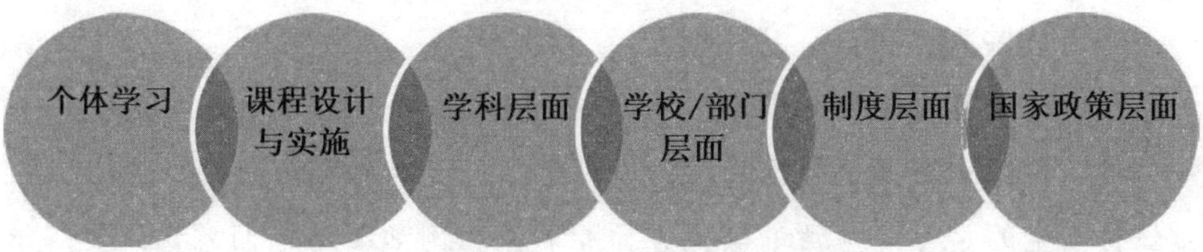


图 10.2　学生参与度光谱（心理学学科中心）

此外，科茨（Coates，2007；2011）还开发了一个“学生问卷参与模型”（Student Engagement Questionnaire；SEQ），通过几个不同的参与量表描述符对学生进行提问（见表 10.2），这成为“澳大利亚学生参与度调查”（AUSSIE 模型）的开发基础。

表10.2　AUSSIE量表描述符

| | | |
|---|---|---|
| 学术挑战 | AC | 学生需要挑战的学习期望和评估内容 |
| 主动学习 | AL | 学生主动建构知识的程度 |
| 师生互动 | SSI | 学生与教师联系程度与性质 |
| 丰富教育经历 | EEE | 拓展性教育活动的参与情况 |
| 支持型学习环境 | SLE | 在大学共同体中的合法感 |
| 与工作相结合的学习 | WIL | 就业导向下工作经历与学习的整合 |
| 职业准备 | CRE | 就业前的准备 |

## 你能做些什么来鼓励并支持学生参与？

作为一名新老师，你或许无法创造机会让学生在各个层面受益或是参与到教育的各个领域（图 10.2），但以下示例可以在你鼓励学生参与时发挥作用。

### 促进学生参与的方式

◇设定高期望与高标准，确保学生有机会接受学术挑战，重视并鼓励开展学术工作。

◇为学生创造一系列有趣、实用且可以合作的学习机会。

◇鼓励并支持学生积极利用课程提供的学习机会。

◇通过私人导师的角色监测与分析学情等方式，识别并支持那些看似拒绝参与的学生。

◇利用课外时间与学生联络，主动参与学校活动（包括社交活动），寻找机会与学生以及其他同事互动，成为学习共同体的一员。

◇将学生的学习与生活的其他方面相联系，例如帮助他们意识到更广泛地参与大学生活获取工作经验将带来的好处。

◇鼓励学生为课程设计提供反馈与建议，进而改善学生学习状态，提高教师教学和评估水平。

上述列表反映出，要想学生参与，实际上教师也要同步参与，我们将在本章接下来的内容中进一步探索教师如何激励学生参与。

## 学生参与——学习机会维度

### 鼓励学生参与讲座

或许，提高学生参与度的最直接、最简单的场所之一就是自己所教授的课程。特别是在大型讲座等集体教学环境中，这一传统的教学环境往往让学生出现被动的学习经历，他们甚至对这种教学氛围感到害怕。如今，教师可采用一系列互动工具提升讲座的参与度，让学生更直接地参与到讲座内容当中。许多大学已经提供了课堂电子投票或响应系统（即“应答器”）。一些网络工具，如 Kahoot、Poll Everywhere 和 Padlet，也可为课堂营造更为活跃的学习氛围。不过，学生需要各自持有网络设备，这同时也给予了学生课堂上使用设备学习的正当机会——为查找信息提供便利。学生还可以将他们移动设备上的内容投影到演讲厅的屏幕上，与全班同学共享。由此，我们推演出这样一种观念，即讲师并不是所有信息的来源。

如今，虚拟学习环境的使用非常普遍，它可以为学生提供材料，以便学生在课前获得知识，将课堂时间用于实践和应用等概念。虚拟学习环境可以存放各种学习材料、讲义、演示幻灯片、音频、视频和动画。一些大学为虚拟学习环境提供了额外的视频和媒体托管工具，支持学生在课前和课后更方便观看视频。

### 示例 10.3：爱丁堡大学，学习与参与中的媒体

在爱丁堡大学，教师与学生可以访问一个托管、安全的媒体资产管理系统，该系统提供了特定的，如 YouTube 等在内的特定大学版本商业平台。老师们可以在此创建、编辑、共享、查看、重用并存储音频与视频内容，开设翻转课堂。包括远程学习者在内的所有师生都可以使用这些工具，在多个平台（包括虚拟学习环境、大学网站和社交媒体渠道）上轻松创建和发布视频。当然，教师可设置虚拟学习环境的内容为按课程顺序使用，将其添加到播放列表和阅读列表中。

在课堂互动方面，校园内有 400 个演讲者影院（lecturer theatres），并配有讲课录音设备、学生投票互动系统和“Catchbox”的可抛式麦克风，以便在大教室或大班开展讨论和互动。

### 让学生参与群组学习活动

本章前面内容中，我们强调教师在整个课程中提供主动、合作学习的机会来提高学生参与的必要性。小组学习活动，例如专题研究、以问题为基础的学习（PBL）和以小组为基础的学习（TBL）都可以为学生提供课堂内外进行合作、互相学习以及课程的不同部分的学习之间建立联系的机会。

### 示例10.4：垂直集成项目（Vericallyintegrated Projects，VIP @ STRATH）

斯特拉斯克莱德大学（Strathclyde University）为各个层次学生提供了加入跨学科团队从事初始研究和项目开发的机会。各个年龄段的本科生和研究生可以一起合作，与整所学校的教职工一起参与大型真实性项目，学生在活动中运用自己所学的知识，扮演一系列不同的角色，在更高层次学生的支持下，发展专业技能。

斯特拉斯克莱德大学的网站：www.strath.ac.uk/viprojects/

### 示例10.5：设计机构

爱丁堡艺术学院（Edinburgh College of Art）的学生在获得全日制学位的同时，还可以在学生领导的内部设计机构中参与设计项目，获得四年工作经验。毕业班学生可建立自己的盈利机构，担任创意总监一职，招募一年级学生作为实习生，二年级学生担任初级设计师，三年级学生担任高级设计师。 每个机构都有一位行业专家指导，学生负责自己所在机构的品牌和广告宣传，以吸引真实项目（live projects）加入。每位学生的学习和他们在机构中扮演的角色不断发展，他们的责任感和工作量也随之增加。学生通常采用日记、博客、电影和报告等方式对这种“螺旋式课程”进行评估。

佐伊·帕特森（Zoe Patterson），爱丁堡艺术学院

详见网站：www.teaching-matters-blog.ed.ac.uk/?p=2938

### 让学生参与同伴学习活动

学生参与的关键是让学生参与自己的学习，鼓励学生对自身学习负责。这可能需要教师在学生早期学习中搭建支架，确保其学习过程得到支持并循序渐进地展开，而不是突然要求学生自食其力。其中一种做法是开展同伴支持的学习活动，让学生得到更高年级学生支持。托马斯（Thomas，2012）通过“什么在起作用？学籍保留与成功”项目对一系列旨在提高学生保育率和成功率的干预措施进行评价后发现，学生在参与中获得强烈归属感是一个重要因素。反推之，学生的归属感是通过创造以下机会来实现的：

◇同伴互助关系。

◇师生之间有意义的互动。

同伴互助关系可围绕各种组合建立，例如同伴辅导、辅助性教学（Supplementary Instruction，SI）、同伴互助学习计划（Peer-Assisted Study Scheme，PASS）和同伴互助学习（Peer-Assisted Learning，PAL）。这些已成功应用于入境和回国、进入实习或完成实习的部分学生，支持他们度过这个过渡期。我们在第八章学生支持和技能发展的有关内容中，谈到许多同伴支持机制，你可以查看该章末尾的更多资料部分找到相关信息。

另一种做法就是让学生参与评估过程，例如提供评估选项，在小组任务评估中开展同伴互评及意见反馈并在此之后进行同伴间二轮评分。这在第六章中也已做详尽论述。

**让学生参与虚拟学习活动**

大学为合作和虚拟学习体验提供了许多线上空间。一个高等教育机构的虚拟学习环境包括同步和异步的讨论工具，辅之以博客、维基和共享的协作式在线写作工具，如谷歌文档和计算笔记。其中，师生可以用计算笔记创建和共享实时代码、方程、可视化和解释性的文本。此外，一些大学团队正在尝试使用增强现实（AR）和虚拟现实（VR）这两个学习工具进行学习。这是一个快速变化的领域，技术在不断更新，工具也越来越廉价。在一些学科中，开发虚拟学习体验正在成为现实，学生身临其境似地参与其中。

假如你所在的单位为你提供了一些试验技术的机会，你将有机会到“创客空间”（Maker Spaces）尝试新工具与新设备。据了解，许多城市都有创客空间，且越来越多的大学也为师生提供了创客空间。它在教学中的普及既标志着注重手工、建筑和创造价值这种学习理念的回归，也体现了高等教育机构对塞莫尔·帕佩特（Seymore Papert）在 20 世纪 80 年代与 90 年代发展起来的建构主义理论重新产生了兴趣。随着 3D 打印、模具制作、建模和激光切割设备成为家庭和学校的主流，不难发现，在课程中加入创造性活动将会是吸引学生参与的新方式。

### 示例 10.6：爱丁堡大学的 uCreate 创客空间工作室

爱丁堡大学的 uCreate 创客空间工作室位于该校图书馆，是一个可预订的创客空间。它提供了一系列有用的创新设备与设施，其中包括 3D 打印、3D 扫描、模切、电子设备以及虚拟和增强现实技术，来鼓励大学社群中更广泛的跨学科合作。

爱丁堡大学 uCreate 创客空间工作室网站：www.ucreatestudio.is.ed.ac.uk/

实际上，你的学生有许多机会参与到更为开放的在线知识共享社群中来。其中最广为人知的就是维基百科。它由世界各地的人们共同编辑，通过分享来提高和扩大话题的覆盖面。高等教育通过与维基媒体基金会和英国维基媒体的合作参与其中。大学、博物馆、图书馆和专业组织机构与维基百科用户联合设计课程内外的学习活动。在英国，一些高等教育机构还曾主办过维基媒体驻校活动，其中包括牛津大学、爱丁堡大学、苏格兰与威尔士的国家图书馆、大英图书馆和维康基金会（Wellcome Trust）。

### 示例 10.7：维基媒体（WIKIMEDIA）课程

爱丁堡大学的学生通过批判性地分析并综合各自领域的同行评审文献，可以在维基百科上发表新文章。这些维基驻校作者为课程负责人提供了有效的支持。

典型的学习结果是：

·培养适合公众阅读的写作技巧。

·增强信息和数字素养以及批判性思维。

·引入协同写作，其格式非常适合将来迁移到学术和工作环境中。

·提高学生的研究技能；确保他们的研究应用达到学术水平。

爱丁堡大学维基媒体驻地网站：https://thinking.is.ed.ac.uk/wir/

## 学生参与——课外活动维度

### 让学生参与拓展性或能够增长见识的活动

在英国，绝大多数学生都要注册并参加一门荣誉学位课程的学习。学科领域及课程的专业机构监管严格程度的差异会导致学生完成学习项目的路径大相径庭。在严格监管且与专业相关的学位项目中，大部分课程都是核心课程，学生选择模块的机会较少。然而在其他学科领域，尤其是在艺术学科，学生甚至可以选修非同类学科的项目，拓宽研究领域。你对此的看法可能也取决于与你所选择的学科性质。

**让学生参与和就业相关的活动**

英国毕业生就业市场的竞争越来越激烈，毕业生越来越多，职位空缺越来越少，仅仅拥有一个学位可能不足以获得一份需要较高研究水平的工作。

英国专业就职咨询机构（High Fliers Research，2018）再次证明了这一点：

完全没有工作经验的毕业生基本不可能在顶级雇主发起的毕业生项目选拔中获得成功。

同样，曾经的毕业生招聘协会（the Association of Graduate Recruiters，AGR），也就是现在的学生雇主协会（Institute of Student Employers，ISE）在其2016年年度调查中显示，雇主们正在调整他们的招聘流程，倾向主动招聘具有商业意识、谈判或影响力等技能的毕业生，以缩小员工间的技能差距。最新的报告（ISE，2018）指出，雇主们认为最常见的技能差距在于：

◇向"上"管理能力；

◇处理冲突的能力；

◇谈判能力或影响力；

◇商业意识；

◇心理韧性。

在许多学位项目中，更广泛的技能，如实习、志愿服务等往往不是通过课程学习培养出来的，而是学生通过参加课外活动获得的。

无论你扮演着什么角色，讲师、导师或是学生学习支持者，都需要鼓励学生尽早在学位项目中意识到参加合作课程与课外活动的好处，把握学习阶段的各种学习机会。如第八章所述，专业发展规划和学习档案袋可以联系并记录学生在活动中发展的技能。很多时候，本科生和研究生直到临近毕业才意识到把握这些活动机会的好处。（注：这也适用于那些希望从事学术研究的研究生。有

关如何发展学术生涯的内容将在第十一章做更多讨论）

### 示例 10.8：探索模块中学习拓展

除已选课程学科核心内容之外，利兹大学的学生还有机会参与探索模块的拓展性学习。该模块包含十大探索主题，学生可结合个人兴趣探索主题内容，培养对大学生活有益的技能。如果学生是在第二年或第三年选择探索模块，则要探究同一主题下学习难度更大的模块内容，抑或是从其他相关子主题出发，对这个主题作延展讨论。

利兹大学网站：https://leedsforlife.leeds.ac.uk/Broadening

### 示例 10.9：爱丁堡奖励

“爱丁堡奖励项目”为学生参与课外活动提供官方认证，这些活动包括志愿活动、兼职和在大学共同体内开展学术汇报等。

爱丁堡大学网站：www.ed.ac.uk/edinburgh-award/about

## 让学生成为学习共同体的一部分

我们已经在第九章中讨论了尽早培养归属感对支持学生向高等教育过渡的重要性。不过这主要还是从保留学籍和学习进阶两个方面，讨论如何向学生提供与其他学生见面并开展社交、在课程开始的前几周与私人导师取得联系以及帮助学生适应校园并交到朋友等。在美国，学习共同体通常指代一起学习，并在课程中创造意义的学生群体。课程的另一重要方面是师生之间的互动。正是（学生学习共同体或师生学习共同体）这两个方面构成了本科生优质教育七项原则中的前两项（Chickering & Gamson，1991）：

1. 鼓励师生交流；
2. 培养学生间的互惠合作；
3. 鼓励主动学习；
4. 给予及时反馈；
5. 强调任务时间；
6. 传达高度期望；

7. 尊重学生的天赋与多样化的学习方式。

在学习共同体中表现活跃的学生通常可以发展更高层次技能，如批判性思维、复杂问题解决和沟通能力。温格（Wenger，2001）将这种社会学习环境描述为“实践共同体”，这类共同体中的师生可以共享并朝着同一目标展开实践。此外，它还可以鼓励学生对关系、身份和学习过程进行批判性思考，继而带来变革性的学习经历。温格认为，个人正是在这些社会学习环境的参与中建构起自己的身份，并成为特定学科领域或专业的合法成员。温格（2001）指出实践共同体包含三要素：

◇一个领域：由拥有共同兴趣的人为了共同目标而形成的共同研究领域；

◇一个社群：成员们形成一个参与联合活动、交流讨论、互相帮助并共享信息的互动集体；

◇一次实践：成员们都是实践者，他们就共同关注的话题进行学习沟通与资源共享等，久而久之，形成了资源共享库：经验、故事、工具、解决高频问题的方法。

教师需要对学生参与学习共同体加以规划，是将其设计成课程、合作课程或课外活动的一部分，还是特地为学生创造有意义的机会以突显学习共同体的意义？（图 10.2）。

### 让学生参加学习共同体的方式

作为学习共同体的组成部分，师生传统的交流方式有：

◇引导活动：课程初始或每学年初，师生都会在正式或非正式学习情境中一起交流讨论。

◇实地考察：主要包括至少一天的校外考察、工作、学习以及师生间的社交活动。

◇以学科为基础的社会性团体活动，如 ROCKSoc（地质学），MATSoc（材料科学）等。

◇专业团体的地方分会：允许校内师生与校外更广泛的专业学习共同体成员一同举办研讨会和社会活动。

◇学生会与院校之间的集体合作，例如共同制定伙伴协议，以规定师生对彼此的期望。

◇员工奖和学生奖：师生均参与奖励计划的各个阶段，从设计、提名、评审、策划到参与颁奖典礼。

◇学生参与研究，即合作研究或学生参与学校研讨并做出贡献。

◇校内外的行业联络、演讲或参观活动。

◇虚拟学习社区：教职工和学生在网上讨论和评判彼此的工作。

**示例 10.10：虚拟协作学习空间（CAGD）**

利兹贝克特大学的艺术、建筑与设计学院的学者开发了CAGD平台，这是一个基于网络的学习平台，旨在满足艺术与设计专业学习共同体中的学生、讲师、支持人员和管理人员的需求。该软件具有现代虚拟学习环境所期望的所有常规课程组织和管理工具，但核心工具是日志（journal）。它实际是一个只有学生及其导师才能看到私人空间，该工具可以记录、回放以及分享富媒体（rich media），这些富媒体内容保留了师生不同阶段完成的工作，并能为师生提供不断累积的反馈信息。

格雷厄姆·希伯特（Graham Hibbert）和伊恩·特鲁伊（Ian Truelove）
利兹贝克特大学艺术建筑与设计学院

**建立学习共同体及组织相关活动需要考虑的方面**

要想学习共同体发挥效能，让共同体成员取得成功，师生就必须履行学习共同体设立和运行时的承诺。学习共同体的建立并非易事，这样的学习集体通常不具备强制性，随着时间的推移也会发生一定改变。当学习共同体的成员有着共享的价值观、态度和行为而非管理层强加的意志时，便会逐渐孵化出不那么正式的、可自我管理的单元，形成由内而外的归属感，发挥最大效能。这给我们的启示是，学习共同体的所有成员都是在互动中学习，而不仅仅是将新生引入一个已经存在的学术共同体或行业中。这同时也表明，你需要将重点放在养成“伙伴关系”上，而不是文化适应上。

为了提高学生参与积极性，同时确保机会均等性，你要顾全学生的学习需求，例如，确保机会设计可以兼顾校外学生、成年学生和有责任心的学生，要让那些不喝酒或要履行宗教仪式（比如斋月）以及残疾学生都能参与进来。托马斯（2012）证明，这些带有学术目的的主流活动可以最大化培养学生的参与度和归属感。教师应在课程中植入此类活动，让所有学生都能参与其中，并有所收获。

如果是在校外或非工作时间进行的活动，你还需要考虑所有学生的健康和安全。这也是你的职责所在。此外，上述罗列的各类活动只能在风险评估后方可执行。

### 示例 10.11：学生主导的奖项

现在，许多大学都有学生牵头的年度奖励计划，例如利兹大学的“合作伙伴奖”和利兹贝克特大学的“金袍”奖，这些奖项皆由学生与他们的同伴们提名，旨在表彰对大学工作有突出贡献的人员。上述两项奖励计划都由学生会管理，每年都会吸引来自各高校数百名提名学生和教职员工。爱丁堡大学学生会举办的“教学奖”计划是英国历史最悠久的计划之一，由学生组成的评审团对奖项进行评审，对未来的发展产生影响。

参见《爱丁堡大学学生协会教学奖报告》（2016 年）中有关“学生眼中，卓越教学是什么样的？——对教学奖提名数据的分析”该部分内容。

具体网址为：https://issuu.com/eusa/docs/teaching_awards_report_2015_16_issu

另外，在国家层面也有一项“年度大学生”奖，见网站：https://undergraduateoftheyear.com

## 学生作为课程伙伴、生产者和共同创造者

“学生参与”和“学习共同体”这类概念的采用，进一步明确了学生作为合作伙伴、生产者和共同创造者的课程定位。学生从积极投入并参与到教师为他们提供的课程学习机会，转变为参与设计和审核这些学习机会以积极塑造课程。希利等人（Healey et al.，2014）对“学生作为伙伴”标语下的活动重点进行了简单区分（图 10.3）。

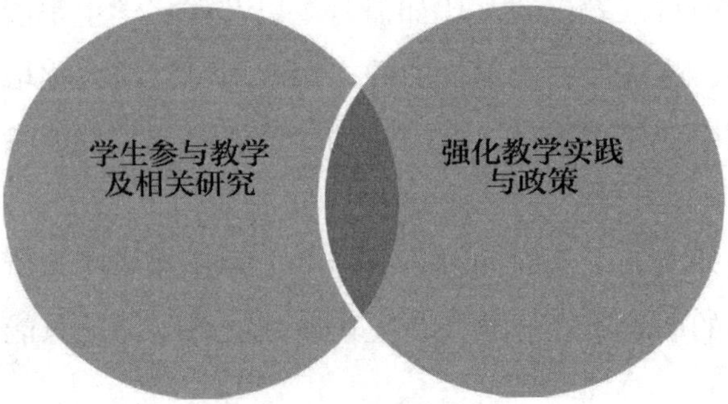


图 10.3 “学生作为伙伴”的简单模型（Healey et al，2014）

## 学生参与——课程开发维度

如前所述，为学生提供机会，让他们积极参与设计和管理自己的课程，是学生参与的核心所在。教师以这种方式让学生参与课程设计和开发，可以加深学生对学习过程和学科的理解，帮助他们更有信心地表达学术观点，提高在评估中的表现。

波维尔和布利（Bovill & Bulley，2011）提出了学生参与课程设计的阶梯式模型。阶梯的两极是学生掌控和导师掌控。他们认为，这种模型更能说明师生的伙伴关系是一种连续体，而非严格的等级描述（图 10.4）。

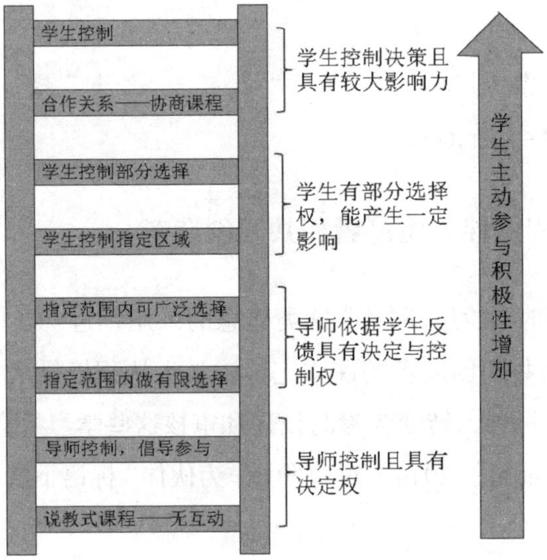


图 10.4 课程设计中学生参与的阶梯（Bovill & Bulley，2011）

在合作设计与开发课程时，权力关系是一个关键考虑因素，它会给教师和学生带来挑战性和不适感。特别是当导师既要参加总结性评估工作，又要对课程质量负责的时候，情况更甚。

团队合作的核心是教师将权力下放给学生，这也意味着教职工必须放弃一些控制权。但控制层级则取决于教学情境，有时候哪怕是在阶梯的顶端（学生控制）也需要导师的一些介入与指导。波维尔和布利提醒我们，站到梯子的顶端非常具有挑战性，也不一定是最佳选项。同样地，假如教师只是虚假地呼吁学生参与，那也可能会导致学生信任缺失，这对师生关系的损害比老老实实地讲授课程来得更大。

作为一名新手教师，你不妨从小范围干预开始，逐步与学生建立合作伙伴关系，例如为学生提供选择，让他们控制课程的特定方面或是为其效力。譬如，在你领导或负责的某一模块中，鼓励学生：

◇从你筛选的阅读材料中做进一步选择；

◇从一系列的评估方式中选择他们的评估偏好；

◇设计他们期待的虚拟学习环境样态；

◇设计一个用以展示模块学习结果的项目；

◇带领编写一份学生杂志或组建杂志俱乐部。

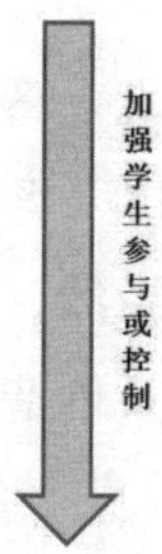


让学生参与课程开发的方法还包括：为课程开发提供反馈、参与课程验证或批准小组开发课程等。我们将这些留到第十一章再做更细致的讨论。

## 学生参与——课程研究维度

希利和詹金斯（Healey & Jenkins，2009）开发了一个矩阵，思考和探索学生在课程中参与研究的不同方式（图 10.5）。

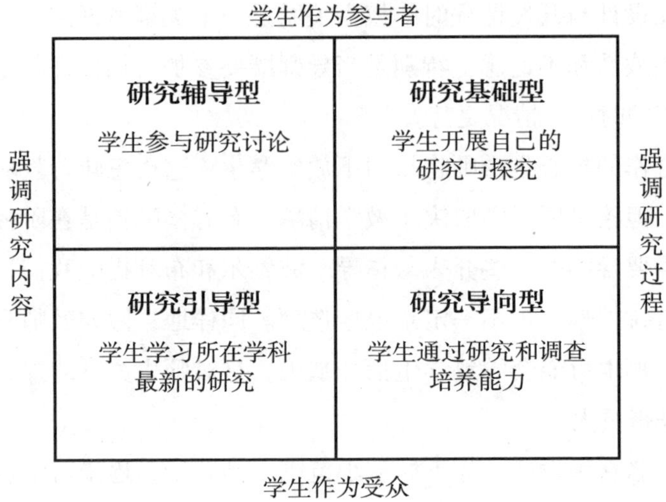


图 10.5 希利–詹金斯研究与教学关系模型（转引自 Healey & Jenkins，2009）

希利等人认为，这四个象限为学生参与基于学科的研究与探索提供了切实有效的方法，课程应该包含所有象限的元素（Healey et al.，2014）。虽然基于学科的研究应该（当然，大部分的确）会影响你的教学内容，但在教学设计中你要更为主动，更具创造力，促使学生积极参与研究讨论及研究过程，贡献自己的力量。

一些大学已经开始使用希利–詹金斯模型协助审计与开发课程了。以利兹大学为例，在开发课程时，为绘制课程中研究性知识与技能的开展地图，学校运用了该模型来论证研究与教学之间的关联，成效显著。这种清晰化的呈现方式可以避免学生只是在最后一年的项目或毕业论文写作时才参与科研。示例 10.12 为我们展现了在学位课程项目的初始阶段以何为切入口，将学生引入研究过程和研究内容之中。

林肯大学发放了一项有关教学实践如何促成师生合作文化形成的问卷调查（Crawford et al，2015），结果表明，合作研究（collaborative research）在其中起着重要作用。

为此，这所大学提供了相关课程和课外实践机会，助力师生合作开展研究项目。

### 示例 10.12："遇见你的科研伙伴"引导活动

伦敦大学学院（UCL）开发了一项引导活动，邀请学生在入学后初始几周参加研究型小组任务。这项活动一般会将学生分为 6~8 人的同龄人小组，去调查该学科领域内一位资深学者的研究工作。起初，他们只是研究学者的作品并彼此分享结论；随后，小组将在四周时间内，对这位学者进行访谈，了解其研究情况；其次，小组将该学者情况整理成大纲，并以特定的交流方式与普通大众分享。这种合作完成任务的形式既能帮助学生增进对彼此的了解，又能培养许多重要的学术与沟通技能。但这项活动的主要目的显然是为了引导新生融入伦敦大学学院的研究文化之中。

伦敦大学学院（UCL），详见网站：
www.ucl.ac.uk/teaching-learning/sites/teaching-learning/files/
meet_your_researcher.pdf

### 示例 10.13：英国本科生科研联盟

英国本科生科研联盟（British Conference of Undergraduate Research, BCUR）是由各大学联合建立的组织，旨在推进营造英国大学科研文化。该联盟为各学科、各层次的学生提供了展示其研究结果的机会。当然，这些结果也是他们在课程学习或实习阶段取得的成果。英国科研联盟每年举行一次学术会议，其中，会议论文、报告、海报和研讨会皆由同行评审。此外，该联盟还创办了许多针对特定学科与特定机构的本科生科研期刊以及年度"国会海报"活动，海报展示了学生在本科课程最后一年的研究项目成果。

详见网站：www.bcur.org

总而言之，倘若没有权限重新设计课程的主体内容，你也可以采用其他措施或进行小规模的调整，让学生参与到科研共同体中。（参见 Jenkins & Healey, 2013，第 128–144 页）。

### 让学生参与科研共同体的方式

以下示例说明了如何使学生参与希利 – 詹金斯模型的四个象限（图 10.5）。

研究引领型（research-led）：

◇借机向学生介绍你与同事的研究，如：邀请他们参加科研研讨。

◇介绍你所在学科领域当下的科研发现，如：在适当的地方引用你自己的论文。

研究辅导型（research-tutored）：

◇增进学生对知识的理解，培养其对知识的质疑精神，如：进行课堂讨论。

◇通过展示示例，探究如何针对不同受众和目的编写研究结果，如：对比大众媒体和同行评审期刊的示例。

研究导向型（research-orientated）：

◇引导学生分析研究方法、质疑方法效度、阐释并运用研究结果，达成熟悉研究过程的目的。

◇采用探究性教学，如：教师要求学生参与实验室或实践学习或问题导向学习。

研究基础型（research-based）：

◇提供有意义的学习机会，吸引学生参与研究基础型活动，如：参加各级别项目工作。

◇支持学生开展自己的研究，如：为学生提供毕业论文或毕业设计指导，培养学生独立性，充分激发学生潜能。

◇提供一个学生宣传研究结果的平台，如：张贴海报、汇报论文或在高校内部学生刊物上发表结果。

最后，你也可以与学生一起开展教学研究。下一章我们将探讨这一点。

## 拓展资源

◇ Bryson, C., 2014. *Understanding and Developing Student Engagement.* SEDA Series. Oxon: Routledge.

◇ Cook-Sather, A., Bovill, C. & Felton, P., 2014. *Engaging Students as Partners in Learning and Teaching: A Guide for Faculty.* San Francisco: Jossey-Bass.

◇ Crawford, K., Horsley, R., Hagyard, A., & Derricott, D.(2015) *Pedagogies of Partnership: What Works?* York: Higher Education Academy. 详见网站 :www.he-academy.ac.uk/system/files/pedagogies-of-partnership_0.pdf

◇ Dunne, E. & Owen, D.(Eds.), 2013. *The Student Engagement Handbook: Practice in Higher Education.* Bingley: Emerald.

◇ Healey, M., Flint, A., & Harrington, K., 2014.*Engagement through Partnership: Students as Partners in Learning and Teaching in Higher Education.* York: Higher Education Academy. 详见网站：www.heacademy.ac.uk/engagement-through-partnership -students-partners-learning-and-teaching-higher-education

◇ Jenkins, A. & Healey, M., 2013. Chapter 8-Research-led or research-based undergraduate curricula. In Hunt & Chalmers(Eds) *University Teaching in Focus: A Learning-Centred Approach.* Abingdon: Routledge,pp.128－144.

◇ Papert, S., 1980. *Mindstorms: Children, Computers, and Powerful Ideas.* New York: Basic Books.

◇ Trowler, V., 2010. *Student Engagement Literature Review.* York: HE Academy. 详见网站：www.heacademy.ac.uk/system/files/studentengagementliteraturereview _1.pdf

◇ Wenger, E., 2001. *Communities of Practice: Learning, Meaning & Identity.* Cambridge: Cambridge University Press.

## 有效的网络资源

◇ 英国毕业生招聘协会（AGR）2016 年度调查，详见网站：http://justoncampus.co.uk/wp-content/uploads/2016-AGR-Annual-Survey-2.pdf

◇英国本科生科研联盟（BCUR）网站：www.bcur.org/

◇心理学学科中心提出的学生参与维度详见网站：www.heacademy.ac.uk/knowledge-hub/dimensions-student-engagement

◇2016年度爱丁堡大学学生协会教学奖报告——“对学生而言什么样的教学是好的教学？一项基于教学奖提名数据的分析”（What does good teaching look like to students? An analysis of Teaching Awards nomination data）详见网站：https://issuu.com/eusa/docs/teaching_awards_report_2015_16_issu

◇Healey, M. & Jenkins, A. 2009. Developing Undergraduate Research and Enquiry. York: Higher Education Academy.www.heacademy.ac.uk/knowledge-hub/developing-undergraduate-research-and-inquiry

◇2017年度高等教育学会有关“翻转学习”（Flipped learning）的内容详见网站：www.heacademy.ac.uk/knowledge-hub/flipped-learning-0

◇学生事务办公室：“教学卓越与学生成果框架”相关指导与信息见网站：www.officefor-students.org.uk/advice-and-guidance/teaching/

◇正在升起：《高等教育期刊》（Higher Education Journal）中有关学生参与的概念理解和实践详见网站：https://journals.gre.ac.uk/index.php/raise/index

◇苏格兰学生参与质量服务机构（SPARQS）网站：www.sparqs.ac.uk/

# 第十一章

# 课程是否有效？评价并证明你的实践

## 导　言

如何测量教与学的有效性？本章着眼于课程评价与审核过程，思考如何获取有效反馈，以提升课程质量。换句话说，我们将从课程审核的一般要求着手，兼顾学生话语权，提出改进教学的策略。我们探讨了这些策略能够改进教学实践的程度以及实施的具体情境，使之为教师专业成长提供依据，为教学实践提供指导。

## 评价与课程设计

作为一名新教师，你的教学与课程评价经历可能仅限于在模块结束时进行问卷调查，要求学生发表对教学标准和教学资源充分性的看法，或是在课程结束时，即刻要求学生对课程总体满意度进行评价。这类调查问卷有时只能是评价过程的本体，并不是一种搜集信息的做法。一些学生会认为到了这个阶段，做什么也都无济于事了，在填表时随意提出课程学习充满“幸福感”的观点，这类问卷调查表也可称之为“快乐表”。实际上，这些问卷所含的敏感性问题同一时间内只能获取相同类型的学生反馈，且问卷结果充其量也只能代表课程特定阶段（往往是直接评估前）的部分学生观点。此外，即便是在线问卷，自动提交反馈，也可能导致问卷疲劳。

全国性的学生调查问卷，如英国大学生调查（NSS）能提供数据并以其自身为标准评价课程，近年来因其能为基准课程提供数据，地位快速上升。不过，争议也随之产生，有人认为，这些问卷结果选择是在教师的教唆下完成的。

无论是在线还是纸质提交的调查问卷，基本采用分级量表形式对结果进行量化分析，形成质量指标。例如，学生在（最高分）5 分的题目中获得 4 分（平均分），就表明这门课程各方面都设计良好，无需进一步审核，随后一年的课程实施也基本不会有所调整。同样，教师也会引述 4.75 这个得分来衡量自己作为一名教师应达到的素质标准。我们认为，对这些数值进行过多价值赋值并不能切实增加其可信度和科学性，问卷的所有结果也未考虑到学生对学科领域的情感态度因素。

大学的质量保证程序承受着持续的压力。这意味着，他们更倾向于获取容易衡量的信息而非致力于生成真正能推动教育发展的有效信息。作为新手教师的你或许已察觉到，这些问卷调查的结果并不能为你的课程及教学实践带来较多实际效能。事实上，许多大学的"模块完成调查"主要由学校行政管理部门或中央团队管理部门负责，它们将结果直接反馈至课程负责人和学校管理部门处。这意味着你可能看不到课程反馈。换句话说，调查与教师并不存在真正意义上的联系。

基于此，我们在此倡导，要开展促进教师教与学生学的评价与审核，就必须将两者持续且全面地融入学与教这一持续过程中。这并不意味着教师需要花更多时间或承受更大的管理负担，而是要在日常实践中设立一个审核过程，以便在需要之时，能提供信息。在课程设计情境中，你一开始就要考虑课程评价的方式，并将其作为课程设计的起始部分。

## 评价的目的

评价是一种客观过程。教师在此过程中收集、整理与分析数据，形成信息或判断，依此采取行动改进实践。出于不同目的，教师将从不同层面设定评价方式。

教师个人及其教学层面开展的基础性评价，旨在确保教师能够：

◇了解自身教学有效性与实际成效；

◇提高教学质量；

◇促进教师专业发展。

从课程层面来看，评价旨在：

◇符合机构的内部质量保证要求；

◇评定课程目标和预期结果是否实现；

◇审核学习结果与相应的教师教、学生学及评估策略是否适配；

◇识别课程中有待改进的方面。

外部机构也可以成为评价的组织者。例如在英国，学生事务办公室最近引入了院校与学科双层面的“教学卓越与学生成果框架”。评价结果通常会按金、银、铜三个等级进行排名，并将结果告知感兴趣人员，如准备申请学校的学生、学生家长和用人单位，以便他们了解各院校教育质量和其提供的资源与服务。

## 评价术语

显然，许多与评价（evaluation）相关的术语也同样适用于评估（assessment）。此外，我们在第六章提到基于评估目的考虑的许多因素，在评估中也很重要。实际上，评估和评价这两个术语有时也可交互使用（尤其是在美国）。在英国，评估更多指向学习，评价指向课程质量，因此，我们在此使用“评价”这一术语。

与评估一样，评价也主要分为三种类型：

◇诊断性评价——在课程伊始用以协助教师判定是否存在不协调的情况，即学生期望或先验知识与课程设计基础之间不匹配的情况；

◇形成性评价——与形成性评估一样，用以识别课程需要调整与开发的范围及可能性，进而优化课程；

◇总结性评价——与总结性评估一样用来得出结论，做出判决。

“反馈”（feedback）和“评价”（evaluation）这两个术语也常互换使用，但含义却大不相同。

◇反馈是指从多种渠道、不同资源中收集和整理得到的信息。它是为了确保课程或学习项目有效性的一项尝试。

◇评价是指收集和系统化审核所有反馈信息的过程。教师只有对证据进行权衡，才能对课程或学习项目的有效性做出整体判断。

最后一点很重要。它意味着评价并不只是收集反馈，还要分析信息，形成结论，随后才能采取有针对性的行动，改进课程和后续教学。然而，评价过程的后半部分最易受忽视，教师应在评价设计的初始阶段就将分析信息划入设计日程，确定要收集的信息。

评价与评估之间的相似性也表明，教师对各种评价类型的态度与反应很大程度上取决于评价的目的和方式——许多维度下，总结性评价都具有惩罚性质。本章我们将会重点关注评价及其意图的达成：发现并改进教师教学和课程（“形成性”评价）。可汗和沃尔什也对此进行了详细介绍（Khan & Walsh，2006）。

## 评价周期

正如我们在第二章中建议的那样，评价和审核都是课程设计周期的组成部分。教师应该将二者置于课程设计的最前端，利用各种数据资源与类型，衡量课程设计各方面的有效性，可别当马后炮。

评价和审核共经历四个阶段：

1. 测量——根据不同来源，系统化收集各类数据并进行测量；
2. 判断价值——对各类数据的重要性与意义价值做出判断；
3. 开展行动——根据判断和证据，若有必要，进行更改，以进一步巩固课程体系，或解决问题和突发情况；
4. 监控——检查所有更改及其走势是否按计划进行。

对评价和审核的四个阶段（测量、判断价值、开展行动和监控）下定义时，我们需要考虑一些基本问题：

◇我们想要测量的是什么？

◇我们应该寻找哪些证据或数据来源？

◇我们如何获得所需信息？

◇我们什么时候进行测量？

◇我们将如何对信息采取行动？

◇我们将在哪里报告结果？

形成性评价是教师在教学时开展的评价，它依据评价结果及时调整教学以服务正在学习的学生，所以评价周期的时间框架设定也很重要。

以下板块将围绕评价周期的六要素展开讨论。

## 我们想要测量的是什么？

实际上，对任意一门课程或课程的某一部分进行评价和审核都含有一些内在、共通的诉求：

◇检查课程的“健康状况”。

◇改进课程的目的是服务师生。

◇针对一个特定问题进行探究，如：学生成效不佳或未完成课程。

◇监控一项课程变革，如：引入计算机模拟实验室或是采用课前导学的翻转学习模式。

◇协助重组课程——课程内容可能不错，但实施顺序不对。

◇验证或重验课程，以获得专业机构的认可或履行高等教育持续（如：每五年一次）审核程序要求。

◇为课程（特别是新课程）提供资金与人员申请支持。

为回应这些诉求，教师需要多维审视课程。但这也并不意味着你要一直关注所有方面，毕竟教师在一些课程方面的能动性有限，解决问题也分轻重缓急。你可以只专注特定方面，如评估方法或教学方法。此外，随着学术周期的推演，评价的广度和焦点也会发生相应的变化。对于新课程实施，教师一开始就应进行更为仔细的审核，确保其有效运行。与此同时，还要准备课程的新一轮全面论证，陈述并上报课程预期调整内容。

在思考评价内容与评价问题时，我们建议你回顾第二章的丹尼斯模型，该模型中的课程设计周期切实有效。或许你还记得，我们当时以图表和系列问题的形式描述了课程设计周期。现在，我们对系列问题（表 2.1）进行回顾，将评价和审核所涉问题也一并添加进来。

表 11.1 提供了一些可供你参考的关键问题。但评价问题并不仅限于此，请结合教学实际和期望了解的内容进行量身设计。我们推崇“轻触式”提问路径，

这样既能起作用，又不显得机械刻板。但是，教师需要切实思考，为了达成审核目的，应从哪些维度展开活动。

表11.1　与课程设计相关的审核

| 设计周期 | 设计问题 | 审核问题 |
|---|---|---|
| 基本原理 | 我们为什么要这么做，究竟是为了谁？ | 我们依旧这么做吗？用这个方式？为这些学生？ |
| 目标与学习结果 | 学习者最终应该学会什么？ | 目标适切吗？目标分类层次能满足学生需求吗？目标内容量适合学生学习吗？ |
| 内 容 | 实现该目标需要哪些内容？ | 内容恰当吗？它与学生生活相关吗？具有时效性吗？ |
| 教学方法 | 我们计划如何实现它？ | 方法是否具备有效性与多样性？还有其他备选方案和机会吗？ |
| 评 估 | 我们如何知道学习者是否已经达成该目标？ | 评估方式合理可靠吗？学生学到了什么？达到何种学习水平？ |
| 环 境 | 学习者需要哪些资源以及技术支持？ | 支持是否足够？是可持续的吗？学生能否为自己争取更多支持？ |
| 管 理 | 我们怎样做才能保障课程有效实施？ | 课程是否一直顺利进行？沟通是否有效？实施过程中发生的危机事件对我们有何启示？ |
| 评价和审核 | 如何改进课程呢？ | 这些是最佳测量方式吗？能否确保并提高课程质量？ |
| 基本原理 | 这样的课程设计是否仍然有效？ | 课程实施的内外情境是否发生变化？课程依然与原定目标适配吗？ |

在这一板块的结尾，我们把焦点指向想要测量的内容。这张核查表（表11.2）对核心问题进行了扩展，以便教师在课程实施过程中开展自我反思。

表11.2　课程设计的自我反思核查表

| | |
|---|---|
| 前 提 | 我期待什么？学生的已有经验是什么？我如何处理这两者间的差距？ |
| 目 标 | 我希望学生从这门课程中学到重要的3~4件事是什么？它们与课程目标匹配吗？ |
| 学习结果 | 反思课程中实际发生了什么？就知识、技能和态度而言，我的学生可以得到什么？这与我的计划一样吗？ |
| 内 容 | 内容是否匹配预期结果？有任何多余、不相关或过时的内容吗？ |
| 教学方法 | 对照学习结果列表，我期望学生如何培养他们的能力呢？我希望他们达到哪一层次呢？我使用的技术是否恰当？ |
| 评估与标准 | 评估过程中，是否每位学生都有机会实践并证实自己的能力？评估等级与要求是否适合学生？是否达标？ |
| 关 联 | 我如何阐释课程内部的一致性及其与其他课程的关联？ |
| 环境与支持 | 学生是否得到及时支持？课程资源充足吗？ |
| 参考资料 | 学生知道哪些是核心参考资料吗（带注释的阅读列表）？这些资料是否能获取？ |

## 我们应该寻找哪些证据或数据来源？

课程评价和审核证据的三大主要来源分别是：学生、你的同伴和你。

你可以在收集（如下）课程相关统计数据和信息时，将上述三者的反馈一并收集。

1. 课程文件；
2. 申请书、录取通知书或未完成学业的学生数量；
3. 测试结果；
4. 其他高等教育机构的课程详细信息（用于比较）；
5. 基准要求；
6. 虚拟学习环境（VLE）中学生参与的监控数据或跟踪信息。

教师应先明确如何获取这些数据，随后再选取最有效信息进行审核。

### 三角测量

许多人都在关注课程质量和课程成效，如学生、教师个人、课程团队、系部、院校、雇主、专业团体、资助机构和学生办公室等。他们持各自利益观，从特定角度出发找寻不同问题的答案，故在课程评价时形成一定偏见。为了减弱这带来的负面影响，同时反映不同利益相关者的兴趣与利益，你必须持有同一“事件”的多维视点，即形成三角剖析，如图 11.1 所示。

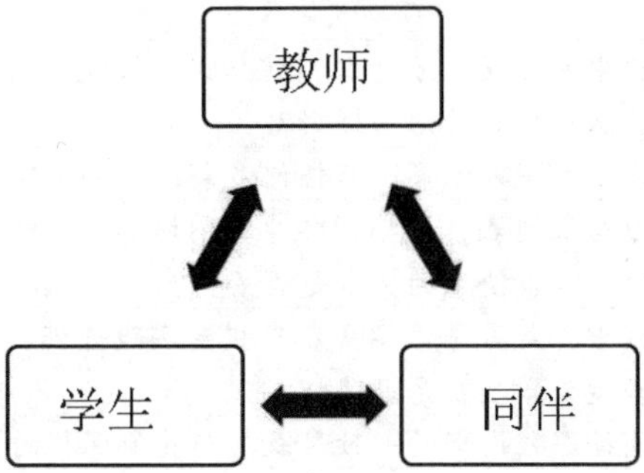


图 11.1　不同资源下的三角反馈

在一些主题上，学生可能是最合适的信息来源——资料清晰，获取便利，但他们并不是评价课程内容时效性与准确性的最佳人选，也无法衡量材料的标准与水平。而你的同伴——机构内外部的同事（雇主或专业机构代表在内的外部审核员和专家组等）却可以为你提供更多有用的信息。我们的学生群体存在多元性，他们的需求也会逐年发生变化，倘若你仅对学生意见做出回应，那么你所做的调整实际也无法为他们带来较多益处。表 11.3 显示了如何从不同来源获得证据。

表11.3　证据来源

| 来源 | 谁? | 如何? |
|---|---|---|
| 1.学生 | ·在读学生<br>·已毕业的学生<br>·退学的学生 | ·教职工委员会<br>·专门小组<br>·在线或纸质问卷<br>·访谈<br>·聊天室或研讨会 |
| 2.同伴 | ·同事或其他授课老师<br>·外部审核员<br>·专业人士或专业机构 | ·同行评审或观察<br>·考试委员会和外部考官报告<br>·验证与认证平台 |
| 3.教师自身 | ·基于自我教学反思的自我评价 | ·教学日志、日记或“博客”<br>·对照审核清单进行的结构化与系统化反思<br>·自己的教学录像 |

## 我们如何获得所需信息？

正如术语板块所说，本章侧重于形成性评价——收集并权衡信息，巩固你所掌控的课程要素，推进教学实践。你应该已经意识到，使用标准模块问卷并不能把控整个评价过程。此板块将探讨如何设计更多非正式提问，以收集各种形式的有效信息，这对你个人教学而言帮助更大。

### 来自学生的反馈

反馈方法的选择依所需信息的类别而定。你是想要获取定量信息还是定性信息？（或两者需兼而有之）这里有许多有效的方法供你选择，例如问卷调查、小组讨论和访谈。

决定好采用某一方法后，你还需要思考如何处理收集到的反馈，请考虑：

◇学生群体人数和有效反馈率，例如：

·获得大多数学生的反馈；

·或采用抽样意见。

◇信息分析模式

·自动化的程度，如使用调查或投票软件；

·期望评论的性质：开放式的书面和口头评论会更具启发性，但分析难度大，耗时长。

◇授课形式与反馈管理方式的一致性。为方便管理，你可以：

·在授课型课程中使用纸张、便利贴或课堂投票等方式；

·在混合课程或在线课程中使用虚拟学习环境或其他调查工具。

无论是否采用正式形式进行学生反馈，你都应该思考如何将辅助教学的技术延伸到评价中。例如，使用在线调查表或聊天室收集反馈。在线研讨会或聊天室能够创建讨论内容的“文本”；电子投票系统可支持大型讲座的问答与互动，便于教师在课堂上快捷地收集反馈。倘若需要捕捉授课型课程中小组活动情况，你也可以考虑录制视频或音频。也可以采用活动挂图或便利贴等基本方法。

学生拥有许多课程反馈机会且不受格式束缚将有助于你的教学实践。此外，你也不要忘记与学生进行非正式的聊天和课外讨论（包括面授和在线讨论两种），它们也可以为你的课程提供有用的反馈。总之，在形成结论前，你应将其与其他正式反馈方法皆纳入考虑范畴。

**问卷设计**

问卷可采用多种问题类型，我们提供了如下类型示例，这些问题类型皆适用于以书面（课堂调查）或电子（在线调查）的方式探索学生观点、看法、态度和建议，促进教师教学。

**句子填空题**

句子填空将会收到各种各样的回应。你可以采用以下填空类型：

我在这门课程上最喜欢的是……

这门课程的讲座是……

这门课程的核心主题有……

这门课程的基本问题是……

**开放型问题**

开放型问题鼓励学生自由作答，进而激起更多回应。虽然分析过程会比较费时，但教师能从中颇受启迪。需要注意的是，教师应该基于个人兴趣，设定明确指向特定领域的开放型问题，仅仅在结构化问卷的结尾加上“是否有其他评论？”一句，要么不会引起任何回应，要么将收到无效信息，因为这与你的预期想法没有产生真正关联。建议你尝试如下诱导型提问：

◇你觉得课程的哪些方面最困难？

◇你对课程的哪一方面还不太了解？

◇你发现课程的哪两个方面最有趣？

◇你最不喜欢这门课程的哪两项活动？

**等级量表**

等级量表针对每一问题设有 4 或 5 个选项。如果对选项进行编号，则可确定其对应分值及问题的平均得分。请不要随意改变问卷中各选项对应分值，以免被试忽视这一改动。（即，如果 0 表示不及格，5 表示优，自始至终遵循这一使用规则）。此外，你还需要注意等级范畴内中间等级表示。“不确定”（undecided）一词有其他特殊含义，我们建议用其他词。示例 11.1 是一个评分量表：

### 示例 11.1

| | 不及格 | 及格 | 中等 | 良 | 优 |
| --- | --- | --- | --- | --- | --- |
| 课程组织 | | | | | |
| 课程管理人员 | | | | | |
| 对概念难点的解释 | | | | | |
| 虚拟学习环境的使用 | | | | | |

**二元问题**

此外，教师也可采用二元问题的方式，提供等级描述语，再要求学生开展评价。顾名思义，二元问题要求学生在标尺的两端进行选择。一张二元问卷可以是：

请在刻度的适当位置打钩。

你认为这些教程：

组织有条理 ———— 组织混乱

有效 ———— 浪费时间

发人深思 ———— 无聊

另一类二元提问方式要求学生简单回答“是 / 否”或“同意 / 不同意”。

### 示例 11.2

| | | |
| --- | --- | --- |
| 你准备好上课了吗 | 是 | 否 |
| 实验室课程是否有助于解释理论课程？ | 是 | 否 |
| 课程安排得井井有条 | 同意 | 不同意 |
| 课程内容与你相关 | 同意 | 不同意 |

**事实类问题**

如果你能接受并信任学生的回答，你也可以追问学生其他信息，这合情理。例如：

每场讲座你（平均）要准备多少时间？

你指的是哪几本书？

你指的是哪些在线资源？

## 来自学术同行或同伴的反馈

### 同伴观摩教学

同伴观摩教学是获得反馈的惯用方式，具有一定价值。你也许会发现，这类反馈也是试用期或是教学资格认定的一部分。不过，有两个突出问题值得考虑："由谁观察？"和"在哪个班级观察？"。针对第一个问题，我们建议你去寻找愿意花时间在此的人员，他们能为你的课堂教与学提供有益观点和建议，多多益善。对于后者，倘若你选择一个教学相对"安全"和顺利的班级，则可能无法达成改进教学的预期设定目标，那么，何不挑战自己呢？

理想情况下，课堂观察也要经历几个阶段。采用这一方式的教师需要花时间：

◇计划——组织会议，制定基本规则：认同班级，观察目标和录像保存等。建议期间提供教学计划（见第五章表 5.4 中的示例）作为参考资料。

◇观察——若教学课时不超过一小时，进行全程观察；若课时较长，请在课前规划会议上明确观察内容。

◇反思——为观察者和被观察者提供准备与思考的时间。课后立即开展讨论虽能保证头脑中的想法和记忆清晰，但也意味着观察者和被观察都无法进行充分思考。建议被观察者记下想法并存有印象，为评课做准备。

◇审核——由被观察者，而非观察者领导观察群体来讨论课堂内容，分享印象与反思。此时，大家一起讨论所有课堂实录或笔记，得出结论，制定下一轮行动计划并于三个月后回归，分析计划进展。

开展双向观察，即与另一位教师相互观察，可以降低恐惧感。教师总体反映课堂观察好处多多。不过，长期与同一观察者进行合作会引你进入"舒适"区，无法提供挑战机会与新鲜想法。我们建议在你职业生涯初期，多观摩各类教学实践与方法，寻找机会进入其他班级听课——特别是去观摩那些获得英国国家教学奖学金等荣誉的教师执教的课堂，思考他们是如何脱颖而出的。

### 导师评价

大学一般会为新教师配备一名导师（mentor）或顾问 (advisor)，协助处理教学、科研和管理方面的任务。一名教学导师可同时扮演许多有用的角色，如表 11.4 所示。

表11.4　导师的角色

| |
|---|
| 1.为新教师提供教学模块、教学方式与评估选择，为学生学习提供指导与反馈。<br>（提供专业知识来源的专家） |
| 2.参与讨论新教师的备课与教学自评。<br>（镜子、支持者和教练） |
| 3.提供机会让新教师观摩自己的教学。<br>（行为榜样） |
| 4.帮助发展教学技能和开展相关活动。<br>（教练和顾问） |
| 5.关键时刻提供个人支持，增强新教师自信。<br>（辅导员和朋友） |
| 6.回顾教学过程。<br>（听众、质疑者和挑战者） |
| 7.分享机构和系部政策、常规程序和教学日程安排。<br>（资源提供者） |
| 8.监控并评价教学，促进教师持续反思教学、改善教学。<br>（督导和教练） |
| 9.协助开发教学档案袋。<br>（顾问） |

一些机构虽然没有正式的顾问机制，但也应从系部内外为新老师寻找并配备一名顾问。

### 教学自我评价

自我评价是促进教师专业发展的重要组成部分，也是“反思性实践”的关键。反思性实践（见 Brookfield，2017）是一种审核机制，它可以帮助教师系统反思自己的教学，进而不断发展教学实践。反思自己的教学经历是一个很自然的现象，它常见于教师不熟悉教学、对教学能力不自信之时或是有过痛苦的教学经历之后。教师课后有时会自言自语，这种对自己上课“好与不好”的评定直觉其实是一种“常识性反思”。若要开展正式的教学反思，教师需要找到一种系统表达方式，记录下自己的想法和经验教训，在此基础上不断改进和提升。正式反思教学的途径可以是：

◇坚持写日记，包括反思性日志、学习日志、在线日志（博客）甚至是视频日记（vlog）。

◇分析具有批判性质的教学“事件”。例如：考虑出现突发问题时，你如何采取应急措施或是如何避免将来再发生这种情况。

◇使用“讲座捕获”（lecture capture）技术录制教学音频或视频，之后进行回放。

但是，如何评定反思的质量呢？是好是坏？哪里好哪里不好？我们建议你对照教学核查表或者将自我反思、他人（学生与同伴）反馈及已阅读的教育文献三者结合，来回顾教学实践，得出结论。

**示例 11.3：自我评价教学**

下表主要用于对讲座进行自我评价。坚持记录自我反思内容以及讲座备注，这样你在下一次上课或发生类似情况时就可以不断更新并优化自己的处理方式。

| 模块 | 讲座 | 日期 |
|---|---|---|
| 哪些方面做得比较好？ | | |
| 哪些方面没有按计划进行？ | | |
| 下次讲座：<br>我应该省去……<br>我应该调整……<br>我应该加上…… | | |

你可以浏览 Reviewing your teaching 这一网站上的其他一些表格、模板和清单，借此反思自己的教学，详见资源信息与网站：

Day, K., Grant, R., & Hounsell D., 2016. Reviewing your teaching. Edinburgh University：www.ed.ac.uk/institute-academic-development/learning-teaching/staff/teaching-feedback/reviewing-your-teaching

## 何时评价？

课程的每一阶段有特定的评价目标。

**开始时（诊断性评价）**

课程初始阶段，评价学生的知识、技能和态度。以此明确：

◇学生的学习方法；

◇他们的期望和优先考虑要素；

◇他们目前的知识水平；

◇他们对基本概念的理解；

◇他们是否具有必要的学习技能。

教师由此对课程内容或授课风格进行调整，以学生的现有水平为出发点，强化特定群体的学习。

**进行中（形成性评价）**

课程进行时，评价可用以监控：

◇学生对主题的理解；

◇授课风格是否适当；

◇学习成果是否达成。

教师在确保当前群体受益的前提下，依据形成性评价结果判定是否要做出相应调整。这类持续的、回应式评价对学生提问与疑虑持开放态度。

**结束时（总结性评价）**

课程结束时开展评价，旨在验证学习结果，反映教学质量，协助教师通过下一轮课程计划审议。总结性评价的受益者并非当前群体，而是下轮课程的选课学生。核实评价内容时，教师需要将先前评价和其他评价结果进行整合。

如果你一来就关注学生，视其为评价的唯一数据源，将出现许多问题和矛盾（表 11.5）。我们建议你在对课程范围及实施安排仔细考虑后再做决定。

表11.5　反馈问题

| | |
|---|---|
| 谁是受益者? | 如果评价在教学结尾（模块结束时）才完成，其所做调整只能为下组学生带来益处，这会降低受访者的反馈动机。<br>教师可以采用模块中期评价的方式缓解这种情况。制定一份简略的、可快速分析的评价方案，回应及时关切，调整部分教学。 |
| 学生如何知道学习结果? | 学生对评价过程最大的顾虑就是填写了调查表，却无法获取结果。<br>教师有必要让学生看到自己认真严肃地对待他们的反馈。你可基于先前反馈，以课程手册、课程网站公布、直接告知或概述课程内容等方式，提供课程调整或优化的细节。当然，除了提供细节外，你不妨也向其解释为什么有些方面没有改变。 |
| 问卷疲劳 | 正如前面谈到的，学生可能同时填写课程各部分相关的反馈表。别再发问卷了！这只会让他们觉得自己给出了所有信息却无法获取结果，——看上一条。更关键的问题是，学生没有认真对待这一过程。<br>教师要让学生获得评价结果，采用全课程或全年评价的方式压缩每次评价的范围和细节，避免采用原子模型法。 |
| 学习评估前的课程评价 | 一些学生认为反馈会影响他们的课程得分，因此不愿提供有效且详细的反馈。<br>这可以通过改变评价实施主体来解决：以“中间”办公室替代个人教师组织评价会让学生对反馈更有距离感。或是在分析学习评估前，教师先分析反馈。无论采取何种方式，你都应与学生商议，而不是让他们处在迷茫之中。<br>你也许会说“但反馈是匿名的呀！”的确，这也是反馈需要注意的方面，不得不承认的是，许多教师可以从学生使用的单词，写作或其他方式中识别出一些学生。但你既要强调匿名反馈，也要倾听学生的担忧之处。 |
| 模块、年度及项目层次的评价——哪个最好? | 幸好，教师在这些阶段都会听取课程不同视角的反馈。一定要避免视各模块评价结果相加即为全课程复习性质的指导。<br>项目层级的评价问题应与单个教学“组块”、模块层级的问题区分开。当然，学生面对不同层级和类型的课程评价，其反应方式也应有所区别。 |

除了从学生这里获得课程相关评论之外，我们在先前板块也提及了其他数据来源，它们几乎不受时间限制，适合在教学过程中收集。

你也许只负责课程特定部分的教学，且只想与课程负责人商量这部分内容的评价。但我们认为，不要低估非正式形式收集的教学过程数据价值：学生很可能更想在非正式环境中提出建设性反馈意见。

## 对这些信息采取何种行动？

课程评价和审核涉及测量、价值判断、采取行动和监控四个方面。收集一系列数据之后，教师要分析和判断这些信息是否起积极作用，能否带来启发。这是一种价值判断，在你眼中重要的因素，他人或许并不在意，你必须设定反馈的先后顺序及信息的价值份额。有时为了解释问卷表中的数据，你可能还要获取其他更多信息。例如，遇到下列情况，你将采取什么行动：

1.85％的学生认可你的教学，认为你对学习概念进行了有效解释。但是一位同事认为你的教学内容与学生级别不相符（内容太简单）。

2.10％的学生对你的教学风格持否定态度。

3.55％的学生说图书馆资源“不够”。

4.50％的学生认为你提供的网页对他们“没有帮助”。

作为一名新手教师，你有必要与经验丰富的同事（如教学导师）讨论其中的一些问题。

此外，博林（Boring，2017）和门格尔（Mengel，2019）等人有关教学评价中性别偏见的研究表明，女教师的系统教学评价得分比男教师低，特别是在数学课程中。这意味着你的性别及授课班级的性别差异都会对评价结果产生影响：这也印证了为什么要对数据进行三角剖析。

## 向谁报告结果？

根据反馈结果采取行动是评价过程不可或缺的一部分。如果你不打算对收集到的信息做任何处理，也就没有必要进行评价。同样，将评价结果（不仅是调查结果，而且还包括所采取的行动）传达给实际参与评价的人员和与评价有利益关系的人员也很重要，如当下课程或将会选课的学生群体、计划团队和学校管理人员。

你可以采取以下途径报告结果：

◇学生网站或虚拟学习环境；

◇布告栏；

◇海报；

◇项目或模块文件。

这也体现了教师对评价过程的承诺，换言之，教师要向学生证明他们提供的信息很有价值，对他们在评价过程中的贡献表示肯定。如果学生看见自己的反馈发挥了积极作用，也会为接下去的评价做更多贡献。

在全国性学生调查中，英国的 NSS 会将其调查结果在 Unistats 网站公布。该网站旨在为即将迈进大学的学生及其父母提供英国高等教育课程详细分类信息、大学排行以及学生满意程度等一系列有效数据。结果，越来越多大学开始在校园围墙上张贴海报，配有“你说……，我们做……”等标语。我们可以多维度解读此类标语：证明大学开始逐渐认真对待学生的反馈；调动学生思维以便日后收集此类数据；视学生为顾客，向其表明院校能达成他们期望的下意识反应。无论如何，这些话语都表明，教师要对学生的反馈先进行价值判断再采取行动。此外，还应该向学生传达无法改变的内容，保证站在学生最大权益不变的立场上。

## 让学生参与课程质量监控

正如我们在第十章中讨论的那样，如今，高等教育越来越强调让学生参与改进各层级的教与学过程——从塑造自己学习新样态，为课程设计与实施做出贡献，到参与高校管理和国家政策的发展。这些发展的关键在于让学生参与评价并监控课程质量，发挥“学生声音”的作用。

传统意义上的“学生声音”主要指代学生就课程某一点发表反馈意见。但对学生而言，他们并不能从课程发展中获益——例如 NSS 在模块或课程结束时才开展反馈——只有课程代表或学生代表（代表自己或所在年级学习水平的个别学生）才能参加令人害怕的教师委员会。这种会议通常一年召开两次，表面让学生代表们“坚持自己的观点”，实则存在潜在威胁。

“学生参与合作伙伴计划”（The Student Engagement Partnership，TSEP）和“学生合作伙伴计划”（Students as Partners Initiative）等项目一直努力为学生提供真正有意义的机会，以影响他们自己和同辈人的教育经验发展。这在一定程度重塑了学生代表制度。这些项目指导学生代表们在课程中寻求同伴意见，确保为他们代表的角色发声。目前，有些大学已经像英国的林肯大学那样开展了更为缜密的学生参与计划。

**示例 11.4：让学生参与质量监控**

林肯大学的机构组织和学生会合作形成了有效的学生参与结构，重申了“学生作为生产者”的战略精神——教与学的基本方法论。这种结构培养了“做好就业准备的毕业生”——具备卓越的问题解决能力，积极参与各方面的治理与协商等工作，能够应对职业生涯中可能面临的挑战。

教师和学生是积极的合作伙伴和变革代理人，推动学术共同体朝正向发展。同时，这也激励学生成为活跃的公民、自信的毕业生和成功的未来职业领袖。

学生是知识交流项目的领导者。这是一类以同伴指导和同伴合作为主体开展的学术项目，如“学生审阅者活动”（成为认证小组成员）、“本科生研究机会计划”（获取课外学术研究助学金）和师生洞察力计划（每年邀请全校学生与副校长在内的大学高层管理者合作。学生可以洞悉大学的运作方式，体验引人注目的职业下个人的工作样态，有机会分享各自的经历。）

查看更多信息请浏览下列网站：

https://lincolnsu.com/change-and-represent/academic-opportunities

或 https://lalt.lincoln.ac.uk

林肯学习与教学学院团队

（Lincoln Academy of Learning and Teaching，LALT）

行政支持主管戴夫·普里查德（Dave Prichard）

## 质量保证导向的评价

课程层面开展评价的目的之一是达到机构内部的质量保证要求。你会发现，所有新课程（项目和模块）在招生前都必须经历一个程序：认证或审批（请参阅第二章）。高校的系部承担着这一过程和同行评审的责任：一个新项目的开展可能需要一位外部评审员事先查看课程文件，再经由认证小组提出问题。同样，课程调整也要经历每年、定期或每五年一次的认定与定期审核流程，请你仔细核查模块和项目，确保其与课程目标仍然适配，为学生继续提供优质的学习经验。我们建议你找到所在院校的此类质量保证流程，明确自己的职责。

### 教学研究导向的评价

到目前为止，我们谈论的评价主要出于质量保证目的、教师专业发展及日常实践需要，尚未讨论教学研究导向的评价（Cousins，2009）。虽然许多大学为教师提供用于课程改进项目或研究教学创新的项目资金比较少，作为一名新教师，你的确需要进行教学研究，这也是高等教育的教学方面研究生资格的一部分。不过，教学研究导向的评价以发表教学研究成果为目标，必须符合学术伦理（BERA，2018）。这也意味着在评价中，你需要说明项目的性质，如何在研究中使用某一数据或反馈，在使用前先征求所涉对象的许可。此外，你所在的机构可能也会提供学术道德方面的建议和指导。评价前，你也应咨询同事。同样，国家中央部门也会为教师提供特定基金或教学科研费用等，鼓励并支持教师开展教学研究。你所在的机构可能也有，请把握此类机会，寻求教学研究支持，促进自身专业发展。

### 教学质量认证导向的评价

为证明教学质量，你可以从各种渠道的教学反馈中获取支撑材料。这些反馈可以是：

◇专业认可——例如申请高等教育研究院（HEA）类别的奖学金；

◇教学资格——例如高等教育教学或同等学力的研究证书；

◇教学奖——例如大学教学奖或国家教学奖学金；

◇任职——申请晋升或更换工作。

达成上述方面的目标需要你提供可证明自己教学实践成功或有效的证据。为获取奖励和认可，你要展示高质量的教学及其对学生学习的积极影响。为了获得教学资格，你要把握机会辩证地看待这些教学证明，迎接面临的挑战，并认清“万事开头难”这一事实。经历这些后，你才能看到教学质量和水平的提升。《英国教师专业标准框架》主要从三个维度概括了高等教育教师开展教学与支持学习的工作基础，即高校教师的主要活动领域、高校教师应拥有的核心知识和高校教师应秉持的专业价值观。本书每一章的引言部分都已涉及这些维度。该框架罗列了教师在职业生涯不同阶段——从入门到持续专业化发展应具备的素养和期望。在这些标准指引下，你可以根据自己的经验获得专业认可，获得特定类别的英国高等教育学院奖学金（HEA Fellowship）。该框架不仅包括了四项描述符（D1~D4）——准研究员（D1）、研究员（D2）、高级研究员（D3）和主要研究员（D4）还说明了与之匹配的等级和其相应的获得条件。框架内的所有描述措辞都表明奖学金申请者有责任证明自己“成功参与”各活动领域，进行与这些领域相关且“适切”的教学实践。

申请奖学金、奖项或资格是否要提供确凿实物证据的决定权在你。一些实践案例、学生与同事的反馈可以突显教学方法选用的正确性；定性和定量数据可以证明对学生及其学习的影响。这些能都为你获得认可奠定良好的基础。

第十章曾提到，教师专业发展情境下，教师必须抓住学生学习期间的机会。实际上，对希望从事学术职业的研究生要求也是如此。在高等教育机构执教看似只要求博士学位水平，但作为一名讲师，你不可避免地要教学科研两手抓。或许有教师会认为，高校会对新教师进行初步教学培训，发展其能力，但招聘人员可能更希望这一岗位的申请者一来就能展现令人满意的教学水平。上文提到的证据和成功指标的达成都是基于经验的迭代，需要教师花费一些时间来收集。如果你渴望获得实质性的高等教育教学职位，最好抓住机会，在研究的同时获得一些教学经验，甚至是一些正式的教学质量认定——获得奖学金或取得教学资格学分。

定期征求反馈意见并保持教学档案袋也是一项非常好的习惯。好好利用，它可以为你整个职业生涯服务。

## 拓展资源

◇ Cashmore et al., 2013.*Promoting teaching: Making evidence count. York: Higher Education Academy:* www.heacademy.ac.uk/knowledge-hub/promoting-teaching-making-evidence-count.

◇ Cousins, G., 2009.*Researching learning in higher education: An introduction to contemporary methods and approaches.* SEDA Series. Oxon: Routledge.

◇ Davis, C. L. & Fitzpatrick, M.（Eds.）, 2019. Reflective practice, SEDA Special No. 42. London: SEDA.Day, K., Grant, R., & Hounsell D., 2016. Reviewing your teaching. Edinburgh University: www.ed.ac.uk/institute-academic-development/learning-teaching/staff/teaching-feedback/reviewing-your-teaching.

◇ Khan, P. & Walsh, L., 2006. Developing your teaching: Ideas, insight and action'，key guides for effective teaching in higher education. London: RoutledgeFalmer.

## 有用的网络资源

◇英国教育研究学会（BERA）网址 :www.bera.ac.uk/researchers-resources/publi-cations/ethical-guidelines-for educational-research-2018

◇英国全国学生联合会（NUS）学生参与伙伴关系：www.nusconnect.org.uk/the-student-engagement-partnership-tsep

◇英国学生事务办公室（OfS）网址 :www.officeforstudents.org.uk/

◇英国高等教育质量保证署2018年提出的"质量规范建议与指导：监控与评价"：www.qaa.ac.uk/en/quality-code/advice-and-guidance/monitoring-and-evaluation

◇学生参与伙伴关系的相关内容详见网站：http://tsep.org.uk/

◇《英国教师专业标准框架》（UKPSF）详见网站：www.heacademy.ac.uk/ukpsf

◇ Unistats 网站 :https://unistats.ac.uk/

# 参考文献


Adams, S.,2006. An introduction to learning outcomes: A consideration of the nature, function and position of learning outcomes in the creation of the European Higher Education Area. Available online at http://pedagogie-universitaire.blogs. usj. edu.lb/files/2013/03/An-introduction-of-learning outcomes.pdf. Accessed September 2019.

Adamson, L., Becerro, M., Cullen, P., González-Vega, L., Sobrino, J. & Ryan, N., 2010.*Quality Assurance and Learning Outcomes* ENQA workshop report 17. Available online at https://enqa.eu/pubs.lasso.Accessed September 2019.

AISHE, 2015. All Ireland Society for Higher Education, Academic Practice Guides 3. Huntley-Moore, S. & Panter, J., 2015. An introduction to module design. Available online at www.aishe.org/aishe-academic-practice-guides/. Accessed September 2019.

Allan, J.,1996. Learning Outcomes in Higher Education. *Studies in Higher Education*, 21(1), 93-108.

Anderson, L. W. & Krathwohl, D. R., 2001. *A Taxonomy for Learning, Teaching and Assessing*. Boston: Allyn & Bacon (Pearson Education Group).

Andrews, J., 2010."Pathways to Success through Peer Mentoring"published in What Works: Retention & Success-Briefing No. 5, Research at Aston University funded by Retention Grants programme.

Ashford-Rowe, K., Herrington, J. & Brown, C., 2014. Establishing the Critical Elements That Determine Authentic Assessment. *Assessment & Evaluation in HE,* 39 (2), 205-222. DOI: 10.1080/02602938.2013.819566

Ashwin, P., Boud, D., Coate, K., Hallett, F., Keane, E., Krause, K., Leibowitz, B., MacLaren, I., McArthur, J., McCune, V. & Tooher, M., 2015. *Reflective Teaching in Higher Education*. London: Bloomsbury.

ASKe(Assessment Standards and Knowledge Exchange),2011. Adopting a social constructivist approach to assessment in three easy steps! Oxford Brookes Business School. Available online at https://radar.brookes.ac.uk/radar/file/4e42c7d4-5457-3684-651f-5a1858163e74/2/SocialConst.pdf. Accessed September 2019.

Association for Learning Development in HE. Available online at www.aldinhe.ac.uk/.Accessed September 2019.

Autism & Uni: Widening Access to Higher Education. Available online at www.autism-uni.org/. Accessed September 2019.

Barnett, R. & Coate, K., 2005. *Engaging the Curriculum in Higher Education. The Society for Research into Higher Education and Open University Press*. New York: McGraw-Hill.

Biggs, J., 1999. *Teaching for Quality Learning at University*. 4th edition. Maidenhead: SRHE/OU Press.

Biggs, J. & Tang, C., 2011. *Teaching for Quality Learning at University.* 4th edition. Maidenhead: SRHE/OU Press.

Bloom, B. S. (Ed.), 1956. *Taxonomy of Educational Objectives: Handbook 1-The Cognitive Domain.* New York: Longmans.

Bloxham, S. & Boyd, P., 2007. *Developing Effective Assessment in Higher Education: A Practical Guide*. Maidenhead: Oxford University Press.

Boring, A., 2017. Gender Biases in Student Evaluations of Teaching. *Journal of Public Economics,* 145, 27-41.

Boud, B. & Molloy, E., 2013. *Feedback in Higher and Professional Education: Understanding It and Doing It Well.* Oxon: Routledge.

Boud, D., 2010. Assessment 2020 : Seven propositions for assessment reform in higher education. Australian Learning and Teaching Council/University of Technology, Sydney. Available online at www.uts.edu.au/research-and-teaching/learning-and-teaching/assessment-futures/overview. Accessed September 2019.

Bourner, T. & Flowers, S., 1998. Teaching & Learning Methods in Higher Education: A Glimpse of the Future. Reflections on HE, 9, 77-102.

Bovill, C. & Bulley, C. J., 2011. A model of active student participation in curriculum design: Exploring desirability and possibility. In: C. Rust (Ed.), *Improving Student Learning (ISL)18: Global Theories and Local Practices: Institutional, Disciplinary and Cultural Variations.* Oxford: Oxford Centre for Staff and Learning Development, 176–188.

British Dyslexia Association (BDA). Resources for educators. Available online at www.bdadyslexia.org.uk/educator/additional-resources-for-educators. Accessed September 2019.

British Educational Research Association(BERA). Available online at www.bera.ac.uk/researchers-resources/publications/ethical-guidelines-for-educational-research-2018. Accessed September 2019.

Brookfield, S., 2017. *Becoming a Critically Reflective Teacher.* 2nd edition. San Francisco: Jossey-Bass.

Brown, G., 2001. *Assessment: A Guide for Lecturers.* No. 3 LTSN Generic Centre Assessment Series. York: LTSN.

Bryson, C. (Ed.), 2014. *Understanding and Developing Student Engagement.* London: Routledge.

Buzan, T., 2000. *The Mind Map Book.* London: BBC publications.

Carroll, J., 2013. *A Handbook for Deterring Plagiarism.* 2nd edition. Oxford: OCSLD.

Carroll, J. & Ryan, J., 2005. Teaching International Students. London: Routledge/SEDA.

Cashmore et al., 2013. *Promoting Teaching: Making Evidence Count.* York: Higher Education Academy. Available online at www.heacademy.ac.uk/knowledge-hub/ promoting-teaching-making-evidence-count. Accessed September 2019.

Chickering, A. & Ehrmann, S., 1996. Implementing the Seven Principles: Technology as Lever. *AAHE Bulletin,* October, 49, 3–6.

Chickering, A. W. & Gamson Z. F., 1991. *Applying the Seven Principles for Good Practice in Undergraduate Education.* New Directions for Teaching and Learning, Vol. 47. San Francisco: Jossey-Bass Inc.

Coates, H., 2007. A Model of Online and General Campus-based Student Engagement. *Assessment & Evaluation in Higher Education*, 32 (2), pp. 121–141.

Coates, H., 2011. An overview of psychometric properties of the AUSSE Student Engagement Questionnaire (SEQ). Australian Council for Educational Research (ACER) Volume 7 February 2011. Available online at https://research.acer.edu.au/cgi/viewcontent.cgi?article=1004&context=ausse. Accessed September 2019.

Competitions and Markets Authority (CMA), 2015. Higher education: Consumer law advice for providers. Available online at www.gov.uk/government/publications/ higher-education-consumer-law-advice-for-providers. Accessed September 2019.

Cook-Sather, A., Bovill, C. & Felton, P., 2014. *Engaging Students as Partners in Learning and Teaching: A Guide for Faculty*. San Francisco: Jossey-Bass.

Copyright Licensing Agency Ltd. (CLA). Available online at www.cla.co.uk/index.html. Accessed September 2019.

Cousins, G., 2009. *Researching Learning in Higher Education: An Introduction to Contemporary Methods and Approaches*. SEDA.

Crawford, K., Horsley, R., Hagyard, A. & Derricott, D., 2014. *Pedagogies of Partnership: What Works.* York: HEA. Available online at www.heacademy.ac.uk/knowledge-hub/pedagogies-partnership-what-works. Accessed September 2019.

Davis, C. L. & Fitzpatrick, M. (Eds.), 2019. Reflective Practice, SEDA Special No. 42. London: SEDA.

Day, K., Grant, R. & Hounsell D., 2016. Reviewing your teaching. Edinburgh University. Available online at www.ed.ac.uk/institute-academic-development/learning-teaching/staff/teaching-feedback/reviewing-your-teaching.Accessed September 2019.

Dennis, N., 1990. Unpublished paper. Course design. Singapore. 1990.

Disability Rights UK Factsheet F11, 2018.Adjustments for Disabled Students Disability Rights UK. Available online at www.disabilityrightsuk.org/adjust-ments-disabled-students. Accessed September 2019.

Dunne, E. & Owen, D. (Eds.), 2013. *The Student Engagement Handbook: Practice in Higher Education.* Bingley: Emerald.Earwaker, J., 1992. *Helping and Supporting Students: Rethinking the Issues.* Buckingham: Society for Research into Higher Education & Open University Press.

ECU, 2010. Equality Challenge Unit, annual review 2010. Available online at www.ecu.ac.uk/publications/ecu-annual-review-2010/. Accessed September 2019.

Entwistle, N. 2005. Address to the British Journal of Educational Psychology Conference-Teaching and Learning in Higher Education: Contrasting Research Perspectives and Implications for Practice. University of Edinburgh, May 19-20, 2005.

Equality Act, 2010. Available online at www.legislation.gov.uk/ukpga/2010/15/contents. Accessed September 2019.

Exley, K. & Dennick, R., 2009. Giving a Lecture: *From Presenting to Teaching.* 2nd edition. London: Routledge.

Fisher, A., Exley, K. & Ciobanu, D., 2013. *Using Technology to Support Learning and Teaching.* Key Guides. London: Routledge.

Fraser, J., Shaw, K. & Ruston, S., 2013. Academic Library Collaboration in Supporting Students Pre-Induction: The Head Start Project. *New Review of Academic Librarianship,* 19, 125-140.

Gagné, R. M. & Briggs, L. M., 1979. *Principles of Instructional Design.* New York: Holt, Reinhart & Winston.

Grace, S. & Gravestock, P., 2009. Inclusion and Diversity: *Meeting the Needs of All Students. Key Guides for Effective Teaching in Higher Education.* Oxon: Routledge.

Griffiths, R., 2004. Knowledge Production and the Research Teaching Nexus: The Case of the Built Environment Disciplines. *Studies in Higher Education*, 29 (6), 709-726.

Harden, R. M., 1986/1999. Ten Questions to Ask When Planning a Course or Curriculum. *Medical Education,* 20, 356-365. Reprinted as an ASME Medical education booklet (20) and updated: 2nd edition 1999.

Harvey, L., Drew, S. & Smith, M., 2006. The first-year experience: A review of literature for the Higher Education Academy. Available online at www.heacademy.ac.uk/system/files/first_year_experience_exec_summary.pdf.Accessed March 2019.

Healey, M., 2019. Linking research and teaching: A selected bibliography. Available online at www.mickhealey.co.uk/resources. Accessed February, March 2019.

Healey, M., Flint, A. & Harrington, K., 2014. *Engagement Through Partnership: Students as Partners in Learning and Teaching in Higher Education.* York: HE Academy. Available online at www.heacademy.ac.uk/system/files/resources/engagement_ through_partnership.pdf. Accessed September 2019.

HEFCE, 2005. Survey of for Higher Education Research and Information (CHERI) and London South Bank University. November 2005. Available online at www.hefce.ac.uk/Pubs/rdreports/2005/rd15_05/. Archived. Accessed September 2019.

High Fliers Research Ltd. The Graduate Market in 2018. Available online at www.highfliers.co.uk/download/2018/graduate_market/GMReport18.pdf. Accessed September 2019.

Hussey, T. & Smith, P., 2002. The Trouble with Learning Outcomes. *Active Learning in Higher Education,* 3 (November), 220–233.

Hussey, T. & Smith, P., 2003. The Uses of Learning Outcomes. *Teaching in Higher Education,* 8 (3), 357-368.

Institute of Student Employers (ISE) Annual Development Survey, 2018. Available online at https://ise.org.uk/general/custom.asp?page=ISESurveys. Accessed September 2019.

Jenkins, A. & Healey, M., 2013. Chapter 8-Research-led or research-based undergraduate curricula. In: L. Hunt & D. Chalmers, (Eds.), *University Teaching in Focus: A Learning-Centred Approach.* Abingdon: Routledge, pp. 128–144.

JISC, 2016. Technology and tools for online learning. Available online at www. jisc. ac.uk/guides/technology-and-tools-for-online-learning.Accessed September 2019.

Keenan, C., 2014. Mapping student-led peer learning in the UK. Report of an HEA funded student engagement project. Available online at www.heacademy.ac.uk/knowledge-hub/mapping-student-led-peer-learning-uk. Accessed September 2019.

Khan, P. & Walsh, L., 2006. *Developing Your Teaching: Ideas, Insight and Action,Key Guides for Effective Teaching in Higher Education.* London: RoutledgeFalmer.

Kuethe, L., 1968. *The Teaching Learning Process.* Glenview: Scott-Foresman.

Laycock, M. 2009. *Personal Tutoring in Higher Education-Where Now and Where Next?* SEDA Special No, 25. London: SEDA.

Lochtie, D., McIntosh, E., Stork, E. & Walker, B. W., 2018. *Effective Personal Tutoring in Higher Education.* St Albans: Critical Publishing.

Marton, F., Dall'Alba, G., & Beaty, E., 1993. Conceptions of Learning. *International Journal of Educational Research,* 19 (3), 277–300.

Mengel, F., Sauermann, J. & Zolitz, U., 2019. Gender Bias in Teaching Evaluations. *Journal of the European Economic Association,* 17(2), 535–566.

Milsom, C., Stewart, M., Yorke, M. & Zaitseva, E. (Eds.), 2014. *Stepping Up to the Second Year at University: Academic, Psychological and Social Dimensions.* London: Routledge.

Montgomery, C., 2010. *Understanding the International Student Experience.* Basingstoke: Palgrave Macmillan.

Moon, J., 2002. *The Module & Programme Development Handbook.* London: Kogan Page.

Morgan, M., 2011. *Improving the Student Experience-The Practical Guide for Universities and Colleges.* Oxon: Routledge.

National Union of Students (NUS). The Student Engagement Partnership. Available online at www.nusconnect.org.uk/the-student-engagement-partnership-tsep. Accessed September 2019.

Neville, L., 2007. *The Personal Tutor's Handbook.* Basingstoke: Palgrave Macmillan.

Newble, D. & Canon, R., 1989. *A Handbook for Teachers in Universities & Colleges.* London: Kogan Page.

Newman, T. & Beetham, H., 2017. Student digital experience tracker 2017: The voice of 22,000 UK learners, Jisc. Available online at http://repository. jisc. ac.uk/6662/1/Jiscdigitalstudenttracker2017.pdf. Accessed September 2019.

Nicol, D. J. & Macfarlane-Dick, D., 2006. Formative Assessment and Self-Regulated Learning: A Model and Seven Principles of Good Feedback Practice. *Studies in Higher Education*, 31 (2), 199-218.

NUS, 2015. Why is my curriculum white? Available online at www.nus.org.uk/en/news/why-is-my-curriculum-white/. Accessed September 2019.

NUS Connect. Assessment and feedback benchmarking tool. Available online at www.nusconnect.org.uk/resources/assessment-and-feedback-benchmarking-tool.Accessed September 2019.

Office for Students (OfS). Ethnicity. Available online at www.officeforstu-dents.org.uk/advice-and-guidance/promoting-equal-opportunities/evaluation-and-effective-practice/ethnicity/. Accessed September 2019.

Office for Students (OfS), 2018a. Learning gain project. Available online at www.officeforstudents.org.uk/advice-and-guidance/teaching/learning-gain/. Accessed September 2019.

Office for Students (OfS), 2018b. Promoting equal opportunities-Using evidence and evaluation to improve outcomes. Available online at www.officeforstudents.org.uk/advice-and-guidance/promoting-equal-opportunities/using-evidence-and-evaluation-to-improve-outcomes/. Accessed September 2019.

Office for Students (OfS), 2018c. Securing student success: Regulatory framework for higher education in England, February 2018. Available online at www.officeforstudents.org.uk. Accessed February, March 2019.

Potter, J. & Hampton, D., 2009. *Students Supporting Students.* SEDA Special No. 26. London: SEDA.

Price, M. & Rust, C., 1999. The Experience of Introducing a Common Criteria Assessment Grid across an Academic Department. *Quality in Higher Education,* 5 (2), 133–144.

Price, M., Rust, C., O'Donovan, B. & Handley, K., 2012. *Assessment Literacy: The Foundation for Improving Student Learning.* Oxford: OCSLD.

Quality Assurance Agency (QAA), 2014a. UK quality code for Higher Education. Available online at www.qaa.ac.uk. Accessed September 2019.

Quality Assurance Agency (QAA), 2014b. The frameworks for HE qualifications of UK degree-awarding bodies. Available online at www.qaa.ac.uk/en/quality-code/qualifications-and-credit-frameworks. Accessed September 2019.

Quality Assurance Agency (QAA), 2015. Supporting and enhancing the experience of international students in the UK: A guide for UK Higher Education providers. Available online at www.qaa.ac.uk/docs/qaa/international/international-students-guide-15.pdf. Accessed September 2019.

Quality Assurance Agency (QAA), 2018a. UK quality code, advice and guidance: Assessment. Available online at www.qaa.ac.uk/en/quality-code/advice-and-gui-dance/assessment. Accessed September 2019.

Quality Assurance Agency (QAA), 2018b. Subject benchmarking statements. Available online at www.qaa.ac.uk/quality-code/subject-benchmark-statements. Accessed September 2019.

Quality Assurance Agency (QAA), 2018c. Quality code advice & guidance: Student engagement, monitoring and evaluation. Available online at www.qaa.ac.uk/en/

quality-code/advice-and-guidance/monitoring-and-evaluation. Accessed September 2019.

Race, P., 2014. *Making Learning Happen.* 3rd edition. London: Sage.

RAISE: Student Engagement in Higher Education Journal. Available online at https://journals.gre.ac.uk/index.php/raise/index. Accessed September 2019.

Sambell, K., McDowell, L. & Montgomery, C., 2013. *Assessment for Learning in Higher Education.* London: Routledge.

Smith, E., 2008. Personal Tutoring. Higher education academy: Engineering subject centre guide. Available online atwww.heacademy.ac.uk/system/files/ personal-tutoring.pdf. Accessed September 2019.

SPARQS: Student Partnerships in Quality Scotland. Available online at www.sparqs.ac.uk/. Accessed March 2019.

The Public Sector Bodies (Websites and Mobile Applications) Accessibility Regulations, 2018. Available online at www.legislation.gov.uk/uksi/2018/852/ made. Accessed September 2019.

The Student Engagement Partnership. Available online at http://tsep.org.uk/. Accessed September 2019.

The University of Edinburgh Principles and Purposes of Learning Analytics. Available online at www.ed.ac.uk/academic-services/policies-regulations/learning-and-assessment/learning-analytics/principles. Accessed September 2019.

Thomas, L., 2012. Building student engagement and belonging in Higher Education at a time of change: Final report from the What Works? Student Retention & Success programme. York: HEA. Available online at www.heacademy.ac.uk/system/files/ what_works_final_report.pdf. Accessed September 2019.

Thomas, L., Hill, M., O'Mahoney, J. & Yorke, M., 2017. Supporting student success: Strategies for institutional change What Works? Student Retention&Success programme. Final Report. Available online at www.heacademy.ac.uk/system/files/hub/download/ what_works_2_-_full_report.pdf. Accessed September 2019.

Trowler, V., 2010. *Student Engagement Literature Review*. York: HE Academy. Available online at www.heacademy.ac.uk/system/files/studentengagement literature review_ 1.pdf. Accessed September 2019.

UK Professional Standards Framework for Teaching and Supporting Learning in Higher Education (UKPSF). Available online at www.heacademy.ac.uk/ukpsf. Accessed September 2019.

Unistats Website. Available online at https://unistats.ac.uk/. Accessed September 2019.

Villarroel, V., Bloxham, S., Bruna, D., Bruna, C. & Herrera-Seda, C., 2018. Authentic Assessment: Creating a Blueprint for Course Design. *Assessment & Evaluation in HE,* 43 (5), 205-222, DOI: 10.1080/02602938.2017.1412396

Wayne, Y., Ingram, R., MacFarlane, K., Andrew, N., McAleavy, L. & Whittaker, R., 2016. *A Lifecycle Approach to Students in Transition in Scottish Higher Education: A Review of Research, Policy and Practice.* York: Higher Education Academy. Available online at www. heacademy.ac.uk/system/files/resources/a_ lifecycle_ approach_to_ students_in_transition_in_sco-ttish_higher_education.pdf. Accessed September 2019.

Wenger, E., 2001. *Communities of Practice: Learning, Meaning & Identity.* Cambridge: Cambridge University Press.

Wikipedian in Residence Programs. Available online at https://outreach. wikimedia.org/wiki/Wikipedian_in_Residence. Accessed September 2019.

Wiggins, G., & McTighe, J., 2005. *Understanding by Design.* Expanded 2nd edition. Alexandria: Association for Supervision and Curriculum Development.

Wisker, G., Exley, K., Antoniou, M., & Ridley, P., 2008. *Working One-to-One with Students: Supervising, Coaching, Mentoring and Personal Tutoring.* Oxon: Routledge.

# 译后记

高校大力推进“双一流”建设背景下，开发与设计高等教育课程对高水平人才培育的意义突显。欧美大学的先行实践表明，让课程走向模块化可以充分发挥育人体系的灵活性、流动性、延展性，推动高校育人范式向“学生学习”和“个性化能力培育”转型，进而提升高校核心竞争力。目前，国内的高校模块化的课程设计探索多为自发性尝试，亟待强有力的设计理论指引和经验性教学实践参考。

全新版《设计学习：从课程模块到有效教学》就是服务于这一现实需要的一本实用指南，该书作者是克里斯托弗·布彻（Christopher Butcher）、克拉拉·戴维斯（Clara Davies）和梅利莎·海顿（Melissa Highton）。克里斯托弗是英国利兹贝克特大学专业人员发展部门的前主管，现为独立高等教育顾问，与欧洲多所高等教育机构合作并出版系列著作，在高等教育教学研究上有自己独到的见解。克拉拉兼有英国“教职工与教育发展协会”（SEDA）的联席主席、利兹贝克特大学学术人员发展部门的前负责人、英国推进高等教育公司（Advance HE）的认证人，高等教育学院（SFHEA）的高级研究员和SEDA高级奖学金持有人（SFSEDA）等多重身份，对领导高级课程、组织各类教职工发展活动、进行协会战略布局、参加各类高等教育机构认证小组工作等高等教育教学所涉方面皆有丰富经验。梅利莎是英国爱丁堡大学在线学习助理校长兼学习、教学和网络服务主任，主要负责领导面向全球的高端数字教育和数字化转型等战略项目，也是其他高校学习技术相关规定的审核顾问，其在引导大学教学变革、信息技术辅助学习、与学术领导团队合作等领域颇有建树。

在三位作者的通力合作下，这本旨在攻克设计高等教育教学、实施教学过程和管理学生学习三大艰巨任务的新书付梓。该书以勾勒高等教育情境为起点，引导读者思考如何融入高等教育大图景，聚焦课程设计及其需要考虑的众多难题，在学习目标与学习结果匹配、教学方法选择、评估与反馈机会设计、学习环境设计、课程管理以及课程评价等诸多方面，为教师们提供了从教学设计到教材资源准备的全过程指导。为便于读者快速获取所需信息，本书作者采用结构、有序的撰写方式，每章节内容相对独立，伴有“导言”引导，使教育教学故事各环节耦合联动。

总的来说，这是一本高质量、综合性高等教育教学设计指南。第2版相较前一版本而言，汲取了高等教育领域教学研究的最新成果，更新了信息技术辅助教学的最新实践样式，更能与时俱进地支持教师设计与开发课程模块，建设高品质学位课程。其次，本书也很好地弥合了高等教育教学理论与实践之间的差距。作者们将个人丰富的课程开发、实施与管理经验与高等教育教学领域的研究前沿有效贯通，以英国的高等教育教学为个案，提取各类学科和课程中丰富、实用且易于理解的示例，与相应的课程理论有机结合。虽然目录中各章标题只是简要概括了高等教育课程（教学）设计的各项要素，但各章末尾所提供的该主题下丰富的资源链接，无论是用以自学课程设计，还是作为教学参考资料，抑或作为正式教学计划的一部分，都是非常珍贵的教学资源！因此，建议读者朋友们在阅读各章内容时，不仅要关注书本的文本内容，更要充分利用“拓展资源”，在拓展阅读、对比文本和反思实践与专业环境中批判性应用本书知识内容。虽然本书主要面向刚踏入高校的新手教师，但对于那些意欲开发与设计高等教育课程与教学的经验教师和教师教育研究者而言，也有极高的实用价值。

本书翻译人员与分工情况如下：浙江大学博士研究生洪晓翠和浙江工商大学讲师洪琴负责本书内容的翻译；浙江师范大学罗晓杰教授负责全书校核与统稿；浙江大学盛群力教授负责全书审订。为了将最新版本尽早呈现在读者面前，全体译者虽怀揣目标，奋笔疾书，却也因才疏学浅，译作中难免有疏漏不当之处，敬请读者批评指正！

罗晓杰

2021 年 5 月 30 日

于浙江师范大学外国语学院